北京扎耶德中心文库
文明交流互鉴丛书

日本与阿拉伯

历史与展望

[黎巴嫩] 马斯欧德·塔希尔
著
刘欣路　刘辰　庞博
译

北京师范大学出版集团
BEIJING NORMAL UNIVERSITY PUBLISHING GROUP
北京师范大学出版社

翻译团队

刘欣路

（北京外国语大学阿拉伯学院　教授　副院长）

刘　辰

（北京外国语大学阿拉伯学院　讲师）

庞　博

（北京语言大学中东学院　讲师）

黄　迪

（北京外国语大学阿拉伯学院　硕士研究生）

翁艳云

（北京外国语大学阿拉伯学院　硕士研究生）

谨以此书，

献给新一代阿拉伯青年，

愿你们更为客观、深入地了解日本及世界文化，

推动多元文化间的互动与交往，

为创建具有阿拉伯特色的知识型社会做出贡献。

——马斯欧德·塔希尔

代　序

这是一本写给广大有志于推动阿拉伯国家与其他国家互动、伊斯兰文明与其他文明交往的新一代阿拉伯青年的著述。

早在 1989 年，本书作者马斯欧德・塔希尔教授便以客座教授的身份，受邀前往日本东京大学经济学院讲学一年。在此期间，塔希尔教授对日本历史以及社会文化进行了深入研究，搜集了大量重要数据和资料，为其之后的学术创作打下了坚实的基础。也正是凭借他在日本、中国等东亚国家研究方面的独到见解和丰富著述，塔希尔教授在整个阿拉伯世界享有盛誉。

在日本及日阿关系研究领域，塔希尔教授著述颇丰，代表作有《近代日本的崛起及其对阿拉伯国家的启示》（贝鲁特，阿拉伯统一研究中心，2004）、《日本人眼中的阿拉伯》（贝鲁特，自助出版，2005）、《阿拉伯与日本的复兴：动机与结果的相似性分析》（科威特，知识型世界系列丛书，1999）等。2010 年，日本明仁天皇授予塔希尔教授文化金勋章，以表彰他在该领域学术研究以及在推进日本与阿拉伯国家文化交流方面做出的贡献，塔希尔教授也成为日本天皇设立这一表彰外籍学者的奖项以来，获奖的 62 位学者中唯一一位阿拉伯人。

日本一词，顾名思义，意指太阳之本源。按照日本人自己的解释，太阳在这片土地上产生并升起，阳光也从这片土地发散并照耀整个世界，日本因此得名。日本对于广大阿拉伯民众而言，是一个遥远而又陌生的东方国度。阿拉伯人对于日本历史和文化的认知与了解仍停留在较为宏观的层面，获取并掌握日本相关信息的渠道仍多为报刊、电视等传统媒体的少量报道，以及部分带有个人感情色彩的文学创作。与此同时，许多日本人对于阿拉伯国家以及阿拉伯人的印象则更多仍停留在一种片段化、碎片化的状态。许多日本人对阿拉伯国家的认知仍局限于 1973 年中东战争等单一的历史片段，对于阿拉伯世界并没有形成较为系统的认识与了解。

但令人欣慰的是，单一和匮乏的了解与认知并没有令双方开展文化交流、加强双边合作的热情熄灭。虽然阿拉伯学者开展对日本历史和文化的研究工作至今仍不足三十年的时间，但他们在相关领域付出了不懈的努力，通过日文原版历史及学术文献，尽可能详尽客观地获取有关日本的信息，并举办多次访谈、论坛，广邀阿拉伯学者和日本学者进行思想碰撞与全面交流。同时，在政府的大力支持下，日本学界在阿拉伯研究方面的工作也取得了长足的进步，为增进双方彼此之间的了解，推进双方在经贸、文化、社会等领域的友好合作做出了巨大贡献。正如一位日本学者所言，日本政府极为重视通过文明对话、文化交往来增进日本人民与世界各族人民的联系，进而推进国家之间政治、经济、战略关系的深入发展。

任何形式的学术活动亦或文化交往，实际上都是历史发展与变革的某种助力。多年的日本旅居和讲学经历无疑夯实了塔希尔教授的学术基础，扩大了其学术视野，使他能够通过更为多元的视角对日本历史与文化以及日本与阿拉伯国家的各个层面交往进行客观的分析与总结。塔希尔教授一直在为加强阿拉伯国家与日本之间的人文交流付出巨大的努力，其学术贡献，也正是推动日阿关系不断变革、稳步发展的重要力量。也正是得益于日阿之间不同领域友好关系的不断发展，尤其是文化交流的不断深入，塔希尔教授的这本《日本与阿拉伯国家》作为阿拉伯思想出版社《知识》系列读物的又一力作得以问世。本书中，作者以丰富的统计数据和历史文献为基础，综合多种英文、法文以及阿拉伯文学术成果，精炼数年来日阿之间文化交流活动中的思想成果，全面回顾了阿拉伯国家与日本之间在各个领域的交往历史，对双方在政治外交、经济贸易、文化科学等领域的交流历史与现状进行了全景展现，总结了日本对于阿拉伯国家重要事务的立场与态度，并对未来日阿关系的发展前景做出了展望。

本书出版之际，正值日阿关系进入新的历史时期。在经济全球化不断深入的21世纪，诸多阿拉伯国家和日本都有着进一步了解对方、推动双边关系发展的强烈愿望。每年多次的文化论坛、众多知名学者参加的研讨会等多元的文化交流形式也为双方相关领域的学术研究发展提供了源源不断的动力。在面对经济全球化所带来的共同挑战时，阿拉伯国家愿与日本这样拥有成功发展经验的国家一道，致力于形成发展合力、丰富交流途径、创新交流项目，在经济、金融、旅游、文化、城建等多个领域创建互利共赢的合作格局。

正如塔希尔教授在书中所言，日阿关系有着良好的发展前景，但能否将双方业已实现的交流与合作成果转化为推动双方共同发展的有效机制与模式，关键还在于阿拉伯国家能否实现体制上的合理变革。这种变革是全面的文化改革，是教育体系、管理体制的现代化改革，是社会公正与个体自由的均衡发展，是不同民族、不同宗教之间的理解与共存，也是对实现不同文明之间平等交往、相互借鉴的追求。

在经济与文化层面，一部分阿拉伯国家已经与日本开创了良好的交流与合作格局，获得了令人瞩目的成就。但不可否认的是，总体而言，阿拉伯世界与包括日本在内的世界其他国家的交往，仍在某种程度上受制于自身保守封闭的态度以及对阿拉伯伊斯兰传统文化的片面诠释和错误认知。拒绝进行体制与思想上的根本变革，排斥与外部世界进行互动或学习其他国家的成功经验，也阻碍着阿拉伯世界知识型社会的建设与发展。

通过此书，我相信更多的阿拉伯青年会对阿拉伯国家与日本之间的交往历史与现状有着更为全面深入的了解，也会对开展文明间交流对话的重要性有全新的认识。同时也愿更多的阿拉伯学者通过对日本文化的学习，对日本发展经验的审视、分析与借鉴，总结出适合阿拉伯国家实现持续发展的方法，找到实现阿拉伯伊斯兰传统文化与外部文明兼容并蓄、和谐共存的发展道路。

目　录

前　言

一、两次现代化改革与日本崛起

1868年至1912年，日本在明治天皇治下实现了社会的根本性变革以及经济的全面发展，这一时期也被公认为是近代日本崛起的关键时期。也正是得益于明治维新政策在各个领域的深入，日本逐步具有了建立现代化国家的各种要素，建成了强大的军队、先进的经济及金融体系以及开放的社会结构，国家迅速完成了在政治、行政、军事、经济、教育等多个层面的深化改革，日本也一跃由传统的农业国转变为富有的工业国家，进而在第一次世界大战之后发展成东亚地区具有强劲实力的资本主义国家。

• 政治改革

幕府封建统治期间，日本国内积贫积弱，被迫与西方国家签署不平等条约，1854年开国后，民族危机进一步加剧，日本面临着被西方国家全面殖民的危险境地。而随着倒幕运动的胜利和维新改革在政治层面的不断深入，日本逐步建立起统一的中央集权式的政治体系，废除了长期以来武士阶级享有的特权，效仿西方国家走上了资本主义的政治发展道路。虽然随着武士阶级逐步失去其政治与社会特权，以自由民权运动为代表的政治反对运动对明治维新期间的日本政治发展产生了巨大冲击，但不可否认的是，明治维新重新赋予了天皇政治权威，逐步消除了幕府封建统治遗留下的政治顽疾，为全新的日本政府在经济、社会等领域开展改革提供了良好的政治保障。

• 行政改革

明治维新加速了日本由封建社会向资本主义社会的过渡，而在日本加强中央集权统治，推进各领域改革的过程中，全新的行政机构设置和管理模式发挥了重要作用，以个人能力和工作忠诚度为主要选材标准的行政管理制度也为日本改革的深入增添了动力。值得注意的是，在日本的行政体系中，广泛存在的官僚主义在一定程度上为社会制度的完善起到了积极的推动作用。这种具有明显制度化和规则化属性的官僚主义，对日本的政治社会结构进行了重构，确立权威，划分等级，并对外来制度框架下的理论和实践模式进行筛选，选取适合日本本国国情的内容，为日本的现代化服务。

• 军事改革

明治维新期间，日本政府将军事发展置于改革的首要位置，军事强国也被认为是明治维新背景下日本政府一系列改革政策中的核心内容。日本政府效仿英国等西方国家，对军事编制和制度进行了全面改革，建立全新的军队体系，同时大力发展军工行业，引入西方技术制造先进武器装备。军事的现代化使得日本拥有了当时世界上最为先进的武器和严格的军事制度，也催生了日本国内影响甚广的民族沙文主义。而军国主义的发展道路也使得日本迅速成为地区乃至世界范围内的军事强国，现代化的武器装备和先进的军事体系也使日本避免了被西方国家殖民统治的命运。

• 教育改革

明治维新期间，日本逐步完善了从初级教育到高等教育的全面国民教育体系，同时大力引进西方教育制度、教育理念、科学技术以及主流文化。现代化教育体系的建成，也被视作日本实现全面改革和持续发展的重要助推因素。得益于明治维新的教育改革，日本在短时间内一跃成为世界范围内的教育强国，也成为自 19 世纪以来，全世界在消除文盲工作上最富成效的国家。教育的快速发展为日本各个领域输送了大批人才并带来了先进的生产技术，也促使日本的经济发展模式发生了根本性的变革，减少了日本经济对于传统农业的依赖，进而实现了日本经济与社会的跨越式发展。

• 经济改革

以明治维新为起点，日本的经济发展走上了西式的资本主义道路，在全国范围内大规模兴建的工厂为日本的实体经济发展奠定了坚实基础，而效仿西方国家建立起来的国际化金融体系也为日本提供了良好的国际市场前景。日本在短短二十年内便建立起现代化的金融体系、完整的陆上及水上运输路网，拥有了现代化的矿产勘探开采技术和设备，建成了诸多配备有西方现代化设备的工厂。而自19世纪起，日本政府便开始进行私有化的尝试，经过近两百年的发展，如今已实现了公有制企业与私有制企业之间的平衡。对于那些常年亏损的国营企业，日本政府将其以极为优惠的价格出售给私有企业。同时，日本政府给予制造业，尤其是军工制造业极大的政策优惠。不可否认的是，日本政府为推进私有化采取的一系列政策与措施为传统的农业、渔业以及珍珠采集行业带来了消极的影响，但这一私有化的进程在另一方面也加速了日本经济的转型，并造就了日本军工业的快速发展。

明治维新的成功推动日本走上了垄断资本主义和军事扩张的发展道路，对中国、俄国、朝鲜等周边国家发动的侵略战争也使得整个亚洲对日本这一新兴资本主义强国产生了巨大的恐慌和厌恶之情绪。“二战”结束后，美国全面介入对日本的政治管理和社会改革，日本也在美国的控制下于1947年颁布全新的和平宪法。此外，美国也在行政管理、文化教育以及社会建设等多个方面给日本施加影响。而“二战”的惨痛教训也令日本人意识到，牺牲本国劳动力、一味扩充军力对于国家的发展毫无益处，而发动对外侵略战争无论给本国还是周边国家均会带来灾难性的后果。自此之后，尤其自20世纪60年代起，在总结这些经验教训的基础上，日本开始了全新的现代化进程，并在短短几十年的时间内创造了震惊世界的经济发展奇迹，也促使其他亚洲新兴国家竞相学习与模仿日本的发展模式。

在“二战”后的重建与发展过程中，日本在金融、教育、立法、国会、军事等方面的体制改革借鉴了许多西方国家的成功经验，同时，西方国家的科学技术及文化成果也使日本民众的眼界逐步开阔。

回溯历史，随着地区和世界格局的重大变化，尤其是中华人民共和国的建立、朝鲜半岛爆发战争、世界两大集团之间的“冷战”不期而至，在这样的形势下，美国人逐渐放宽了对于日本发展的限制，使日本由“二战”时期美国的“死敌”，转变成美国在亚太地区制衡中国等国发展的重要盟友。日本也从美国等西方资本主义国家获得了大量的物资援助和贷款，并利用自身在推进现代化进程方面的发展经验，推动了本国经济的全面发展，制定并实施了长期人力资源培养的战略。得益于合理的政治制度、强大的人力资源、全面的生产变革、高效的行政管理、着眼未来的发展规划以及长期以来对于一切先进知识和技术的开放与吸收，日本迅速摆脱了战败国的发展困境，在20世纪后期短短几十年的时间里，成功实现了与之前的现代化有本质不同的发展与崛起——国家的发展不再仅仅是为军力建设而服务，而是为整个社会的稳定与繁荣提供保障。日本在“二战”后的二次崛起也被学界定义为“西学东渐”的成功典范。日本在短短几十年内学习了西方丰富的科学技术，并掌握其科研奥秘，同时坚持自己的传统价值观念，以兼具高品质与高科技含量的产品，在世界市场上占据了巨大份额，这也令西方世界侧目。日本也由此成为当时的世界第二大经济体，并带动了整个亚洲的经济发展。

值得我们注意的是，日本的两次改革——明治维新和“二战”后的改革，并非只是对西方科学技术和制度文化的照搬和模仿，而是在借鉴与学习的同时，坚守自身传统文化，保持本土的价值认同。而日本发展的成功也并非全盘接受外来的西方思想并摒弃自身传统，而是实现了二者的有机融合。例如，日本借鉴了西方国家的宪法制度，但保留了具有本民族传统政治文化特色的天皇。日本通过不同于主流欧美国家的发展模式成功实现了国家崛起和政治、经济、社会建设的现代化进程。日本经验更值得包括阿拉伯国家在内的世界多国学习，任何文明、任何国家、任何民族，都应当具有对于世界文化的开放态度，学习他者的知识与经验，进而提升自身的文化水平和创造能力，与此同时，还应更加珍视自身的传统文化和价值观念，在不同文化间的交往与互动中保持自身的文化身份认同，进而发掘并坚守适合于本国特点的发展模式。

二、阿拉伯人眼中的日本崛起

近代日本的两次强势崛起也引起了阿拉伯学者的关注，但客观而言，这种关注更多地带有推崇与夸大的感情色彩，而缺乏客观、全面的学术分析。许多阿拉伯文人通过诗歌等文学形式，对日本奇迹发出赞叹，将其成功的发展模式称赞为“黄种人的胜利”“太阳之国的崛起”，同时忽略了日本在发展过程中其军国主义行为对中国、朝鲜等周边国家造成的灾难性后果和对自身造成的巨大物质及人力损失，以及 1945 年战败并被美国占领的惨痛教训。而对于自身发展中所犯的错误及受到的教训，日本本国学者则多采取批判的视角对其进行分析与反思，并对日本在“二战”后的全新发展模式表示认同和称赞。在日本学者看来，近代日本的两次改革既有成功和过人之处，同样也有值得反思的失误和败笔。“二战”后的日本避免了之前现代化进程中所犯的错误，不再过多痴迷于军国主义的发展路径，而是选择以开放的心态融入世界，潜心于社会经济发展，致力于为本国民众提供更为安宁稳定的生活环境。这一时期的日本实现了所谓的二次复兴，经济崛起，社会繁荣，同时掌握了世界领先的科学技术，成为改变世界经济格局的重要力量。

相比于大多数日本本国学者，阿拉伯学者并未关注日本学者对于自身发展进程中所陷入的帝国主义和军国主义发展模式泥潭的分析与批判，而是更多地将其目光聚焦在日本如何在明治维新之后迅速实现了军事的现代化和政府对社会的垄断统治。令阿拉伯学者予以更多赞美的并不是日本社会在战后迅速实现了重建和繁荣，而是日本如何从一个被西方国家强迫打开国门的孱弱小国，一跃成为令整个亚洲乃至美国胆寒的军事帝国。一直以来，阿拉伯学者缺乏对于日本发展历史的客观研究态度和全面分析视角，阿拉伯学界中的大多数人在进行日本研究时，未能对近代日本的两次现代化改革进行区分分析，而是错误地将两者融合起来进行审视。阿拉伯学界也并未付出足够多的努力，以期在文化层面从日本的发展经验中获益，借以服务于阿拉伯世界的发展和复兴。相较于日本与多个阿拉伯国家之间迅速发展的经贸关系，日阿间的文化往来仍停留在为数不多且时断时续的文化论坛。因此，直至20世纪末，日本与阿拉伯世界的人文关系仍然处于较为滞后的发展状态，阿拉伯人对于日本的国家形象和近代日本的两次改革也缺乏全面或客观的认识。

阿拉伯学者之所以缺乏对于日本崛起的正确认识，阿拉伯人之所以缺乏对于日本这一东方国度的全面认识，其原因并不只是地理上的距离与阻隔，也并非只是世界政治经济格局变化对双方产生的巨大冲击，缺乏持续性的人文交流才是其中的核心原因。但相较于地处更为重要的战略位置，且坐拥丰富发展资源的阿拉伯国家，日本显然对于推进日阿间人文交流，增进以学界为代表的文化相互认知有着更为强烈的愿望，日本学者多年来也为之付出了巨大的努力。数年来，日本国内涌现出多名优秀专家学者，致力于推进本国对于阿拉伯国家的经济、社会、政治、军事、文化等领域的研究工作，同时，旅居阿拉伯世界的日本学者也对日本的阿拉伯研究事业做出了巨大贡献。每年都有来自日本本土以及就职于阿拉伯国家各大科研中心的日裔学者加入其中，而在多样的学术论坛中，我们也经常能够看到日本学者的身影，他们在一切有关阿拉伯世界的研究领域，如伊斯兰文化以及能源等方面成果颇丰。相较而言，有着强烈研究热情且精通日语、有能力根据原版文献深入研究日本发展史的阿拉伯学者则少之又少。大多数阿拉伯学者在进行日本研究时，依据的仍是许多缺乏中立、客观视角的西方理论以及外来文献资料。不可否认的是，在阿拉伯学界，一直都有若干学者能够认识到学习他者、借鉴经验的重要性，并愿意与日本等国开展交流，深入研究其成功模式，打破阿拉伯国家一味盲从于西方的现状。但总体而言，在与日本开展文化交往的过程中，阿拉伯学界缺少统一的思想、客观且长期的人文交流发展构想及高度的执行力，这也导致双方不同形式的交流活动时断时续，缺乏令双方同时受益的长效机制。而日本学界则恰恰相反，在开展文化交流的过程中，日本学者秉持着相同或相似的理念，拥有了解阿拉伯世界的强烈愿望和客观公正的学术态度，而且长期以来获得了日本政府和日本企业持续的资助和无私的支持，进而不仅推动了日本国内的阿拉伯研究事业的长足发展，也增进了日本人对阿拉伯世界乃至中东地区的认知与了解。

值得注意的是，一些阿拉伯人一直以来都生活在自欺欺人的怪圈之中，坚称西方世界的崛起与发展受惠于阿拉伯文明之光的照耀，阿拉伯人才是真正引导欧洲实现复兴的领路人。在阿拉伯人长期陷入这种自我诡辩的怪圈的同时，日本学者则对由穆罕默德·阿里所引领的埃及现代化进行了深入研究，并从中总结并学习有益于自身的发展经验，其获益程度甚至要比阿拉伯人自己还要高。日本崛起之后，许多其他亚洲新兴国家也纷纷从中吸取经验，实现了自身的飞速发展。即便如此，包括部分学者在内的许多阿拉伯人仍不愿正视或者学习日本模式中的有益成分，以日本经验是对西方的简单模仿为由，拒绝从中学习并为己所用。他们仍然坚称，日本的崛起得益于日本人民的独有经验，这种经验具有排他性，并不能跨越国家边界使别国人民受益。阿拉伯人忽略了一个残酷的现实，那就是阿拉伯世界已经错过了建立一个拥有强大军队、中央集权统治并占有丰富自然资源和人力资源的统一民族国家的历史机遇，如今的阿拉伯世界面临的是实现自身崛起和全球化所带来的巨大挑战。阿拉伯世界需要的是开展一项全面的复兴工程，这一工程既需要长期的理论构建，也需要从世界其他国家，不论是西方还是东方，学习其成功的实践经验。这种学习并非对别国成熟的发展模式的简单效仿，而应当是一个基于阿拉伯世界自身特点的总结、提炼并综合运用的过程。

在日本研究方面，查尔斯·阿萨维、安瓦尔·阿卜杜勒·马利克、马利克·本·纳比等学者可谓阿拉伯学界的翘楚，在著述中，他们系统分析了促使日本在短期内实现现代化改革的各种要素，客观地展现了日本在各个领域发展与崛起的真实图景。同时，他们指出，许多阿拉伯国家如今已具备了实现现代化的全部要素，阿拉伯世界也可以从日本的崛起中获取有益经验，只要阿拉伯人下定决心，审时度势，取长补短，那么阿拉伯国家有能力随时追赶上世界其他国家现代化的步伐。阿拉伯国家在追求进步，推进现代化建设的进程中，应以开放的心态学习日本、中国、印度等亚洲国家的发展经验，同时维护自身传统文化和身份认同，而并非一味效仿西方或是东方。而相较于亚洲新兴国家，以良好的政治意愿、丰富的人力和物质资源、民主制度的普及、高效的行政管理以及睿智的政治领导等要素为基础，阿拉伯国家有能力也有条件实现更为快速的现代化改革。

近年来，日阿经贸关系飞速发展，而随着全球化在各个领域的不断深入，日本和阿拉伯国家面临着许多共同的难题与挑战，双方在金融、教育、旅游等多个领域的互利合作仍有着良好的发展前景和巨大的发展空间。

自21世纪初期以来，逐渐增多的双边文化交往为推动日阿建立全面的战略关系增添了动力，也令日本与阿拉伯国家有了更为紧密的关系，从而共同面对全球化带来的巨大挑战。而实现这种战略关系的首要任务，便是在阿拉伯国家建立更多的组织机构，致力于整合现有资源，在阿拉伯国家形成合力，进而推动日阿交往的发展，并全面协调与规划未来双方在经济、金融、旅游、文化等多个领域长期且互惠互利的合作项目。虽然在整个近代发展进程中，日本和阿拉伯国家均缺乏对对方的深入了解，也缺少持续有效的人文交流，但令人欣慰的是，双方在21世纪初期开启了文化交往进程的全新历史时期。随着双方在经贸领域交流合作的飞速发展，双方在文化层面的交流与对话也逐渐增多，并得到了政府、企业、民间组织的大力支持。不断增进的文化交流促进了双边关系的全面发展，也为日本与阿拉伯国家之间建立战略关系奠定了良好的基础。

如今的日阿关系已进入了务实合作的全新时期，这种务实合作也为未来收获丰硕成果奠定了良好基础。历史是对现实的注解，而现实则是对历史的全新演绎。本书便是基于客观史料，通过对日本外务省、阿拉伯国家外交部文献以及多部学术著作的梳理，对日本自“二战”结束直到2012年的发展历程，以及日阿在此期间的双边交往进行了论述与分析。几十年前，日本与阿拉伯国家的双边关系一度仅仅停滞在以石油交换科技和产品的单一层面，并且由于西方国家的政治霸权主义行径以及西方媒体对国际话语权的把控，日本与阿拉伯国家间的关系发展也曾经历过波折与起伏。但可喜的是，近年来，双方逐步走出误区，以更为包容的心态携手进入了文化交流与互惠合作的全新历史时期。

平等相待、互利共赢是阿拉伯国家与日本开展双边交流与合作的先决条件。亚洲新兴国家在其发展过程中，不同程度地借鉴了日本模式，阿拉伯人也应当客观审视现实，奋力摆脱桎梏，尽最大可能学习日本经验并为己所用。阿拉伯文化曾为人类文明的进步做出过巨大贡献，事实也证明，阿拉伯人有能力通过学习其他亚洲国家的发展经验，以自身文化为根基，实现崛起和复兴。阿拉伯世界与日本同属于亚洲文化圈内，在世界舞台上也都有着极为重要的地位，二者之间在双边合作和交往方面有着巨大的发展前景。以近年来快速发展的经贸关系为基础和契机，阿拉伯国家和日本也必将在政治、外交、文化等多个维度的双边关系上获得进一步发展，双边交往的成果也必将更多地惠及日本人民和阿拉伯人民。

第一章　日本在阿拉伯国家的形象认知与软实力外交

一、从历史维度看日本

19 世纪初期，穆罕默德·阿里开启了埃及的现代化进程。埃及在短短四十年间的迅速崛起使奥斯曼帝国感受到了前所未有的危机，迫使后者开展了一系列的社会改革，以期挽救帝国政权，避免帝国在西方殖民者的铁蹄下走向覆灭。但奥斯曼帝国的一系列改革并未触及问题之根本，也并未实现中央以及各个行省和附庸国政治、文化、经济以及社会的根本性变革，因此，奥斯曼帝国沦为西方人眼中垂死的"欧洲病夫"，在铁骑的入侵之下迅速崩塌。而随着在第一次世界大战中战败，奥斯曼帝国也最终支离破碎，四分五裂。

在明治维新开始前约半个世纪的时间里，由穆罕默德·阿里领导的埃及现代化变革已经在中东地区产生了辐射性的影响，沙姆地区和奥斯曼帝国的其他领域都深受此次变革的影响。而直到埃及现代化功勋穆罕默德·阿里逝世，日本的明治天皇仍未出生。根据史料记载，19 世纪中叶，日本所处的内外环境与当时的埃及和奥斯曼帝国有着许多相似之处。1853 年美国强迫日本开放通商口岸，在随后的几年内，日本也被迫同西方国家签署了多个不平等条约。天皇在当时的日本并无实权，国家的军政大权常年被幕府将军军事集团所把持。而随着天皇与幕府家族的矛盾不断激化以及民族危机的不断升级，一场全面改革势在必行。

1868 年年初，天皇政府最终打倒幕府势力，结束封建幕府对日本的统治，开启了天皇统治日本的全新时代，也翻开了日本推进全面改革的新篇章。在改革过程中，日本极大程度地受益于西方现代科学技术，以军队和社会建设为基础推进国家的现代化进程，也避免了西方殖民者对本国资源和政权的蚕食鲸吞。明治维新期间日本的现代化进程又是一场涵盖社会各个阶层以及各个生产行业的全面变革，这场变革也使日本完成了成功的发展转型，迅速崛起成为东亚地区最为强大和富有的帝国。随着国力的提升，日本不再惧怕其他国家的入侵，中国、朝鲜和俄国等周边国家却开始担心拥有强大军力的日本随时可能对其发动侵略战争。在日本海等周边海域，西方的战舰也面临着强大的日本舰队的挑战。

而当我们把视线移回到中东地区，我们发现，虽然阿拉伯世界早于日本开启了现代化尝试，但遗憾的是，诸多的内外因素导致阿拉伯现代化的设想最终宣告破灭，也导致阿拉伯世界遭到了英、法、西、意等西方国家的瓜分，阿拉伯人也由此被推向遭受殖民、饱受欺辱的深渊。时至今日，虽然除巴勒斯坦之外的所有阿拉伯国家均已实现政治独立，但整个阿拉伯世界仍在全球化浪潮中处于一种对世界大国的附庸状态。而相较于阿拉伯国家，日本则在“二战”前成功避免了遭受西方国家殖民的命运，即便是“二战”之后沦为战败国，受到美国的全面管控，日本人也可以自豪地认为自己的国家是反抗殖民、抵御外辱并依靠自身力量实现崛起的成功范例。从历史的角度来看，阿拉伯世界与日本均开启了各自的现代化进程，但二者命运迥异，阿拉伯世界走向版图分裂与发展困境，而日本则实现了迅速崛起。

在相似的内外环境中开启的埃及现代化进程和日本明治维新改革最终收获的却是截然不同的结果，其原因多种多样，二者在社会结构、民族构成、改革目的、改革手段等方面的差异也为如今相差甚远的发展程度提供了相对合理的解释。无论是近代的明治维新，还是“二战”之后的二次崛起，日本的改革至今仍被阿拉伯学界视为“西学东渐”的成功典范。日本一直坚持向西方学习，引入西方的文化知识、科学技术为己所用，同时强调对本国文化的保护以及对传统儒家文化和价值观念的恪守与传承。多年来，日本大批优秀学生前往欧美国家学习，学成归国后为本国建设贡献力量。明治维新之后的日本各届政府均坚持着同一个社会发展理念，即教育是每个日本人不可剥夺的神圣权利。也正是在这种理念的指引下，日本的政府部门、各个家庭以及私有企业，均承担着教育兴国的重任，也均根据自身实力，为受教育的日本公民提供所需费用。放眼世界，很少有国家能够在发展教育方面比肩日本，为受教育群体提供资金等全面保障，为之解决上学求职过程中的一切后顾之忧。明治天皇统治日本期间，设立了日本文部省，主管国内的教育事务。该部门成立伊始，便提出普及教育、消灭文盲的口号，并且在多方的合作与努力下，于19世纪末实现了学龄儿童入学率接近百分之百。根据日本政府的规定，在完成高中学习之前，学龄青少年是不允许进入任何国家机关、工厂或者公司工作的，这样的规定也迅速降低了日本的文盲率，大幅提升了国民素质。学生在校学习期间，除了要掌握基础知识之外，还应学习电脑、传媒以及外语等多门知识和技能。对于知识和科技的重视加速了日本知识型社会的建设，也为明治维新之后日本的可持续发展和强势崛起奠定了坚实的基础。以重视教育和发展教育为契机，日本的国力在现代化进程中大幅提升，自20世纪开始，日本逐步成长为亚洲乃至世界范围内强大的资本主义发达国家。

由于极具破坏性的地震的频发以及本土自然资源的匮乏，日本在其发展过程中，也曾多次面临严峻的经济形势。例如，1923年关东大地震侵袭了东京等地，导致巨大的财产损失和经济困境，也致使许多民众背井离乡，前往海外求生。在这段时期，中东阿拉伯国家、拉美国家均成为日本民众海外生活和工作的主要目的地，当地也形成了若干规模较大的日本侨民群体。自然条件的限制和军国主义发展模式的催化，在一定的历史时期内将日本推向了对外扩张与侵略的道路。1931年至1941年这十年，日本国力有了飞速的发展，国土面积也扩大了近八倍，此时的日本也对周边国家发动了一系列的侵略战争，以吞并土地、占有资源、为本国的发展服务。这段历史时期也被许多周边国家视为黑暗时期，因为随着日本国力的提升，日本相继对中国、俄国等周边多个国家进行了残酷的侵略，并于1941年12月7日偷袭美国珍珠港，导致多个国家生灵涂炭，亚洲各国为日本的扩张与侵略付出了惨痛的代价，日本本土民众也饱尝战争带来的苦涩。珍珠港事件使美国太平洋舰队遭受重创，同时也为日本招致美国两枚核弹的打击以及本土失陷的灾难性后果。据统计，美国对日本本土的核弹轰炸导致近18万日本民众丧生，也迫使日本政府在“二战”中投降，直接受到美国的全面管制，至今仍在其本土留有美国驻军和美军基地。

1945年至1951年，随着日本的投降，美国全面控制了日本的社会建设和国家重建，日本被禁止拥有任何形式的进攻性武器，美国也撤销了日本在战时所设立的全部宣传机构。此外，在美国的主导下，日本政府于1946年颁布了全新宪法，取代了1889年明治时期制订的旧宪法。在旧宪法中，天皇被赋予了国家的最高权力，而在新宪法中，天皇不再拥有绝对权力，人民成为国家权力的掌握者，国会也被设立为日本的最高权力与立法机构。新宪法的颁布也促使日本的政治体系向西方模式靠拢，多党制和自由选举模式的出现和成熟成为战后日本政治发展的显著特点。新宪法赋予人民以最高权力，也使天皇的地位得以保留，并成为日本国家与民族统一的重要政治标志和精神符号。同时，新宪法精神主张通过外交手段，而非军事手段解决争端。新宪法也被视为日本和平发展，避免军国主义重新抬头的重要保障。1951年，美国结束对日本的占领，并在旧金山与日本方面签订《日美安全保障条约》，日本虽在战后被禁止掌握有任何攻击性武器，但在此条约的基础上，日本可以在美国的保护下进行战后重建和发展。同时，根据该条约的规定，至今日本仍保留有四万多名美国驻军，日本的港口及周边海域也仍有美军存在。1955年，日本自民党成立，成为战后日本政坛的核心力量，也被视作战后日本社会及政治稳定的重要保障。在这一时期，美国同样意图在日本推进一场重视个体自由、去集体化的美式社会改革。但这些改革从根本上有悖于日本一直以来重视集体、淡化个人的社会及文化传统，因此并没有在日本得到有效推行。“二战”之前，日本的集体主义社会文化使得国家能够迅速聚集起巨大的人力物力以进行对外扩张和侵略战争，而“二战”之后，这种集体文化又帮助日本迅速走出百废待兴的局面，凝聚了国内各个阶层的力量，推动了日本社会的积极变革。

二、日本与阿拉伯：形象构建与认知

不可否认的是，日本的对外扩张曾经给亚洲多国带来了巨大的灾难，但从某种层面上来讲，日本在亚洲，尤其是在东亚地区的扩张增加了日本对该地区拥有不同民族、不同宗教的各国的了解。值得一提的是，这一时期的日本政府鼓励本国学者开展伊斯兰文化和伊斯兰国家史的研究，并成立了数个伊斯兰文化研究中心，其目的便是通过学术研究，更为全面地了解伊斯兰社会文化，进而发掘更好的对日本统治下的东南亚穆斯林聚居地区的管理方法。日本在侵略并占领了这些国家与地区后，对当地民众宣称日本是将他们从英法等西方国家殖民统治中解救出来的拯救者，日本政府也急需开展全面的研究，以期寻求符合当地伊斯兰文化的统治方式。这也在某种程度上促进了日本国内对伊斯兰社会文化研究工作的发展，也为日本增进与阿拉伯国家——这些以伊斯兰文化为主流社会文化的国家之间的交流奠定了基础。

“二战”结束之前，受制于地理距离和世界政治局势的波动，日本与阿拉伯国家之间的传媒交往渠道较为有限，双方的民众对对方也知之甚少，双方学界对于彼此政治、经济、文化等领域的学术研究作品数量也屈指可数。直到20世纪80年代，出于对维护本国在阿拉伯国家逐渐增多的海外经济利益的目的与需求，日本方面才开启了对中东地区国家的全面研究。在这样的时代背景下，日本国内的阿拉伯研究机构也逐步转变为吸纳了众多优秀学者，对阿拉伯文化、历史、政治、经济、发展、社会、学术科研、哲学、文学、艺术等内容进行全方位研究的重要平台。

战后的世界格局在美国的主导下产生了深刻变革，而日本在政治上对美国的依附也使其在阿拉伯人心中的形象转变为美国的追随者，也造成了部分阿拉伯人对其形象认知的误区。他们认为，战后日本的发展之所以获得成功，主要得益于日本在政治等方面对美国的依附甚至附庸，其经验与模式并不适用于阿拉伯世界。他们辩称，阿拉伯世界在选择发展模式以期实现复兴时，首先应当摆脱对西方世界的依附，不应一味学习日本等与西方世界有着紧密关系的国家的发展经验，而是应从自身的历史与文化基因中，寻找抗衡以色列、美国等国家的能力和实现国家发展的力量源泉。他们忽略了日本在构建团结、民主的社会，提升本国产业生产和创新能力中的独到之处，也没能正视日本在世界政治、经济、文化发展中所发挥的积极作用。

20 世纪 50 年代至 60 年代，出现了若干在中东研究方面做出显著贡献的旅阿日本学者，其研究成果较为全面地展示了中东历史和文化，进一步推动了日本与相关阿拉伯国家之间的人文交流。此外，他们还声援对欧洲殖民者进行反抗的阿拉伯人民，对以色列占领巴勒斯坦、英法以入侵埃及等行径进行谴责，同时旗帜鲜明地反对欧洲国家压制或破坏阿拉伯世界实现民族团结的一切政策和行径。旅阿日本学者的研究成果也在一定程度上影响了日本本国的社会舆论，日本国内的视听媒体也越来越多地对中东阿拉伯国家进行报道，使更多的日本民众认识到，阿拉伯世界拥有日本工业发展所亟须的石油资源，阿拉伯国家也是日本产品出口的重要市场，日本应当重视发展与阿拉伯国家在多个领域的友好合作。与此同时，学者们还指出，日本在与阿拉伯开展交往的过程中，其注意力不应仅放在经贸层面，而应当认识到，日本与阿拉伯国家之间的文化交往仍然较为匮乏。日本人如何取得经济发展，如何制造出在世界上拥有良好口碑的产品，对于这些问题，阿拉伯人依然缺乏了解，更没有在思想上与文化上了解日本的意愿。从日本方面来讲，虽然在这一时期，重视中东阿拉伯研究的学者人数逐渐增多，尤其是侨居阿拉伯国家的日本学者对相关领域的研究工作贡献颇多，但总体而言，日本学界的阿拉伯研究成果多聚焦于对阿拉伯国家历史与国情的介绍，关注日阿经贸合作，缺少对阿拉伯伊斯兰文化和思想的研究，造成这种局面的原因主要是这一时期的日阿关系更多地局限在经贸往来层面——日本从阿拉伯国家获取石油，阿拉伯国家则进口日本的廉价产品。

由于日本经济发展对于石油等重要自然资源的依赖，阿拉伯国家的国内局势变化和国际形势突变也一直牵动着日本的神经。例如，历史上阿拉伯石油输出国曾采取石油禁运对抗西方国家，又如两伊战争、2001 年美国 9·11 事件、2003 年美国发动的伊拉克战争以及在巴勒斯坦、黎巴嫩等国不断升级的阿以冲突，均影响着日本与阿拉伯国家以石油资源为主的贸易往来。此外，1995 年的阪神大地震、2011 年的东日本大地震等数次国内自然灾害，也在一定程度上影响了日本的发展。阿拉伯国家局势的动荡和本国的自然灾害频发为日本人敲响了警钟，也使日本政府、公司等有关各方认识到自身对于阿拉伯世界和中东地区了解的匮乏。导致这一问题出现的有许多客观因素，但最主要的原因还是日本与阿拉伯国家之间在文化和传媒交流方面的缺失与不足。20 世纪七八十年代，日本有关各方意识到了这一问题，政府也旋即颁布了一系列政策，鼓励学者及科研机构对中东地区的地理、经济、政治、文化、艺术以及教育等多个方面开展学术研究。但值得注意的是，这一时期日本学界对于阿拉伯国家和伊斯兰文化等有关内容的研究，其路径和角度仍受到东方主义等西方主流学术思想的影响与制约，缺乏对于阿拉伯传统文化、阿拉伯国家历史以及阿拉伯人在世界文化发展过程中起到的作用等相关内容的客观、正确的认识。

在这一时期，许多秉持着东方主义理论的西方学者多次提出，自阿拔斯王朝和安达卢西亚帝国覆灭后，阿拉伯文化已停止了其发展与创新的进程。但对于这种观点，旅阿日本学者一直以来持反对意见，并在密切关注着阿拉伯世界广泛发生的国家独立运动和民族解放运动的基础上提出，犹太复国主义的存在对于中东和日本的发展都有着极为消极的影响，而中东阿拉伯国家又是日本所不能忽视的石油产地以及商品和资本的输出对象。这些学者并不是一味地采用西方学界的立场和态度对阿拉伯世界进行了解和分析，而是采取一种客观、公正、学术的视角为日本展现一个真实的阿拉伯社会。他们为日本国内新一代阿拉伯伊斯兰文化学者的诞生与发展以及日本相关学术研究的不断推进，做出了巨大的贡献。

三、1945 年之前日本与阿拉伯的关系发展与形象构建

以第二次世界大战结束为时间节点，日本与阿拉伯国家开始了试探性的接触和交往。世界政治、经济格局在战后的震荡与重构也在一定程度上制约着在地理上相距甚远的双方之间的互动。此外，语言上的障碍以及原版文献的匮乏也制约着日本和阿拉伯学界开展对对方相关领域的学术研究工作。直到 1975 年后，在阿拉伯世界还没有出现一部建立在对原版日语文献研究基础上的、用阿拉伯语或是欧洲语言书写的学术著作。在阿拉伯学界，精通日语并能够用日语获取学术资料或是将日文的文化经典翻译成阿拉伯语的阿拉伯学者可谓少之又少。这一时期日本和阿拉伯学界的学术著作基本上以欧美国家文献为基础，内容也多停留在对对方国情概况等宏观内容的简单介绍上。

1904 年 6 月，埃及学者穆斯塔法·卡迈勒的著作《日本：旭日东升》一书在开罗问世，此书也被认为是当时最为全面介绍日本的阿拉伯学界的著作。在该书中，作者对日本的地理和自然环境进行了描述，记录了日本历史上，尤其是明治天皇统治时期的重要历史事件，介绍了 1889 年日本宪法以及之后日本议会及各政党的产生与发展，并为读者全面展现了日本行政、司法、金融、教育、媒体以及军事等多个领域的相关内容。在该书出版的年代，阿拉伯学者普遍缺少对于日本的全面了解，国内媒体和对外宣传机构是他们获取有关日本的信息的主要渠道。受限于上述因素，包括该书作者在内的许多阿拉伯学者缺少对于日本国内传统社会结构与现代国家制度

之间复杂关系的了解与认识，也缺少真实客观的史料等学术研究条件，难以对日本展开细致精确的学术研究。

在《日本：旭日东升》一书中，作者对埃及和日本进行了比较与分析，并指出，在面对相似的外部压力时，日本成功地将压力转变为自身发展的动力，而埃及则受制于这种压力而止步不前，阿拉伯人在解决自身问题、推动社会发展的过程中，有必要主动学习日本等国的成功经验。在某种意义上，埃及人与日本人同为东方人，同属于东方文明圈，日本的成功经验也证明，对于东方人来说，打破殖民封锁、实现国家与民族的独立，这种目标和愿望是完全可以实现的，而抗争、牺牲和团结则是实现这些目标的重要途径。

当时的世界主流学术话语体系由西方世界把持，西方学者所坚持的东方主义研究路径也影响了数代学者。他们坚称，西方人在科技和文化方面处于优越和领先的地位，东方人应当向西方人学习。但该书作者却拒绝采纳这一在当时学界处于主导地位的观点，而是强调，西方的强权统治使东方国家不得不屈服于其侵略与霸权，也无力为实现自身独立和面向未来的发展而做出抗争。他还指出，同为东方国家的日本，则并没有被东方主义的思想所束缚，而是坚持为本国的发展和复兴进行奋斗，最终取得了成功。

从某种角度来看，《日本：旭日东升》这本书的出版实际上也是对东方人，尤其是阿拉伯人正处于落后地位的观点的回应，是对阿拉伯人无力改变自身所处的失败与困境这种偏见的回击。除了批判主流观点，该书的另一个目的则是唤醒阿拉伯人的自我意识，鼓励阿拉伯人在世界发展潮流中迎头赶上。正如作者所言，日本的发展历程实际上是对阿拉伯人极为有益的经验，日本之所以能够取得军事、经济以及社会等多个领域的飞速发展，其原因在于日本人能够认识自我，洞察环境，并集合各种力量为创造更为美好的社会生活环境以及国家发展条件而服务。

在对日本和埃及进行比较研究后，该书作者指出，日本和埃及两个国家在开启现代化进程时面临着相似的外部环境与内部问题，但最终却获得了截然相反的结果。正如该书作者所言，将日本和埃及进行比较，并非在崛起者与衰落者、领先者与落后者、统治者与被统治者、领导者与被领导者、征服者与被征服者之间比较，而是让阿拉伯人清楚地认识到，在相似的现代化进程中，埃及为何走向失败，而日本又为何实现了崛起和繁荣。该书作者认为，1869年苏伊士运河的建成通航可谓日本和埃及两国发展史的重要时间节点和历史转折点，从那之后埃及的发展脚步逐渐放缓甚至出现衰退迹象，而日本则走上了不断崛起的道路。在这一时间点后，两个国家领导人不同的政治决策引导两国走向了完全不同的道路——日本逐步走上了建设、发展、繁荣、强大之路，而埃及则逐步走向危机，并饱受经济衰退的困境，之后被外国势力轻易入侵并沦为殖民地。

团结一致的中央集权统治若毁于一旦，那么想要重建，则需几个世纪之久，而民众在一朝一夕间获得的福祉，则需要政府穷尽多年的努力才能获得。也正如在埃及和日本所发生的一样，埃及逐步衰落，危机丛生，而日本则实现了人类历史上前所未有的强势崛起与快速复兴。日本之所以能够取得发展与成功，其重要原因便在于领导者能够认清自己的职责所在，认识到政府应当是民众获得福祉与幸福的保证。在具有清晰的自我认识和明确的发展规划的政府领导下，民众才能建立起对政府的信心，燃起对国家的热爱之情，无条件地支持领导者的主张，这样的国家才能获得更多的福祉、持续的良性变革以及长久的发展。

日本的快速崛起，尤其是对俄国等国的压倒性军事胜利，使埃及以及其他阿拉伯国家民众为之震惊，也使世界看到了亚洲力量的强势崛起。日本的崛起同样使远东格局发生了重大改变，也使东方各个国家感受到由日本所引领的全新时代精神——团结一心、众志成城、靠勤奋和努力获得成功。也正如该书作者所言，在阿拉伯国家力求发展，苦苦追寻崛起之方略的时候，日本的成功为他们带来了启示与激励，让他们认识到追求真理、公正、进步和国家的富强是获得发展的先决条件，而脚踏实地的工作、不懈的努力和牢不可破的团结一心则是促成崛起与进步的必要要素。在日本的发展进程中我们发现，日本民众能够团结一致，忠于领袖，愿意为国家的发展奉献自己的力量，而日本政府则能够审时度势，体察民意，这些因素均为日本在亚洲乃至整个世界的崛起奠定了坚实的基础。

《日本：旭日东升》一书在政治、文化、宗教等层面对于唤醒阿拉伯人反抗西方殖民统治的自我意识以及鼓励阿拉伯人学习日本成功经验方面有着独特的意义。作者穆斯塔法·卡迈勒也想通过本书中对日本发展史的记叙与分析，为饱受西方殖民统治、自身发展停滞不前的阿拉伯国家提供成功的发展经验和可借鉴的发展模板。这本书的问世为当时诸多阿拉伯学者提供了崭新的分析视野和珍贵的史料，使得他们能够借此认识日本崛起和阿拉伯衰落的主要原因。

日本学者板垣雄三在其代表作《对伊斯兰的误解》一书中，对近代以来日本与阿拉伯世界进行交往的历史进行了简单梳理，他指出，以近代日本第一个开眼看世界的新岛襄 1884 年出访锡兰、与当时的埃及军官艾哈迈德·阿拉比会面为始端，日本人开始逐渐了解阿拉伯人和阿拉伯世界。

1886 年，时任日本农商务大臣的谷干城出访埃及和锡兰，对埃及当地社会文化以及由艾哈迈德·阿拉比引导的革命进行了深入了解。此次出访之后，其助手、时任日本农商务次官的柴四郎（东海散士）完成了其小说《佳人奇遇》的创作，小说以柴四郎多次游历海外各国的所见所感为创作基础，记录了艾哈迈德·阿拉比为原型的埃及军官率领民众反抗外来殖民统治的历史事件，是近代日本启蒙主义政治文学的代表作。该书在当时的日本也颇受欢迎和好评，通过政治文学的形式为日本人打开了了解中东、认识阿拉伯的大门。

之后几年内，艾哈迈德·阿拉比与多名日本政府官员进行了会面，例如，1888 年日本海关军官野村齐次（Nomura Saiji）在访问欧洲归来途中拜访了艾哈迈德·阿拉比，并与其进行了深入的会谈。1889 年，柴四郎（东海散士）在他的《现代埃及史研究》一书中，首次通过个人视角和体会展现了阿拉伯国家的风貌与文化。此后，日本国内出现了多部介绍阿拉伯世界相关内容的著作。例如，1912 年日本早期的穆斯林学者，也是日本历史上首位前往沙特麦加朝觐的穆斯林冈光太郎的旅行传记《朝觐之旅：阿拉伯世界的记忆》问世，记录了作者在麦加朝觐期间的所见所闻所感。又如，1922年，日本地理学家志贺重昂访问阿曼，阿曼苏丹赛义德·本·泰穆尔在马斯科特会见了他。结束了对阿曼的访问后，这位学者跨越阿拉伯半岛，又先后访问了伊拉克和巴勒斯坦。1926年，其名为《阿拉伯：未知之国度》的著作问世，记录了他此次阿拉伯国家之行的见闻，为日本读者展现了陌生的阿拉伯国家的地理风貌和人文景观。

直到1945年"二战"结束，日本学界仍缺乏对于阿拉伯国家历史的深入研究，对于阿拉伯国家追求独立和发展所开展的解放运动也知之甚少。当时精通阿拉伯语、从事中东研究的日本学者可谓屈指可数，较为知名的有蒲零一（Gama Reiichi）、中野荣次郎（Nakano Eijiro）、林隆（Hayashi Takashi）等人，他们均曾在东京大学和大阪大学任教，对印度、伊朗以及阿拉伯国家进行研究。此外，还有一些外交官和学者为日本的阿拉伯研究做出了贡献，例如外交官笠间明男（Kasama Akio），知名学者田村市次（Tamura Shiji）、川崎虎男（Kawasaki Torao）、小高正直（Odaka Masanao）等。

自20世纪末起，无论是日本还是阿拉伯国家，其对对方相关领域的研究工作都有着大幅度的发展与进步。从这一时期具有代表性的几部学术著作中，我们也可以从不同角度了解到，近代以来，尤其是明治维新到"二战"结束这段时期，日本和阿拉伯国家在形象构建和彼此认知上的状态。2004年，黎巴嫩学者巴萨姆·塔伊尔的著作《日本与阿拉伯：明治维新前阿拉伯人眼中的日本》一书在巴黎问世，这本用法语写成的著作也被视为阿拉伯学界在日本近代史研究方面的重要成果。相比同时代其他从事日本研究的阿拉伯学者，巴萨姆·塔伊尔凭借其语言优势，能够在学术研究和写作中通过更多的原版日文以及法文、英文和阿拉伯文文献获取资料，这也使得其著作更为翔实和丰富。这本专著的问世使当时的阿拉伯学界认识到，在进行国别研究时，对对象国语言的掌握和熟练运用是进行深入、全面研究的重要条件，而对于从事日本研究的阿拉伯学者来说，能够用日语阅读并掌握原版文献，是对日本的历史、传统文化以及文学进行全面了解的前提。同时，在向日本介绍阿拉伯国家历史与文化时，阿拉伯学者更应当首先对阿拉伯世界的近现代史有充分的学习和认识，这样才能对外介绍真实的阿拉伯，而非片面甚至扭曲的阿拉伯形象。

在《日本与阿拉伯：明治维新前阿拉伯人眼中的日本》一书中，作者首先对阿拉伯国家、东方、中东、阿拉伯马什雷克（东方）等概念做出定义和解释，并对日本如何通过中国同阿拉伯世界建立起联系以及明治维新前日本人眼中的阿拉伯等内容进行了详述。之后，作者向读者们展现了日文史料对阿拉伯历史、文化以及文学的记载，并提到日本人对于阿拉伯人的定义——商人、好食者、贪婪之人。此外，作者还介绍了明治维新期间，日本的学者在留学途经埃及期间，对这一阿拉伯国家的全面印象。在这本书的最后几个章节中，作者对由穆罕默德·阿里领导的埃及现代化变革及其影响进行了粗略的叙述与概括。在作者看来，埃及现代化进程开始后，苏伊士运河的通航可谓是埃及历史上重要的时间节点，在此之后，伊斯梅尔帕夏[①]的种种对外政策使埃及负债累累，埃及的大量资源遭到英国等国的掠夺，欧洲国家对埃及的金融行业进行操纵，埃及的政治也逐渐陷入复杂混乱的重构进程中。作者认为，上述因素直接导致了英国殖民者毫不费力地侵占了埃及并对其进行了多年的非法统治，而陶菲克帕夏对埃及军队的掌控以及联合英军镇压艾哈迈德·阿拉比起义的做法也进一步将埃及推入被长期殖民的深渊。值得一提的是，当时埃及的衰退和统治的混乱也直接导致日本政府原计划派往埃及的三批留学生未能成行，致使当时的日本外务负责人被撤职。该留学项目无疾而终，在一定程度上阻碍了日本与埃及在文化层面交往与合作的深入发展。

《日本与阿拉伯：明治维新前阿拉伯人眼中的日本》一书的全部内容，均来自真实的日文原版文献，而在当时的阿拉伯学界，几乎没有其他学者曾经涉足这些珍贵材料。穆罕默德·阿里领导的变革开启了埃及现代化的序章，但遗憾的是，埃及在之后逐步走向衰弱，这一时期日本人对阿拉伯人的印象则多为比较消极印象，因为

① 帕夏：奥斯曼帝国行政系统里的高级官员，是埃及前共和时期地位最高的官衔。

衰落的阿拉伯世界不符合明治维新以来日本社会所倡导的自由、崛起的时代精神——此时的日本已逐步走上了崛起之路，其强大的军队先后击败了中国和俄国，1854年至1858年签署的不平等贸易协定也在这一时期宣告作废。在这本书中，作者为阿拉伯学者介绍了日本学者在进行有关的中东研究时一般采用的研究概念和理论，并重点分析了阿拉伯国家同日本之间文化层面的交往关系。该书对于阿拉伯学界的一大重要启示便是，阿拉伯学者应当更多地通过日文原版资料而非经西方学者翻译过的材料进行日本研究，并通过阿拉伯人自己的视角进行全面透彻的分析，这样才能为构建和发展日阿文化关系做出真正的贡献。

2005年，法国学者阿兰·罗素里昂（Alain Rossollion）的法语著作《身份认同与命运转折：19、20世纪期间旅日埃及学者见闻》在巴黎问世，收录了多名在日本讲学或旅居的阿拉伯学者有关日本见闻和日本研究的作品。该书客观地展现了日本在开启现代化进程后所实现的发展与变革，同时也分析了以埃及为代表的阿拉伯国家，在进行现代化尝试后却逐步走向衰弱的影响因素和内外原因。

在该书中，编者收录了多名在20世纪上半叶访问过日本的埃及学者所记录的见闻感受，全景式展现了日本进行现代化变革后国家的变化与发展，并全面总结了当时的阿拉伯学者对于日本研究的前沿观点和思想。在这其中，较为著名的几位旅日阿拉伯学者有1906年访问日本的谢赫·阿里·加尔加维、1909年访问远东地区的埃及赫迪夫阿拔斯二世，以及1931年访问日本等亚洲多国的穆罕默德·撒比特等。

在上述学者中，穆罕默德·撒比特通过对阿拉伯形象在日本侨民文学作品的收集整理，为阿拉伯人全面展示了日本如何在面临西化危机的背景下，实现国家的全面改革，推进具有日本本土特点的现代化发展并创造了震惊世界的经济奇迹，打造出使多个国家竞相学习的日本模式。谢赫·阿里·加尔加维在1906年访问日本期间，将其关注点更多地放在日本的穆斯林群体上，并做出构想和判断，称日本正在经历一场伊斯兰化的社会变革，伊斯兰教将会在日本占据主导性的社会优势。虽然他在这一方面的论述有失偏颇，并受到了埃及学者拉乌夫·阿巴斯·哈米德等人的批判，但加尔加维同当时其他学者一样，为阿拉伯人展现了一个快速发展和崛起的日本，并将日本称作“远东的瑞士”，使更多的阿拉伯人开始关注日本成就，学习日本经验。

在《身份认同与命运转折：19、20世纪期间旅日埃及学者见闻》一书中，通过对旅日埃及及阿拉伯学者作品的收集和分析，阿兰·罗素里昂对阿拉伯现代化进程和日本现代化进程进行了比较研究，并对阿拉伯学界一直关注的有关阿拉伯复兴的理论问题进行了探讨，如国家主义和民族主义之间的对立与统一、全球化时代改革的概念、世俗民主时期的伊斯兰身份认同等。在阿兰·罗素里昂看来，日本之所以取得现代化发展的成功，其关键在于，实现了在天皇传统神权统治下世俗国家社会结构的重构与发展。

在该书中，阿兰·罗素里昂从政治、社会以及文化等多个维度对旅日埃及学者关于日本的研究成果进行解读，分析了日本在埃及学者眼中国家形象的嬗变。此外，罗素里昂还最大程度地将诸多阿拉伯学者的日本研究成果纳入本书中，如穆斯塔法·卡迈勒等并未访问过日本的阿拉伯学者，又如阿尼斯·曼苏尔、马渡赫·阿卜杜勒·拉齐格、叶海亚·扎克里亚、优素福·伊德里斯等曾旅居或游学日本的阿拉伯学者等。在这本书的最后一章，作者通过对拉乌夫·阿巴斯、安瓦尔·阿卜杜勒·马利克以及纳斯鲁·哈米德·阿布·宰德三位曾在日本大学任教的阿拉伯学者的研究成果的分析，对19世纪旅欧阿拉伯学者的国别研究内容和20世纪旅日阿拉伯学者的日本研究内容进行了全面深入的比较研究。

总而言之，1945年“二战”结束前，日本与阿拉伯世界仍处于一种试探性的了解与交往阶段。日本学界对于伊斯兰世界，尤其是中东地区的关注和研究在两次世界大战期间有着巨大的提升，这段时期同样也是日本在实现现代化改革后迅速崛起的时期。此时的日本政府大力支持国内学者对阿拉伯国家的历史和文化展开研究学习，成立多个外宣机构，向阿拉伯国家宣传日本，并致力于研究日本的穆斯林地区的最佳管理模式。而近代阿拉伯学界对于日本的研究则多集中在日本与埃及等国家之间的比较研究，目的在于唤醒阿拉伯人的自我意识，使阿拉伯人能够主动觉醒并睁眼看世界。值得一提的是，部分阿拉伯学者认为，总结这段历史时期中日本学界对于阿拉伯世界的认识和研究，日本学者采取了一种“日本模式的东方主义”视角来对阿拉伯国家进行认知——日本采取的是西方式的发展模式，而传统价值观念的差异和地理上的阻隔使日本人自然而然地将阿拉伯世界视为异质的他者。

四、1945年至1973年日阿关系的转型与形象认知

1945年至1951年，日本处于美国的直接军事占领之下，日本的政府机构也在美国的控制下进行改组和重建。而日本作为战败国，依据当时的和平宪法，被禁止拥有攻击性武器或者出口武器。

在20世纪50年代期间，由于严峻的世界政治形势对双边交流的阻碍以及“二战”后日本所面临的经济发展重任，仅有少量的日本学者继续从事着有关中东地区的学术研究工作。直到1973年石油危机爆发之前，日本公众一直没有认识到中东地区重要的战略地位。这一时期旅阿日本学者的人数同样十分有限，而在日本国内的高校和科研机构，由于种种客观因素，很难整合资源，集合力量，将中东研究发展成独立的前沿学科。实际上，对于包括日本学界在内的各国研究队伍而言，中东研究，尤其是阿拉伯研究能否顺利且深入进行，重要前提便是不同领域的学者能否进行学科间的合作，如环境、科技、人文、社会、语言、文化、宗教、历史、地理、政治、经济、交通等多个学科。而对于日本学者来说，想要对中东进行综合、全面的剖析和研究，必须要与阿拉伯学者进行密切的互动与合作，进而在相关问题上形成文化共识，构建不同于西方学派的以东方主义视角为基础的理论结构和研究范式。

1950年至1973年，日本学界出现了新一批独树一帜的阿拉伯研究学者，他们更多地关注阿拉伯和非洲国家的民族解放运动。由

于缺少相关资料，对于当时进行该领域研究的学者来说，通过对世界历史的深入学习进而了解阿拉伯世界战略地位的变迁显然是一门必修的功课，而该领域的研究也被视为加强日阿关系的重要着力点。在这一时期，阿拉伯国家的许多课题引起了日本学者的广泛重视，如 1952 年的埃及革命、多个阿拉伯国家参加的万隆会议、苏伊士运河国有化等。通过对这些内容的研究，日本学界支持阿拉伯人民的正义事业以及第三世界国家解放运动的呼声越来越高。日本政府也先后多次派遣代表团前往埃及等阿拉伯及非洲国家，表达对阿拉伯人民的支持。日本学界在这一时期的关注热点主要有：日本视角下的阿拉伯民族主义、全球史框架下的日阿关系发展与变迁以及阿拉伯国家的人口与民族多元化现象。

早在明治维新期间，日本的民族主义思想便在亚洲范围内获得了多个国家的关注，日本政府也举起构建亚洲统一体的旗号，以对抗西方殖民者的入侵。这种思想也在一定程度上催生了现代日本以及日本国民独具特色的身份认同观念。但事实上，这种亚洲统一和亚洲团结的旗帜和口号最终变成了日本帝国对外扩张过程中，征服统治其他地区和民族的工具和武器。因此，许多日本学者也担心，民族主义的思想和民族团结的号召是否会被国家用于统治其他处于弱势的民族。阿拉伯民族主义在“二战”之后逐渐发展，而日本的民族主义则早在明治维新时期便已出现。在主张亚洲团结的背景下，日本曾大力支持巴勒斯坦等阿拉伯国家的正义事业，倡导亚洲团结以对抗西方国家的侵略，如美国对菲律宾的入侵。但是当日本逐步发展成为世界性的强大经济体后，这种主张亚洲团结的声音逐渐减退。

1. 亚洲经济研究所与日阿关系

1958 年，日本亚洲经济研究所成立，同年，由中谷竹代（Nakatani Takeyo）倡导创立的日本阿拉伯协会成立。

日本亚洲经济研究所是日本国内从事中东研究的大型科研机构之一，其研究课题涵盖了亚洲、中东、非洲、拉丁美洲、大洋洲、东欧的多个发展中国家的经济、政治、社会课题。1970年该研究院有十名专门从事中东研究的学者，也是当时日本国内拥有中东研究学者最多的机构。之后，又有六人加入该团队，为当时日本国内高校和科研机构的中东研究和对外信息传播发展做出了巨大贡献。

该院曾在多个研究项目框架下，如研究以埃及为代表的阿拉伯农业社会特征及其经济研究课题等，聘请多名访问学者前去讲学以及进行研究工作。该时期任职于亚洲经济研究所的中冈三义教授曾在1963年至1965年用日语和英语发表多篇学术论文，对埃及纳赛尔统治时期农业社会的发展和改革做出研究分析，并在论文中强调政府应当重视家庭在农村社会结构变迁与发展中扮演的重要角色。此后，他又在1969年至1973年发表多篇关于埃及以及阿拉伯马什雷克国家[①]经济发展史的论文，对这些国家经济社会发展、产权形式、税收制度等方面进行了全面总结和深入分析。

在这一时期，许多学者的研究路径、研究方法和学术思路深受日本著名历史学家江口黑子（Eguchi Bokuro，1911—1988）著作的影响。在其研究过程中，江口黑子一直强调，欧洲学界的研究范式和理论并非研究和分析世界历史和各国发展史的唯一模式，他认为，各个国家的民族解放运动所展现出的本国特色是世界历史发展和变迁不可忽视的元素。江口黑子在他的多部著作中全面分析了阿拉伯国家的历史变迁，并在学术期刊《伊斯兰世界》中发表了关于《赛克斯－皮克协定》的研究论文，批判了日本对亚洲邻国的侵略行径，同时指出，将民族矛盾扩大化往往是用来侵略和控制其他民族的危险武器。此外，江口黑子还在其1959年、1960年这两年时间内发表的多篇文章中，对埃及积极中立的外交政策进行评析，高度评价了埃及政府将苏伊士运河收归国有的做法，并批评了日本政府在1960年与美国签署日美同盟协定，置本国于美国的保护羽翼之下的做法。

1959年，由经济史、社会史学家中冈三义和政治史学家板垣雄三合著的作品《阿拉伯近现代史》问世，这本书也是旅阿日本学者

① 马什雷克国家：与马格里布相对，常被称为“东方阿拉伯”，包括沙姆地区，两河流域以及阿拉伯半岛等地区。

在阿拉伯历史及其重大事件研究方面的代表作之一。该书记录了自19世纪以来欧洲国家对阿拉伯国家的侵略和瓜分及其深远的现实影响，作者客观地指出，阿拉伯人至今仍饱受当年欧洲殖民所留下的消极后果的困扰。此外，作者在书中还重点关注了埃及的纳赛尔革命及其对整个阿拉伯世界产生的影响。这本书的主要章节也反映了作者对于具有时代主题的阿拉伯研究课题的关注，如现代阿拉伯国家的形成、阿拉伯人与欧洲、埃及殖民史、奥斯曼帝国权力的嬗变、阿拉伯人与第一次世界大战、凡尔赛体系、20世纪80年代的阿拉伯现代史开端、阿拉伯民族主义、阿拉伯人的困境、从埃及革命到伊拉克革命、纳赛尔体系①的发展、土地所有制度与帝国主义等。

板垣雄三在其研究过程中，将视线更多地集中在阿拉伯民族主义以及近现代埃及的政治结构和领导结构的发展与变迁之中，而中冈三义则更多地关注埃及的经济与社会层面的现实问题，如农业改革、农业合作社制度、农村社会结构等。此外，两位学者还根据丰富的欧洲和阿拉伯国家学者的学术著作，对伊拉克革命进行了深入的研究分析，为当时的日本阿拉伯研究学界贡献良多。

《阿拉伯近现代史》的两位作者指出，由于多种主客观原因，在这一时期，日本对于阿拉伯地区的研究仍处于较为滞后的状态，这也导致在20世纪上半叶，日本人与阿拉伯人之间一直没能构建一种合理、客观、真实的相互印象。在这两位学者看来，阿拉伯民族主义的意识形态反映的是阿拉伯人长久以来想要实现民族独立的渴望以及寻求准确自身历史定位的追求。板垣雄三对于埃及和阿尔及利亚革命的研究在一定程度上受到了马克思主义思想以及1949年共产主义在中国取得胜利的影响。在其著作中，他大胆地批判了日本对美国的附庸政策以及日本在美国和欧洲国家入侵印度、中国、越南、柬埔寨、老挝等国时的支持态度。此外，他还谴责了斯大林镇压匈牙利革命的做法。而在“冷战”期间，美国和苏联这两大军事集团对立的时代背景下，板垣雄三在他的著作中更多地开始关注阿拉伯的民族独立方面的问题，他对于当时的埃及总统迦玛尔·阿卜

① 又被称为纳赛尔的阿拉伯民族主义思想。

杜尔·纳赛尔、阿尔及利亚革命领袖以及阿拉伯和非洲各国引领民族解放运动的领袖们的做法表示支持和赞赏。他的观点在当时的日本学界曾引发广泛的讨论，许多日本学者指出，应对于这种阿拉伯民族主义以及如何实现阿拉伯团结、构建阿拉伯统一体的问题进行准确定义和理论解释。

对于阿拉伯民族主义的态度，当时的国际社会分为支持与反对两个阵营。许多批评者针对这种现象提出了多种质疑，在阿拉伯国家，对民族主义的主张和追求是否意味着扼杀一切试图实现单个国家独立的做法？阿拉伯国家的民族主义和国家主义是否有着不可调和的矛盾？针对这些问题和批判，当时的日本学界在诸多关于阿拉伯事务的历史学家的引领下展开了广泛而深入的讨论，《阿拉伯近现代史》的两位作者也于 1959 年组织了一场名为“现代史上的帝国主义和民族主义”的学术论坛，以回应上述批评者的观点和质疑。此次论坛在日本历史学协会召开，与会的各位学者深入探讨了许多当时学界高度关注的话题，如埃及纳赛尔革命的本质、阿拉伯近现代中产阶级的地位及其在纳赛尔革命中发挥的作用、纳赛尔革命对埃及国家资产阶级发展的推动以及中产阶级维护革命成果的能力等。

在此次论坛中，与会的学者们探讨了埃及政治领袖的社会阶级属性等问题，比较分析了近现代阿拉伯国家和欧洲国家社会中产阶级产生与发展的异同。当时的许多学者对“国家资本主义”以及“劳动人民联盟”等概念提出了批判，认为这些概念模糊不清且缺乏科学依据，同时质疑资产阶级和地主在构建统一国家体系过程中的地位与作用。针对这些批判与质疑，两位作者在其著述中，对埃及革命各位领导人的社会阶级性进行了解读，对埃及革命与埃及的经济社会基础之间的关系进行了分析。《阿拉伯近现代史》一书在当时也被日本学界视为进行中东阿拉伯研究的必备书籍，同时，这本书的问世也造就了新的一批重视阿拉伯历史以及文化研究的日本学者。

第一批旅阿日本学者在对于埃及革命原则、纳赛尔领导革命以及实现各阿拉伯国家团结统一方面的能力持肯定和赞赏的态度，他们在其著述中，多次表达了对当时诸多阿拉伯民族主义者的支持与声援。中冈三义支持埃及推进农业革命，认为解决农业问题是阿拉伯世界实现发展的当务之急，应当在长期规划的基础上，大胆且富有智慧地推进农业的发展。在中冈三义看来，农业问题的合理解决是实现阿拉伯国家现代化构想、建立强大的经济社会基础的重要条件。中冈三义也主张通过对资本的重新分配实现传统农业到现代化资本主义农业模式的转变。此外，也有部分日本学者开始将研究重点转移到埃及等阿拉伯国家的农业社会经济结构上来，并提出相关推动阿拉伯国家经济转型与发展的建议。如江口黑子对于埃及是否有能力实现传统乡村社会模式向发达资本主义社会的成功转型持谨慎态度。

这一时期，日本学界除了采用马克思主义思想和西方主流国际政治理论对阿拉伯国家进行分析外，部分日本学者还认识到应当将宗教因素视为分析埃及经济社会结构变迁的重要理论依据，因为宗教从根本上推动了埃及传统社会结构的变革。他们反对苏联的部分学者所持的应当用马克思主义视角和预设的亚洲国家生产发展模式来分析阿拉伯国家的所有问题。在这一层面，中冈三义和江口黑子两位学者所持的观点基本一致，他们认为埃及在纳赛尔统治时期，所采取的阿拉伯社会主义是一种为应对新的侵略战争而采取的发展模式，其本质是根据阿拉伯国家自身的具体需求，将国际社会一般意义上的社会主义原则与阿拉伯民族主义思想进行融合。此外，还有部分学者受到中国在 1978 年实施改革开放政策前社会发展模式的影响，认为农民在社会结构变革方面起到主导性的作用。

遗憾的是，在这一时期，埃及等阿拉伯国家的农业发展和改革却停滞不前，不断上升的贫困指数，广泛存在的饥荒、文盲、沙漠化以及先进农业科技的缺乏，石油资本主义地位的提升以及许多国家内部商人、政治家以及军人的利益同盟的存在，均阻碍着国家农业的改革深入，也使得农业的发展受制于新生的阿拉伯式的资本主义经济结构。此外，虽然一些阿拉伯国家施行了开放政策，但由于缺乏必要的监管，外来资本并没有在本国经济建设中发挥应有的作用，反而蚕食了大量农业土地等国有资源，使许多本国农民无法获得足够多的肥沃土地用以耕种和生产，国家的农业改革也止步不前。

在20世纪最后一个十年间，板垣雄三发表了多篇文章，重点关注了宗教因素在埃及社会发展与变迁中所起的作用，并分析了穆斯林兄弟会作为埃及革命和纳赛尔政权的反对者在埃及变革过程中扮演的角色。在这一时期，政治宗教成为板垣雄三学术研究中的重要路径和视角，他也通过这一视角对他之前有关埃及社会、纳赛尔改革以及阿拉伯民族主义的文章进行了重新的审视。与此同时，以中冈三义为代表的多名日本学者同样根据时代的变迁和现实的发展，对以埃及为代表的阿拉伯国家的经济社会现状进行了重新分析。

在这一时期，日本知名阿拉伯研究者井筒俊彦的多部作品对后来日本学界的阿拉伯研究事业贡献颇大。1964年，井筒俊彦的英文著作《古兰经中的真主与人》一书由东京庆应义塾大学出版发行。1966年，该书的阿拉伯语版翻译工作由阿拉伯学者法德鲁·拉赫曼完成并于伊斯兰堡的《伊斯兰》学刊上刊登。2002年，井筒俊彦逝世后，该书的第二版在马来西亚出版。在其学术生涯中，井筒俊彦一直以其精细、客观的研究著称。他曾在庆应义塾大学和东京大学求学，并曾在日本、加拿大、伊朗等多所高校任教。他精通阿拉伯语、英语、法语以及德语，擅长用日语和英语进行学术写作。1957年，他将《古兰经》译为日语，也是首位直接将阿拉伯语版本而非其他语言版本的《古兰经》翻译为日语的学者。井筒俊彦著述颇丰，其代表作有《古兰经中的伦理观研究》《伊斯兰教中信仰概念的解读》《古兰经中的宗教伦理解读》《苏菲派与道教的哲学观念比较研究》等。

2007年，井筒俊彦的阿拉伯语译著《真主与人：古兰经中的世界观》由贝鲁特阿拉伯译著集团出版，其中收录了作者有关《古兰经》和伊斯兰教研究的多篇文章，如《历史维度解读古兰经》《古兰经世界观的建构基础分析》《贾希利叶与伊斯兰》等。在其学术写作过程中，井筒俊彦援引了多部阿文、英文、法文、德文以及日文的文献资料，使其作品客观、翔实，并具有多重的分析视角和研究维度。正如阿拉伯学者法德鲁·拉赫曼评价的那样，井筒俊彦的这部著作是日本学界阿拉伯研究的经典之作，他不仅对伊斯兰文化的相关内容进行了语言和科学层面的全面比较分析，更为世界提供了一个来自非阿拉伯国家的学者审视、解读伊斯兰教的全新视角。

井筒俊彦对于阿拉伯研究的各个层面均有所关注，日本学界也将其视为阿拉伯研究的领军人物，其学术作品在20世纪下半叶使多位关注阿拉伯研究的日本学者受益。他的研究也激发了许多日本学者对阿拉伯传统文化、文学以及历史进行研究的热情，使日本学界更为客观、细致地对阿拉伯传统文化进行学习和分析，并能够从宗教伦理和宗教历史发展与变革等多重维度对伊斯兰文化和阿拉伯国家进行审视。此外，井筒俊彦对欧洲学界的语义学有着较为全面的认识与掌握，这也帮助他更为透彻地从语言的角度对《古兰经》等伊斯兰经典进行解读，并理解伊斯兰文化中的社会和精神基因，也使他能够从更为宏观的人文科学角度对阿拉伯国家与伊斯兰文化进行审视。他从语言学的角度对《古兰经》的内容进行了全新解读，也为当时的日本学界提供了前所未有的崭新视角，以更好地解读和分析伊斯兰教的宗教经典。

1965年，井筒俊彦发表了多篇关于巴勒斯坦问题的学术作品，对于巴解组织的成立表示支持，并通过领导举办多次学术论坛，引导日本学界开始更多地关注阿拉伯人民的正义事业，并呼吁有关各方尊重并维护巴勒斯坦人民的合法权益。井筒俊彦一直主张应当执行联合国有关巴勒斯坦人重返家园、建立独立国家的194号决议，切实保护巴勒斯坦人的合法权益，公正持久解决中东问题。

除上述学者外，系贺正树（雅纪）（Itoga Masaki）在近现代伊拉克社会研究方面也著述颇丰。他曾在两河流域历史、灌溉以及土地利用等领域进行过深入研究，其学术团队在1967年至1973年发表了多篇有关伊拉克研究的文章。在他逝世后，他的助手石田享（Ishida Susumu）完成了他有关中东国家农业和灌溉系统研究的重要著作。此外，在1961年，东京大学阿拉伯语中心成立；1966年，早稻田大学的川村贵一（Kawamura Kiichi）教授倡议创办埃及古代史研究项目，并于1972年开始实施。参与此项目的有多名高校学者，如中岛健一（Nakazima Kenichi）、樱井清彦（Sakurai Kiyohiko）、吉村作治

（Yoshimura Sakuji）等。诸如此类的机构、项目的成立和运行以及多名日阿学者在相关领域的出色工作，为增进双边友好关系做出了巨大贡献。

2. 日本人眼中的阿拉伯

随着埃及革命的胜利、第三世界国家民族解放运动的蓬勃发展、万隆会议不结盟运动的兴起、苏伊士运河的成功收归国有化等具有划时代意义的事件，越来越多的日本学者前往阿拉伯国家，更为真切地了解阿拉伯社会文化，进而推动日本学界阿拉伯研究的发展。中冈三义和板垣雄三便是这些旅阿日本学者的杰出代表，他们作为第一批旅阿日本学者，亲身探访阿拉伯国家，用自身独有的视角对阿拉伯历史、传统以及文化进行分析与探究，他们的研究成果也激发了更多日本学者加入阿拉伯研究的团队，并做出了巨大的贡献。如从事阿尔及利亚研究的宫地和夫（Miyaji Kazuo）、从事埃及研究的长泽荣治、从事伊拉克能源研究的久根正树等，这些学者通过其学术研究，均表达了对阿拉伯和非洲国家民族解放运动的声援与支持。上述学者在他们的多篇学术作品中，对阿拉伯人民进行反殖民反侵略斗争的历史进行了详述，对阿拉伯国家资本主义的萌芽与发展进行了细致深入的研究，同时，他们还对日本和阿拉伯国家的发展历史进行了横向的比较研究，进而对日本自明治维新以来资本主义制度的发展变迁进行了重新审视。

第一批旅阿日本学者通过日本现代化的经验与启示，对阿拉伯国家的现代化进程进行分析。从某种意义上来说，他们的研究成果可以被比作阿拉伯现代化与阿拉伯历史、日本现代化与日本历史之间联系与融合的桥梁。如上所述，20世纪五六十年代对于日本的中东阿拉伯研究学界来说，是一段介于两个发展时期之间的过渡阶段，第一个发展时期指的是三四十年代，被学界称为“日本模式的东方主义”发展阶段，而第二个阶段则是自70年代起日本中东研究快速发展时期。在这一时期，日本学者摒弃了西方学界鼓吹的东方主义思想，开始用自身的视角和理论理解和研究阿拉伯和非洲事务。这一时期的日本学者努力尝试全面展现日本与阿拉伯的相互印象，进而为构建日阿之间更高层次的外交、经济以及文化关系做出贡献。

石油危机之后，日本政府先后多次派遣代表团前往埃及等阿拉伯以及非洲国家，以表示对阿拉伯人民斗争和正义事业的支持。这一时期中冈三义和板垣雄三等日本学者关于埃及社会、埃及革命以及埃及经济的研究受到了许多历史学家，特别是那些采用马克思主义思想进行历史研究的学者们的关注，他们主张，包括阿拉伯国家在内的亚非国家应致力于迅速实现民族解放，通过和平的方式实现现代化与民主，保证社会革命的合法性，并拒绝一切形式的政治欺压。在他们之后的新一代日本学者则更具世界眼光，他们在世界史研究中拒绝依附于欧洲中心论的论调，批判日本侵略和占领亚洲周边国家的行为，强调民族解放运动对于世界各国发展的重要作用，同时他们还指出，日本选择依附于美国，这对于日本的发展而言具有极大的潜在危险。

1967 年埃及在中东战争中的失败，给埃及和整个阿拉伯世界的民族主义发展带来了毁灭性的打击。以这一年为时间节点，以埃及为代表的阿拉伯国家和日本走上了两条截然不同，甚至可以说是方向相反的发展道路。日本虽然受到石油危机的影响，但其经济仍在这一时期实现了快速发展，而在阿拉伯国家，社会发展缓慢，民族主义出现倒退趋势。日本最终成长为在工业和科技方面领先于世界的经济强国，而以埃及为首的阿拉伯国家，则沦为难以实现农业、工业、行政以及经济改革的发展中弱国。虽然丰富的石油资源掩盖了一部分阿拉伯国家的潜在危机，但不可否认的是，阿拉伯国家长期面临尖锐、棘手的发展和改革难题，并没有能力实现民族、宗教的团结以及社会资源的有效整合。

虽然在 20 世纪 70 年代，世界爆发了石油危机，但日本在西方国家的支持与援助下，成功摆脱了石油危机带来的消极影响，实现了经济的崛起。与此同时，伊朗伊斯兰革命的胜利使更多日本学者认识到了解和研究伊斯兰文化的重要性，也促使越来越多的日本人投身于中东阿拉伯国家的历史、文化、经济等领域的研究工作中。

1986年，日本中东研究协会成立，其学术期刊于同年出版发行，这也为培养更多的日本优秀中东研究学者做出了巨大贡献。直至2009年，该机构的研究人员数量已超过700人，其研究项目分布在中东国际经济、人类学、文化等多个领域。

在世界历史研究领域，日本学者曾一度受到马克思主义、反美民族主义以及欧洲中心论等思想的影响，而随着20世纪80年代新一批日本学者的涌现，以马克斯·韦伯为代表的欧美社会学和人类学学者的研究思想成为了日本学界进行中东阿拉伯研究的重要路径和支撑，日本学者们的研究方法论也逐步从马克思主义和民族主义向自由主义及新自由主义转变。此时的日本学者对于阿拉伯事务也有着多元的观点的立场。例如，板垣雄三在这一时期对他之前有关埃及社会研究、纳赛尔革命以及阿拉伯民族主义的相关学术作品进行了重新审视，并就巴勒斯坦问题发表了多篇文章。板垣雄三认为，巴解组织的成立有利于包括日本在内的其他国家真切地了解阿拉伯人民的处境并支持其斗争。除了发表大量文章之外，板垣雄三还组织举办了数十次学术论坛，呼吁保障巴勒斯坦人民的合法权益，倡议寻求持久、公正的途径解决中东问题。

1958年9月，日本阿拉伯协会成立，协会成立伊始便出版了一本名为《阿拉伯人》的日文期刊。该期刊从创刊起便设立了专门介绍阿拉伯国家历史与发展的版块，向日本读者介绍中东阿拉伯国家事务。直至今日，该期刊仍在日本科斯莫石油公司的资助下发行，其关注点主要集中在石油能源领域，重点介绍阿拉伯国家的石油生产工作，并关注中东阿拉伯石油生产国的发展动态，为日本国内提供政策支持，以避免日本经济发展受到石油生产国局势变化而产生的能源短缺等消极影响。截至2011年9月，该刊累计发行138期，绝大多数文章由日语写作，少数文章则为阿拉伯语写作。2008年至2011年，该杂志所关注的内容均具有很强的实时性和前瞻性，如2008年第127期的主题为《奥巴马与中东》，收录了《迦沙悲剧》《以色列战争》《20世纪70年代末的阿拉伯人》等文章，2010年第132至第135期则收录了《也门特别卷宗》《叙利亚阿萨德政权》《中东核力量》《埃及政治过渡时期研究》等文章，2011 年的第 136 至第 138 期，则收录有《突尼斯与埃及：阿拉伯世界独裁统治的终结》《阿拉伯之春研究》《利比亚特别卷宗》等文章。可以说，这本期刊对阿拉伯人和日本人共同关注的话题进行了深入研究和全面解析，为读者全面展示了中东阿拉伯国家的政治、能源、文化、历史、社会、经济、艺术、语言、体育等多个领域，该期刊的出版发行也被视为日本有关各界努力推动日阿关系发展的重要实践。

2009 年，日本东洋文化研究所学者长泽荣治的著作《日本人眼中的近代埃及》在开罗出版发行。这本书全面展示了日本国内阿拉伯研究的学科建设和学术发展，使读者了解到“二战”之后，日本对于中东阿拉伯国家的学术研究的发展以及阿拉伯形象在日本人心中的变化。

3. 关于日本崛起的阿拉伯文化见解

在阿拉伯学界，最先开始关注以日本为代表的远东国家崛起与发展主题的学者主要有两位，分别是史学家查尔斯·伊萨维和思想家安瓦尔·阿卜杜勒·马利克。在二人 1983 年发表的文章中，他们分别对不同阿拉伯学者对于远东亚洲国家发展与崛起的不同文化观点做出比较分析，并通过经济、文化以及文明三个视角全面解读了以日本为代表的这些国家的崛起之路。

1991 年，查尔斯·伊萨维的代表作《对阿拉伯历史的反思》问世，在这本书的开篇，作者便提出了一个问题：同样进行了现代化尝试，为何日本最终成功，而埃及却走向失败与衰退？伊萨维指出，在近六千年的时间里，埃及都由中央集权式的政府所领导，拥有丰富的农业资源和多条内流河道，曾率先开展了运输领域的现代化建设。埃及早于日本多年便已兴修铁路，并投资大量资金用于工业生产和教育的发展，进而促进了经济的崛起。1913 年，埃及的人均国民生产总值略高于日本，而埃及在外贸中的人均份额则达到了日本的一倍。作者认为，在 19 世纪上半叶，埃及的各方面发展条件要远好于日本，但遗憾的是，埃及缺少明确的发展规划和富有远见的领导，这也导致埃及错失了实现崛起的最佳时机。

通过对埃及和日本的比较研究，伊萨维认为，主要有五个方面的因素制约了埃及成为富有的发达国家，反之促进了日本的迅速崛起。第一是地理位置，埃及地处世界版图的中心，而日本则处于世界版图的边缘地带，这便使得日本避免了大规模、长期的外部势力介入或入侵，保证了日本社会的团结程度；第二是日本拥有丰富的人力资源，而埃及则受到人才匮乏的制约；第三是日本极早地将国家发展战略定位为经济发展，尽早走上了经济的现代化道路；第四是日本人独有的一种对于未知事物的渴求和源源不竭的求知欲；第五则是日本拥有较为开明并具有长远经济发展眼光的领导引领国家的发展。

伊萨维的这部著作在出版伊始便被学界认为是对日本和埃及现代化发展进行比较研究的经典之作。伊萨维认为，日本的现代化建设并非只是对西方模式的重复与模仿，而是通过有目的性地使用资本、可持续的循环投资以及对建设资源的合理利用及长期规划这三大基础实现了国家的发展与崛起。日本政府给予工业和基础设施建设以极大的重视，这也保证了日本的发展是一种全面而非单一的发展。在日本国内，随处可以见到配备有先进生产设备的小规模工坊，而源源不竭的人才与智力支撑也保证了日本快速且持久的发展。此外，日本人长期以来在金融和贸易领域积累了丰富的发展经验，掌握了多样的经营技巧，而政府则在控制通货膨胀、监管金融业务、实施开放并引入世界领先的生产技术以及整合公有及私有企业等方面扮演了重要的角色。可以说，日本的政府及个体均很好地参与到国家的经济活动和建设之中，并做出自己的贡献。反观阿拉伯国家，绝大部分仍为发展中国家，至今仍未实现经济部门的有效整合，政府对绝大多数经济产业进行着垄断性的控制，这也导致了这些国家的经济发展举步维艰。

在这本书的结语中，伊萨维说道，如果将19世纪的资本主义经济模式发展比作一辆飞驰的列车，那么可以说，日本人成功赶上了这班列车并引导它更为快速地行驶，而阿拉伯人则被远远甩在列车之后。但对于阿拉伯人来说，发展的机遇尚存，若能及时抓住则依旧能够实现他们梦寐以求的崛起与复兴。日本实现了世界历史上前所未有的快速发展与崛起，其模式与经验值得阿拉伯人学习与借鉴。对于阿拉伯国家而言，找寻开明、睿智的领袖，智慧且全面的发展规划是如今的当务之急，也是实现发展的重要条件。

另一位学者安瓦尔·阿卜杜勒·马利克则从文明视角对以日本为代表的远东国家的崛起进行了解读。1983年，他的代表作《东方之风》在开罗问世，其中收录了其学术生涯中多篇极具代表性的文章，如《阿拉伯世界政治与社会文化探析》《犹太复国主义的殖民行径》《政治伊斯兰研究》《伊斯兰与阿拉伯化研究》《文明的发展与崛起》《突破困局的文明崛起方略》《第三世界与东方》《东方之风》等。安瓦尔·阿卜杜勒·马利克认为，东方文明主要由两大文明圈构成，分别是以中国、日本和印度为代表的亚洲—中华文明圈，和以阿拉伯国家以及伊朗为代表的伊斯兰文明圈。而东方文明在世界文明的发展与变迁中有着举足轻重的地位。

在安瓦尔·阿卜杜勒·马利克的学术作品中，他主要以以下方面为重点，对日本的崛起和现代化进程进行分析：政治上的民主制度、经济上的资本主义模式、工业生产、国民义务教育、军队建设、民众思想解放等。安瓦尔·阿卜杜勒·马利克指出，日本政府自明治维新开始便致力于建立以资本主义经济为主导的国民经济体系，也为日后资本主义经济在日本的快速发展奠定了坚实的基础。1972年，日本建立了国民义务教育制度，不同于当时英国贫富分校的教育体系，日本的教育制度从建立伊始便以贫富平等为特点，强调所有国民都有接受教育的权利和义务。此外，安瓦尔·阿卜杜勒·马利克指出，在日本的现代化进程中，军事的现代化取得了惊人的成功，日本也实现了军事机构的整合与重组，在极短的时间内建立起了一支强大的军事力量。日本改革的一大特色便是实现了整体资源的整合和个体的高素质培养，进而提升了国民的生活水平，加速了国家的工业化和现代化速度。

安瓦尔·阿卜杜勒·马利克认为，日本之所以实现了其复兴伟业，主要得益于如下方面：地理位置、民族独立、社会稳定、长达二百五十年的和平时期、教育的普及、民众统一和社会团结、灵活的制度和发展模式调整、有限的宗教影响、无主流哲学主导社会思想以及阶级社会传统制度的消亡。由于地处世界版图的边缘，日本与世界的联系在很大程度上受到制约，但这也在一定程度上维护了日本民族的团结与统一，在两百五十多年的和平时期里为日本人民构建了统一的文化和价值观念。到了19世纪，日本虽然被迫打开国门，但日本人却大胆地与西方文化接触，引入西方文明的精髓，并学为己用，掀起了一场文化与思想的革命，推动了国家朝着现代化强国的蜕变。

安瓦尔·阿卜杜勒·马利克强调，日本的成功经验值得阿拉伯人借鉴与学习，因为日本的成功是基于一种一体化独创的发展模式，是一种通过借鉴他人并总结自身特点而建立的独特发展路径。日本的社会文化在长达数百年的时间中一直受到中国文化的影响，但在寻求发展、探索成功经验的过程中，日本愿意向其他民族与文明虚心学习，哪怕是自己的敌人，日本也能够从其身上学习到有益自身发展的经验。此外，在总结日本现代化的成功经验时，阿拉伯人也应当认识到，维护自身的民族统一也是实现国家持续发展和社会长治久安的要素之一。日本的封建统治制度在德川家康时代逐步走向成熟，日本社会也逐步建立起以封建官僚统治为根基的社会发展体系。而日本民族的统一和团结在很大程度上保证了统治者政策执行的高效，也为教育等领域的发展奠定了强大的基础。在明治维新开始时，日本有着世界领先的民众受教育率。完整的社会结构、普遍受到教育的民众以及未曾遭到破坏的民族主体为明治维新后日本政府大胆开展的一系列改革提供了重要保障。

安瓦尔·阿卜杜勒·马利克的《东方之风》一书被阿拉伯学者认为是了解日本及其他亚洲国家的必读书目。除这本书外，安瓦尔·阿卜杜勒·马利克的一篇名为《富士山之侧：日本的公民社会、文化以及现代化进程》的学术作品也引起了广泛关注，这篇文章收录于1992年安曼阿拉伯思想论坛文集《阿拉伯人与日本》之中。它从社会与人文等多个维度，全面总结了以日本为代表的亚洲国家的现代化发展经验，并站在文明发展的高度分析了日本的发展特征以及值得阿拉伯人学习的方面。作者指出，虽然历史上饱受殖民与侵略，但东方民族的崛起是必然的，东方或者说亚洲文明圈在人类发展和世界变迁中有着举足轻重的作用。2007 年 2 月，应日本外务省邀请，安瓦尔·阿卜杜勒·马利克赴日参加第五届日本与伊斯兰世界文明论坛，此次论坛的题目为“共生与和谐：文明对话的重要意义”。在论坛上他提出，应当站在文明交往的角度审视日本与阿拉伯国家的关系发展，双方应当思考如何制订全面长期的计划以推进双边关系的持续发展。他认为，在全球化不断深入的时代，不论是日本还是阿拉伯国家，都应当认识到不同文化与文明之间交往的重要性，双方应当把握全球化背景下工业与通讯科技飞速发展的良机，建立起持久全面的文明对话机制和文化交流渠道，因为只有这种机制和渠道才能使不同的文明之间取长补短，共同发展，从而实现互利共赢的良性发展与合作局面。

在此次论坛上，安瓦尔·阿卜杜勒·马利克提出，倘若不能够保证受压迫民族人民的基本权益，不能为之提供必要的社会服务和工作机会，那么任何形式的文明对话都毫无意义。消除贫困、失业，并治愈一切社会顽疾是避免爆发危机的唯一途径，是实现平等对话和持久发展的先决条件。同时，在安瓦尔看来，斯宾格勒的《西方的没落》、福山的《历史的终结以及最后的人》以及亨廷顿的《文明的冲突》是对文明对话和跨文化交流的错误理解，不同国家、不同文明的交往与对话应当建立在平等的基础之上，而不能采取文化入侵或思想控制的形式。他还提出了若干引人深思的问题：谁是思想和文化上的控制者？谁又是被控制者？文化入侵的本质和特点是什么？西方国家对于阿拉伯的看法是否一致？西方国家是否有能力阻止阿拉伯文化的传播？

安瓦尔认为，阿拉伯人拥有悠久的文化传统和丰富的文化遗产，西方国家绝不可能完全扼杀阿拉伯文化的发展并阻止其传播。对于阿拉伯人来说，应当思考的是，如何推动不同文明之间的平等对话，实现文化的独立发展与良性互动，从而避免外部势力在政治、军事、经济以及思想上的干涉与入侵。阿拉伯国家的学者应当意识到自己所肩负的责任，回应时代的挑战，引领阿拉伯人从思想上应对外部的压力与干涉，并自己主宰自己的发展与命运。长久以来，阿拉伯人一直尝试着摆脱对西方国家的依附，西方力量也一直根植于阿拉伯国家，获取并维护自身利益。但安瓦尔指出，在历史长河中，以日本、中国为代表的为数不多的国家，他们在阿拉伯国家同样有着巨大的国家利益，但却从未在中东针对阿拉伯国家引发战争或是入侵与殖民。他们与阿拉伯国家有着紧密的经贸往来，并愿意推进双方之间的文化交往与思想对话，进而实现互利共赢。阿拉伯人面临着全球化的巨大挑战，也在摆脱西方控制与依赖西方力量之间踟蹰不前，而与日本等东方国家的交往与协作显然已经成为阿拉伯国家抓住发展机遇，实现自身变革与崛起的有效途径。

在发言结尾，安瓦尔说道，阿拉伯人在与日本展开交往的过程中，感受到的是平等和尊重，而非压迫与干涉。日阿的文化对话是深刻而有效的，而阿拉伯人与美国、以色列等国的对话则是充满分歧和争端的。虽然伊拉克战争之后，日本应美国要求派兵前往伊拉克，但这仅仅是日本维护美日关系的不得已之举。日本同阿拉伯国家一样，反对一切形式的非法干涉与不公正待遇，阿拉伯国家应当将日本视作文化交流和国家协作的重要伙伴。

在安瓦尔数年的学术生涯中，他见证了美国打着全球反恐的旗号对世界格局进行着操控，他还多次对阿拉伯国家与日本之间现有的这种以石油交换技术的贸易格局进行了强烈批判，认为这种贸易关系为日本提供了亟须的石油资源，但却没能让阿拉伯国家受益于日本发达的科学技术，也没能让阿拉伯人真正从其教育制度、科技发展、人才培养、社会价值观创建中学习到真正有益于自己的成功经验。虽然在最近十年时间里，阿拉伯国家与日本之间的贸易飞速发展，但二者之间在文化层面的交往仍然相对滞后，交流形式也极为有限。安瓦尔主张，阿拉伯国家应当与日本、中国、印度等亚洲国家一道，通过建立共同的价值观念，在推进创建并维护全新的世界秩序的过程中发挥应有的作用。

安瓦尔的作品受到了阿拉伯学界的高度认可和评价，也为阿拉伯学界从事日本研究的学者提供了有益的借鉴。在其学术研究中，安瓦尔从不会受到个人主观印象的左右，而是以客观、批判的视角对日本的现代化发展做出分析，并通过掌握原本文献，倾听日本本土学者声音，创建了不同于西方主流学界观点的理论研究路径，在阿拉伯学界产生了极为深远的影响。

在阿拉伯世界从事日本发展与复兴相关问题研究的阿拉伯学者中，马利克·本·纳比以其《世纪变迁的文化记录》一书为人们所熟知，他也是为数不多的从文化全球化的视角解析日本发展和日阿关系的阿拉伯学者中的佼佼者。在他的学术作品中，纳比对思想、教育层面的复兴进行了重点关注，其研究也涉及被殖民国家解放运动以及伊斯兰世界的发展战略问题。纳比重视对伊斯兰文明所面临的问题以及伊斯兰文明与世界其他文明在过往、现在以及未来的互动和交流的批判性研究。他认为，日本的现代化进程是一种和平的崛起，并且摆脱了对西方模式的一味模仿、依赖和附庸。在文化全球化的时代背景下，日本的社会机构和国家部门之所以能够适应时代要求而进行不断的革新和发展，其关键在于思想层面上的全面认知。而对于客观环境的独立思考和对于自身文化的利弊分析则正是阿拉伯人在苦苦寻求发展的过程中所忽视的问题。

纳比是为数不多的几位通过政治、经济、思想、社会等多个层面对阿拉伯国家内在文化特征进行多方位解读的阿拉伯学者。在其《对殖民的适应性》一文中，他指出，殖民行径并不只是一种纯粹的外部行为，而是一种深入被殖民者内心世界并影响其日常行为和思考方式的文化模式，而这种深刻的影响和固化的模式在殖民者离开，被殖民者实现国家解放后也会长时间影响本土人民的思想变化。如今在阿拉伯国家，人们经常可以通过各种媒体，看到或听到许多阿拉伯学者的激烈观点，指责历史上的外来殖民者为阿拉伯带来了持久的消极影响。但实际上，这种指责是徒劳无功的，因为直至今日，殖民时期所建立起的文化、政治、管理以及教育机构仍在阿拉伯世界运行，虽然殖民者已在半个多世纪前离开了这里，但其留下的各类机构以及各种思想仍深刻地影响，或者说制约着阿拉伯国家的发展。可以说，被殖民者对殖民的适应甚至是依赖已经成为外部力量控制阿拉伯国家民众思想的危险武器，也使得阿拉伯国家无法摆脱自己对西方国家在政治、经济、文化以及社会等多个层面的依附。在如今的阿拉伯世界，虽然殖民者的军队早已撤离，但取而代之的则是西方的专家、技术人员以及顾问，阿拉伯人的饮食、着装、社会行为也都有着西方人留下的明显痕迹。正如阿拉伯著名学者伊本·赫勒敦在其《统治者与被统治者的相似性》一书中所述，绝大部分的阿拉伯人和穆斯林至今在思想等多个层面仍然被殖民者所控制。而纳比的这篇《对殖民的适应性》，被很多阿拉伯学者认为是对阿拉伯国家的许多领袖和决策者的思想与行为进行了深入解析的重要作品。

纳比还在其多部作品中对欧洲文化中心论进行了批判，他指出，在包括阿拉伯国家在内的许多历史上被殖民的国家，许多人认为欧洲的文化与观念才是评判或区分好与差、善良与邪恶、先进与落后的唯一标准。欧洲文化中心论实际上是一种潜在的殖民主义思想，在这种观念的影响下，许多人认为欧洲的发展和现代化才是完美的标尺和模板，是评判全球化时代任何国家发展模式的唯一标准。纳比反对将欧洲文化视为评判一切的最高标准，同时认为，日本在欧洲文化圈之外实现了独具特色的现代化发展，其崛起模式不同于所谓的欧洲标准，是值得阿拉伯人借鉴的有益经验。

除上述作品之外，纳比还有多部作品至今仍得到学界的广泛重视，并体现了他对于日本的现代化模式和经验的独到理解和认识，如《历史的审视》《复兴的条件》《被殖民者的思想冲突》《亚非思想研究》《伊斯兰共同体思想研究》《战争之源》《伊斯兰世界思想问题研究》《文化困境》《追求变革》《社会的诞生》等。

在纳比看来，土耳其、日本、印度、中国以及俄国等国，均是东方具有代表性的国家，其文化与发展模式也深刻影响了纳比本人的文化和政治观念。在其《伊斯兰共同体思想研究》一书中，纳比从地理、政治、观念等角度分析了建立伊斯兰共同体的必要性和可能性，并指出，伊斯兰文化是东方文化不可分割的部分，中东的统一与发展离不开与东方文明之间的交流与互动。

纳比关注的是日本作为一个远离欧洲文明圈的东方国家，如何快速实现了本国的现代化和崛起，并对具有相似历史境遇的阿拉伯国家的发展进行了思考。正如纳比所说，回顾日本的发展史时，我们会发现，日本受到西方文明的影响，但却从未割舍本土的传统文化，日本曾经是西方人的学生，学习西方技术，理解西方文化，并将其精髓为己所用，而阿拉伯人则一直是西方的顾客，依附西方，引入西方的思想与器物，但从没有重视发掘自身的文化遗产，这也就是为什么日本能够完成独具特色的现代化伟业，而阿拉伯国家则依然处于困境。

五、日本的外交软实力与日阿关系发展

1973 年的石油危机为日本的经济发展带来巨大的冲击，石油禁运期间日阿关系的波动也令日本意识到，维护与中东阿拉伯国家之间的良好关系是日本获得稳定能源供应、实现社会经济持续发展的重要保证。而随着时代的发展和联合国等国际组织作用和地位的加强，日本从一个发动侵略战争的军国主义国家逐步转变为重视使用外交手段获取和维护国家利益的国际重要力量。“二战”后，“软实力”的概念受到世界各国的重视，外交等“软实力”手段也成为日本发展与阿拉伯国家关系、提升日本形象并维护日本在阿拉伯世界广泛存在的海外利益的重要手段。

1. 日本外交与软实力构建

外交在现代日本思想观念的形成过程中起到了重要的作用，外交也已经成为推动日本与阿拉伯国家关系发展的重要手段之一。日本的传统对外交往理念受到幕府政权的深刻影响，以武士道精神为核心的军事及暴力行为在历史上的很长一段时间里都被日本政府看

作对外交往并实现自身利益的重要手段。也正是基于这种传统的军国主义理念，日本在历史上多次发动了对外侵略战争，在亚洲范围内掀起血雨腥风，为周边邻国和自己带来了无尽的灾难和巨大的损失，1945年美国的两颗核弹也让日本本土生灵涂炭。惨痛的历史教训让日本人认识到，暴力、军事、侵略、殖民不再是世界的主流，民主与自由才是国家发展的基石，平等与共存的对外交往才是文明得以延续和繁荣的保证。

"二战"之后，日本的对外政策逐步转变，日本政府强调尊重和平宪法，致力于通过外交途径解决一切国际纠纷，并协助联合国等国际组织发挥作用，避免地区性战争的爆发和大规模杀伤性武器的扩散。随着"冷战"结束，苏联解体，日本致力于在联合国等国际组织内发挥更大作用，但仍受制于美国对于本国政策制定和世界格局主导的影响，被称为"经济上的巨人，政治上的侏儒"。而当直面来自朝鲜半岛的核威胁后，日本也在想方设法通过外交途径维护自身利益，保障国家的稳定发展。

2003年，白德尔·阿卜杜勒·阿提的著作《日本对阿以和平进程的政策：世界格局变化与国家对外政策研究》在开罗出版，本书分析了在20世纪最后一个十年里，世界格局的巨变对日本对外政策，尤其是对中东地区的政策产生的深刻影响，并对日本的中东政策和对阿以自1973年战争以来开启的和平进程的政策进行了全面分析。阿提认为，日阿关系发展的主要推力是日本同阿拉伯国家之间日益增加的贸易往来，这主要体现在日本进口阿拉伯国家的石油，阿拉伯国家则进口日本的产品，与此同时，日本在技术、教育等对外援助领域对巴勒斯坦等国的援助也是日阿关系发展的重要因素。阿提认为，影响日本对阿政策的因素主要有三个方面，分别是内部因素、地区因素和外部因素。在内部因素层面，日本对外政策的文化根源来自日本传统社会文化中对于民族凝聚力以及明确的社会分工和职业分层结构的重视，来自日本社会普遍的共识和对日本历史上发动的对外侵略战争的愧疚与悔恨之感。"二战"之后，日本恪守和平宪法，致力于通过经贸往来增进同中东阿拉伯国家的关系，进而维护本国利益，通过外交等途径构建对阿软实力，而非传统的以军事力量构建本国在国家舞台上的形象，并获取足够的国际政治话语权。在地区因素层面，中东阿拉伯国家的重要战略位置和丰富的油气资源在很大程度上影响了日本对中东国家的政策制定。中东地区，尤其是阿拉伯国家丰富的石油资源是日本实现持续高速发展的能源基础，从中东地区获得稳定的石油供应也被认为是日本在中东阿拉伯国家的核心利益所在。日本对阿拉伯国家开展的资本输出、技术及物资援助、人员培训等活动，其根本目的均是维护这一核心利益。至于外部因素，自20世纪下半叶建立发展起来的日美同盟，同样在极大程度上影响着日本对中东国家的外交政策。日本被视作美国在全球范围内打击恐怖主义、主导世界格局的重要盟友，同时也是美国在亚洲地区，尤其是东亚地区的重要战略支点，日美间的同盟关系以及美国长期以来对以色列的偏袒也深刻地影响着日本的中东政策和日阿关系的发展轨迹。

在巴勒斯坦问题上，日本一直强调遵守联合国决议，发挥联合国在解决巴以问题方面的重要作用。同时，日本呼吁冲突各方通过谈判而不是暴力途径来解决争端。日本一向支持恢复并维护巴勒斯坦人民的合法权益，并积极为巴勒斯坦提供资金及技术援助。但与此同时，由于日本与美国的同盟关系，日本同样重视同以色列在各个领域发展合作关系，这也导致在马德里会议、奥斯陆会议以及莫斯科会议之后，日本在中东问题上发挥的作用不断减弱，与有关国家的交往也多停留在物资援助、金融合作以及人员培训等方面。此外，受制于上述内外因素，日本在叙以问题、黎以问题方面所发挥的作用也十分有限。1999年，日本政府曾提出有关解决黎巴嫩南部地区争端的四点倡议，但并没有被任何一方所接受。此外，尽管日本的国内公众舆论反对美国发动伊拉克战争等在中东地区的霸权主义行径以及日本对美国的支持，但在中东问题上，日本一向采取积极中立的立场，一方面是为了维护本国在中东阿拉伯国家的巨大利益，另一方面则是为了维护日美间的同盟关系。

在日阿关系发展研究方面，巴林学者纳斯拉·阿尔·巴尔塔基著述颇丰，代表作有《日本与海湾国家战略关系发展研究》《1945年至1992年日本与海湾国家关系研究》等，在《日本与海湾国家战略关系发展研究》一书中，巴尔塔基对1985年作为青年代表团成员出访日本的见闻进行了记述，正如他在书中所描写的那样，“当我第一次来到日本，我被眼前先进的设备和繁荣的社会景象所震惊，也感叹于我们阿拉伯国家与日本之间的巨大发展差距”。巴尔塔基将其关注点放在日本的发展经验、现代化模式、日本外交政策之上，并从经济和文化等维度对日本对海湾国家的外交政策进行了解读。他指出，当前的世界格局是一种由美国这一世界性强国主导的格局，但以日本为代表的新兴力量的崛起同样不可忽视，这些国家是构成多极化世界政治与经济格局的重要部分。在这样的时代背景下，美国不再是在阿拉伯地区，尤其是海湾地区具有强大影响力的唯一外部力量，美国同样面临着来自日本的竞争。因此，掌握和了解日本对海湾国家的外交政策，并进一步推动相关国家与日本的关系发展是实现本地区稳定发展的重要条件。

巴尔塔基指出，日本的对外政策在很大程度上受到美国的制约，日本在同阿拉伯国家展开交往的过程中，其政策制定和执行往往都会受制于美国同以色列的亲密关系。此外，“二战”的惨败以及战争为日本发展带来的灾难性打击也使日本认识到军国主义的对外关系发展模式并不能适应时代的发展，探索新的对外交往模式是日本新时期发展的要务之一。巴尔塔基认为，日本在发展同海湾阿拉伯国家的关系的过程中，主要有两大问题亟须解决，一是单一的交往模式，二则是相对匮乏的文化及思想层面的互动。当前日本与海湾国家的关系发展主要依托于海湾石油资源出口日本以及日本工业产品出口海湾各国，模式单一、影响有限，同时，双方在文化及思想层面的交流模式相对匮乏，在相互派遣教师及留学生、科研机构合作、文化对话机制创建、科研及创新能力互助方面仍存在较大的合作空白。

学者穆罕默德·贾比尔·安萨尔将《日本与海湾国家战略关系发展研究》一书评价为阿拉伯学界，尤其是海湾国家学者研究日本对外政策的必备文献。也正如安萨尔所说，任何有志于深入研究日本对外政策，尤其是日本对阿政策的阿拉伯学者，都应当站在历史发展的高度，对日本的崛起与现代化进程进行全面的了解，并应对“二战”后日本迅速崛起，成为世界重要力量的原因进行全面分析。同时，阿拉伯学界应当对日本在伊拉克问题等阿拉伯人关心的事务上的立场进行客观的审视，并应认识到，日本将海湾国家视为发展同阿拉伯国家关系的重要着力点，将阿拉伯国家视为日本维护本国国家利益，提升其国际地位的重要支撑。日本有着强烈的了解阿拉伯、认识伊斯兰文化的欲望，阿拉伯国家也应抓住机会，进一步发展同日本在多个领域和各个层面的合作关系。

2. 日本对阿政策制定和国家利益维护

在日本对阿关系发展进程中，“务实”被学界普遍认为是日本对阿政策的主要特征。由于本国缺乏足够的工业原材料，因此日本一向将阿拉伯国家视为保证本国持续发展的重要能源供应地。1973 年中东石油危机爆发后，日本政府和日本学界均意识到发展与中东阿拉伯国家多层次友好关系的重要性，对阿拉伯国家的传统社会文化、文学、思想以及油气领域问题的研究也成为日本学界多年来的主要关注对象。

关于日本对阿政策的制定，日本学者宫城由纪子（Miyagy Yukiko）在其 2008 年出版的英文著作《日本对外政策与日本在中东的利益维护》中从理论与实践两个层面对其进行了详细的解析，伊拉克战争、伊朗核危机以及叙利亚问题中日本的态度和立场也是作者在本书中分析的重点对象。在该书的序言中作者写道，中东地区地处亚、非、欧三大洲交会之地，蕴藏着丰富的油气资源，在世界政治与经济的稳定与发展方面具有重要地位。中东地区的核心便是阿拉伯国家，而世界大国对于阿拉伯国家自然资源、消费和金融市场的争夺也给日本对阿政策的制定与实施带来了巨大的挑战。作者认为，日本在中东阿拉伯地区存在着巨大的国家利益需要维护与拓展，首当其冲的便是经济利益。因此，日本对阿政策的核心目标便是维护日本企业和政府在阿拉伯国家广泛存在的经济利益，并应力图通过外交手段进一步扩大这种利益。而在伊拉克战争、伊朗核危机以及叙利亚问题等中东地区热点问题上，日本的对阿政策制定受制于美国的整体中东战略和日美长期存在的同盟关系，但在实践层面，日本政府则巧妙地维护了日美关系，发展了日阿关系，并维护了自身的经济利益。在伊拉克战争中，美国不顾联合国的反对，与数个国家共同派遣作战部队进入伊拉克本土，并要求日本协同作战。但日本政府一直拒绝美国这一要求，并只在战后派遣维和部队，帮助当地民众恢复生产生活。维和部队在当地积极开展救援与帮扶工作，为战后伊拉克人民重建家园贡献了积极力量，提升了日本在阿拉伯民众心中的形象。在伊朗核问题上，自古以来日本与伊朗便有着友好的合作与交往关系，日本政府也一直积极为伊朗援建核反应设施以实现其和平发展和使用核能的目标。但由于美国、欧盟以及联合国的持续施压，日本一度中断对伊朗的核设施援建工作。但与此同时，日本积极发展同伊朗在科技和经贸方面的援助与合作关系，为伊朗进行人才培训和科技帮扶，有效地维护了两国之间的友好关系以及日本在伊朗的能源安全和经贸利益。在叙利亚问题上，日本与叙利亚两国自古以来维持着良好和谐的双边关系，日本也长期向叙提供经济和技术援助，因此，日本多次拒绝美国和以色列对叙施加直接经济制裁的要求。此外，在阿以冲突等问题上，日本也恪守自己的中东政策和对阿外交关系原则，主张以色列撤出其占领的戈兰高地等阿拉伯国家领土，并实现对巴以问题、叙以问题等长期、全面、公正的解决。日本政府也一直强调，只有以色列和巴勒斯坦参与的中东和谈无法从根本上实现阿以问题的全面解决，也无法实现中东地区的持久和平，反而会将整个地区推向爆发全面战争的危机之中。

在阿拉伯国家的所有重大关切问题上，日本不同于以色列和美国的不公正态度，强调尊重人权，切实落实联合国有关解决各方冲突的各项决议，并一直反对采用军事手段解决问题。日本反对以色列在巴被占领土上修建更多定居点以及对耶路撒冷施行犹太化的做法，认为忽视巴难民权益、犹太化政策以及对加沙等地区的围困将会导致新一轮的巴勒斯坦人民起义。日本多年来一直为巴勒斯坦和流散到周边国家的巴难民提供经济援助，并曾倡议以色列、约旦以及巴勒斯坦共同开展三国经济合作计划，通过更为密切的经贸关系实现政治问题的和解。同时，日本倡导并大力支持 2002 年贝鲁特峰会所通过的决议，认为阿拉伯国家应作为一个整体同以色列尽快建立起正常外交关系，并早日签署全面和平协议，解决地区长期以来的矛盾与争端。

经济关系是日本与阿拉伯国家一切双边或多边关系中的核心内容，而维护自身的经济利益也是日本对阿拉伯国家外交政策的重中之重。但值得我们注意的是，日本与阿拉伯国家在除经济之外的其他领域，如文化与政治的交往仍然相对匮乏，实现经济利益仍然是日本对阿政策制定和实践的重要或者说唯一出发点，日本的政府高层也仍将经贸规模和金融合作程度视为评价日阿关系的唯一标准，而忽略了学术、文化、艺术、旅游以及传媒等因素在构建并发展日阿关系过程中的重要作用。

在对日阿关系进行全面审视时，阿拉伯国家的领导人也应当反思自己。日本通过与阿拉伯国家以及伊朗、土耳其、以色列等国密切的贸易往来获得了巨大的经济利益，并依靠与美国和欧洲国家的战略关系，维护着自身在本地区的战略地位与国家利益。但阿拉伯国家并没有从与日本的经贸和科技合作中获得真正的效益和对自身发展有益的要素，日本先进的科技并没有转变成阿拉伯国家本土的现代化汽车工厂、先进的自主电器产品、物美价廉的数码设备以及可持续发展和再生的医疗资源，数百万拥有高学历的阿拉伯青年人也未能从日阿间的贸易合作中找到适合自己的工作，解决困扰阿拉伯国家已久的失业问题，许多阿拉伯国家的人才也离开故土，将自己的能量奉献给其他国家的建设与发展。经贸关系是多年来阿拉伯国家与日本发展双边关系过程中的首要层面，但阿拉伯国家并未从中实现自身的提升。无论是日本高层还是阿拉伯国家的领导人，都应当针对当下双方合作的问题与局限进行深入思考，并致力于将这种单一的经贸交往扩展至政治、思想、文化等领域的全面互动，进而实现双方的互利共赢与共同发展，为中东地区的长治久安以及相关国家的稳定发展和持续繁荣做出贡献。

3. 日本的和平外交与武器出口

由于“二战”后美国对日本进行了全面占领和管制，日本在制定和实践对阿拉伯国家外交政策的过程中也在很大程度上受制于美国的中东政策。1973 年十月战争期间，阿拉伯国家采取石油禁运等措施对抗西方国家的霸权主义行径，这也直接影响了极度依赖石油以实现工业现代化的日本经济发展。有观点认为，石油禁运导致了“双重危机”，或者说“双重误解”，由于阿拉伯国家石油禁运而导致的日本经济危机也使得日本国内的公众舆论陷入一种误解，认为阿拉伯国家对日本实行的是一种不友好且对立的政策；阿拉伯民众则认为，日本在中东地区的外交政策受到美国的牵制和影响，美国对以色列的无条件支持也使日本对阿拉伯国家的支持极为有限。实际上，从这一时期开始，日本在阿拉伯国家的需求不仅仅只是石油，阿拉伯国家对日本的需求也不再仅仅局限在技术与产品，文化互通和思想交流成为双方拓宽合作渠道的重要条件和途径。

2007 年 5 月，日本和平宪法颁布实施六十周年之际，根据日本媒体公布的一份民意测验结果，49% 的日本民众选择继续实行现有和平宪法，33% 的民众认为政府应当颁布新宪法，而 18% 的民众没有表态。在过去的五年间，日本民族主义力量多次要求修改现有宪法，实行全新的、符合日本现有发展情况的宪法。对此，国际社会产生了诸多疑问：修宪目的为何？修宪后的既得利益者又是谁？修宪对日本国内和整个地区会产生什么样的影响？修宪后的日本将重新进入世界军火贸易市场之中，这又会给整个世界的和平发展带来怎样的冲击与影响？

和平宪法的颁布和实施多年来对日本一直有着多重影响。根据宪法第九条，日本被禁止出口任何武器，不能拥有除防卫性武器之外的任何武器，同时日本不能参与任何在本土之外的军事行动。在日本国内，有声音认为和平宪法的这些规定类似于19世纪日本被迫签署的一系列不平等条约，制约了日本的发展。但不可否认的是，和平宪法将国家主权归还于日本民众，天皇则逐渐转变为国家统一和民族团结的重要象征，日本得以走上和平发展的道路。日本自民党自1955年起便主导着日本政坛的发展走向，自民党代表也多次强调，日本应致力于在全球化时代提升自身的国际地位，通过修改宪法，开启被禁止多年的武器制造和出口工业，应对来自近邻朝鲜的核威胁，进而摆脱美国的政治制约，不再依赖美国的军事保护，掌握更多的国际话语权，通过自身的军事力量维护国家利益。与此同时，日本国内的反对党则多次提出，现有的和平宪法是维护国家民主、保障国内个体和集体权益、保护地区和平的重要条件，恪守和平外交的原则则是日本维护并拓展自身利益的当务之急。

2011年12月，日本政府放宽武器出口限制的决定震惊了国内民众和国际舆论。时任日本首相安倍晋三宣布，日本将大幅放宽武器出口，扶持国内军工产业并鼓励有关企业参与武器研发和出口的国际合作。针对此举，日本国内有观点认为，放宽武器出口以及鼓励本土武器研制，有利于日本削减每年支付给美国在日驻军的大笔开销，逐步摆脱军事上对美国的依赖，从而改变日本在世界其他地区“经济巨人，军事和政治侏儒”的形象。但实际上，对于日本来说，回归和平外交，加强人文交流才是提升日本国际话语权及地位的最佳途径，也是令阿拉伯国家更为全面了解自身的唯一方法。

六、日本的不断崛起与阿拉伯复兴事业的迟滞

“二战”之后，美国开始了对日本的改造，而日本则并未完全沦为美国的附庸，在短期内实现了持续且强劲的国力崛起。在此期间，日本的大资本家阶层为日本国民经济的快速发展和社会及工业的现代化建设做出了巨大的贡献。现代化的公路和铁路连接全国，大型贸易和金融机构不断建成，世界领先的科学技术被引入国内，大批高素质人才在各个领域发挥作用，主导着日本在“二战”后的

快速崛起。

“二战”的惨痛教训让日本国内的改革者们认识到，军国主义的发展模式和崇尚武力和暴力的对外交往哲学无法给日本带来长期稳定与持久繁荣，反而会使日本逐步变为被周边国家所憎恨和厌恶的失败国家。日本在摒弃原有的军事发展模式之后实现的快速崛起和持续发展，其背后有着多元的因素和深刻的原因。现代化国际体系下的中央集权模式和严格的等级制度、有序的行政机构设置和严格的行政管理制度以及富有活力的经济活动和对外贸易被视为日本国力提升的重要支柱，而现代化教育体系的全面构建以及公私有企业在经济和金融等领域的均衡发展也是日本社会良性改革不断深入、国家发展水平持续提升的重要动力。

反观阿拉伯国家，自独立之时，欧洲的民主和政治制度便成为广大阿拉伯国家首选的发展模式，阿拉伯国家的领导者们也缺少强烈且真诚的意愿去探索实践符合自身经济、社会、政治以及文化特色的发展模式。而自“二战”之后阿拉伯国家纷纷独立以来，各国的领导人们也没能彰显出其应有的智慧、远见以及胆识，也并没有在实现阿拉伯各个国家内政治团结、经济一体以及文化互通方面付出足够多的努力。

近年来，阿拉伯国家的媒体工作者和广大学者对于日本的现代化进程给予了高度重视。许多阿拉伯学者认为，日本之所以能够成功推进自身的现代化进程并实现持续的良性发展，教育的普及和高科技的引入与研发是其中的重要原因。然而部分阿拉伯国家的改革进程受制于统治者的独裁与专制，另一些国家则在宗教与世俗发展模式的选择间踟蹰不前。这种现状也使得阿拉伯国家未能在人才培养和科研发展方面投入应有的资金与精力，而人才和科技则被认为是全球化时代实现和平发展的必备要素。

在近二十年间，多个阿拉伯国家举办了数次有关发展阿拉伯国家与日本之间关系的论坛和研讨会，多名学者为如何进一步维护双方利益、尊重彼此关切建言献策，值得一提的是，与会的日本学者也多次在教育发展、人才培养、就业市场完善等方面为阿拉伯国家介绍经验。参与这些会议的日阿各领域代表无不建议，阿拉伯国家与日本应致力于推动双方各领域各层次的交往，为政治、文化以及经济等领域的交流合作翻开新的篇章。在阿拉伯国家正在不断进行变革的时代背景下，日本学者更为重视从学理层面对阿拉伯社会发展的研究，进而为维护日本在阿拉伯国家广泛存在的海外利益提出建议，与此同时，阿拉伯学者也更为重视从文化层面解读日本崛起与成功的奥秘，以期从中获得有益于阿拉伯国家发展的经验。

在阿拉伯国家，已有越来越多的新一代学者选择向东看，关注他们之前长期忽视的日本、中国等东亚国家，从其成功的发展经验中汲取养分。但客观而言，由于语言等方面的障碍，阿拉伯国家对于东亚，尤其是日本等国的了解和研究仍显不足，相比之下，在美国和欧洲等国，精通日语、在日本研究的相关领域获得高等学历的人才已不胜枚举。

早在近一百年前，沙吉卜·阿尔斯兰（شكيب أرسلان）便针对伊斯兰文化的现状提出令人深思的问题，为什么相较于世界其他国家和文明，阿拉伯国家在拥有如此得天独厚的有利条件的情况下却依然在发展的道路上苦苦挣扎与徘徊？多年来，许多有识之士试图回答这一问题，找到适合阿拉伯国家发展的方式与道路，越来越多的阿拉伯学者和文化机构也认识到，依附于欧美文化，屈从于美国在世界范围内建立起的文化霸权，并非阿拉伯国家实现复兴的答案，阿拉伯国家应当从日本这样的新兴国家那里获取发展的启示，学习它们如何在经历了历史的种种起伏之后，依旧能够实现强有力的崛起。

在致力于实现国家现代化的过程中，无论是日本还是广大阿拉伯国家，均深受西方国家发展模式的影响，这一点毋庸置疑。即便是日本人自己，也承认本国的发展离不开对于西方模式的借鉴。但应注意的是，日本在发展过程中，并没有一味地全盘照搬西方模式，而是找到了一条适合本国国情与文化特征的发展道路。对此，不少阿拉伯学者也进行了深入思考，为何在欧美力量主导世界的19世纪，日本能够独树一帜实现快速崛起，完成全面的现代化建设，而阿拉伯国家却面临着诸多发展问题，对于欧美的依附更加严重，自身的独特文化也面临着全面西化的危险境遇？对于渴望学习日本经验的阿拉伯人来说，首先应当区分日本与阿拉伯国家各自在进行现代化尝试过程中的差异。当我们回顾历史时，我们能够发现，日本与阿拉伯国家均未停止过对于现代化建设的尝试，但日本的现代化显然是一种更为全面且深入的社会变革，而阿拉伯国家的现代化则只是一场消费的现代化，而非以生产力变革为驱动力的现代化发展。其现代化尝试只是一种引入西方文化、照搬西方模式、对西方科学技术采取纯粹的拿来主义而缺少自我认知与创新的简单过程，绝大多数的阿拉伯国家也缺乏对于自身社会特点的准确定位或对未来发展的明确规划。实际上，从日本的成功经验我们可以看出，在和平环境下所实现的现代化变革是一种由内而外的全面革新，是国家与社会内部结构逐步走向成熟而引发的必然结果。这种结构的完善与成熟不仅仅来自对外来模式的借鉴与模仿，同样基于对自身发展特点和发展需求的明确认知。

当我们再度回看历史，我们发现，得益于明治维新后快速崛起的成功经验，日本在“二战”败局后并没有陷入长期一蹶不振的状态，而是在短短二十年间迅速重塑其国家形象，提升其国家地位，在世界范围内创造了令人瞩目的经济奇迹，也成为在世界上领先的经济强国，并在各类高科技产品研发方面独领风骚。而在“二战”后的阿拉伯国家，其现代化尝试实际上仅仅是一场全盘西化的简单模仿，而不是从社会体制方面的根本变革。在一些阿拉伯国家，我们似乎能够看到在城市建设、经济发展、文化传播以及媒体成长等方面的现代化迹象，但是普遍而言，绝大多数的阿拉伯国家其政治形态和政治体制仍然处于教派、家族以及部落的制约与控制之下，仍无法在公正的基础上建立现代化的国家制度，因此，真正的现代化的实现也无从谈起。

日本在现代化中的许多成功经验值得阿拉伯人去学习与借鉴。首先是人才的培养和教育的普及。日本自明治维新以来便对教育事业的发展给予极大的重视，创建全面的知识型社会、培养自由且具有独创精神和独创能力的人才一直被日本政府视为推动社会发展和国家崛起的核心推力。其次是对于传统文化的保护和发扬。虽然在其发展过程中，日本急需欧美的领先科技来帮助自身的崛起，但日本至今都没有让欧美文化占据其社会的主导，而是极为完整地保留了自身的社会文化、传统价值观念以及独具特色的社会行为方式，在家庭教育、婚姻乃至着装等方面，日本均严格的保护并发扬着自身文化，进而增进国民的文化和民族认同感。最后是集体主义文化与精神的维护。在日本的传统文化中，个体为集体牺牲、重视集体利益的思想至今仍影响着日本人的生活方式和整个国家的发展模式。不论是政府还是社会媒体，均大力宣传着这种文化观念，并将其视为日本发展的重要哲学。也正是因为对集体主义的重视和强调，日本才能在短短的几十年内集全国之力，实现经济的腾飞和国力的提升。

另外，值得一提的是，日语的传承与发展为维护日本的民族认同、文化认同和身份认同发挥了重要的作用。语言是文化产生与发展的源泉，也是思想和艺术创新的源动力，日本人一直将本国语言的维护与传承视为建设具有日本特色知识型社会的重要保障。在日本看来，语言是实现复兴与崛起的重要工具，也是推进人才培养，实现持续发展的重要条件，同时也是传承传统文化、联结现代文明，沟通外来思想的重要媒介。长期以来，日本人对于本土语言的发展给予高度重视，他们认为，如果放弃母语而去引入外来语言，那么对于其他国家的依赖程度将不断提高，日本也无法真正实现自己的复兴与崛起。美国在占领日本期间，曾多次提出用拉丁字母书写日语，但却遭到日本方面的严辞拒绝。因为日本人清楚，放弃母语便意味着放弃本土文化，更意味着日本将陷入对美国更为严重的文化依附而无从实现自身的持续发展。

除上述因素外，日本在战后的迅速复兴还得益于多个因素，如高素质人才的不断涌现、大量外国资本的涌入以及有力的地区和国际环境等。而正当日本放弃之前的军事兴国模式，走上真正的现代化发展道路的时候，在阿拉伯国家，多名军界人物通过军事政变等途径获取了国家政权。发展模式选择上的相异也使得阿拉伯国家和日本之间的政治与文化联系逐步减弱，经贸关系成为双方关系发展的主要层面，而日本对阿外交的重点也进一步集中在维护日本在阿拉伯国家的经济利益以及保证阿拉伯的石油安全输送至日本国内。在此情况下，双方的文化交流活动缺乏持续性和深入性，学术论坛、研讨会等重要文化交流模式也流于程式化和碎片化，许多学者所提出的有益于双方拓展人文交流渠道、深入文化交往的建议也未能有效实施。不过令人欣慰的是，近年来，越来越多的阿拉伯学者认识到向东看的重要性，将日本等东方国家的发展模式视为对本地区发展有益的经验，而日本方面，则积极通过各种文化渠道推进多元双边关系的发展，许多日本学者也多次强调应秉持和平外交的哲学理念，全面发展与中东阿拉伯国家的友好合作关系，进而实现双方的共生、共赢以及共同发展，维护本国的经济、政治以及安全利益。相信在这样的理念和愿望的主导下，新时期的日阿关系必将进入全面发展的崭新阶段，双方的民众也必将从中获得福祉。

第二章　日本与阿拉伯国家经贸关系发展史

一、日本与埃及经贸关系发展史

数十年前，日本就同埃及建立起了牢固的关系。1922 年 4 月 7 日，日本承认埃及独立。1926 年，日本在亚历山大设立总领事馆。1936 年，日本在埃及开设公使馆，在第二次世界大战期间，日本总领事馆与公使馆全部关闭，并于 1952 年 12 月重新开放。1953 年，埃及在东京设立公使馆。1954 年，日本与埃及都将公使馆升级为大使馆。1982 年，日本在亚历山大设立领事办公室。

作为中东地区的轴心国，埃及是日本在阿拉伯世界中最重要的伙伴。但是在 21 世纪头十年，两国的贸易额大幅下降。与此同时，日本继续保持同埃及的贸易顺差，日本对埃及的出口总额持续下降，到 2002 年出口总额降至 5.07 亿美元，同年，埃及对日本的出口总额也降至 6900 万美元。日本对埃及的出口产品以交通运输设备和电子设备为主，埃及对日本出口产品以石油、石油制品、棉花和棉织品为主。

尽管埃及政府不断地极力改善投资环境，但埃及的外国直接投资（FDI）流入量未能显著增长。1996—2003 年，日本在埃及直接投资额（FDI）仅为 1.08 亿美元，金额非常之低，两国还需要继续通过外交工作来搞活两国双边经贸关系。

日本驻埃及大使馆的官网上详细全面地介绍了日本与埃及多方面的关系，介绍了两国共同举办的包括人员往来、政治对话等的活动，官网上也明确地介绍了日本如何加强同阿拉伯国家的关系，特别是同该地区的大国之间的关系。其中最引人注目的是，日本政府组织了一系列活动以加强日本与埃及之间的人员往来和政治对话，致力于加强两国的友谊和互信，也可以看出日本希望加强世界上不同国家不同民族之间的合作。根据日本驻埃及大使馆的数据显示，截至 2011 年 10 月，定居埃及的日本人达 1050 人，其中 876 人定居开罗，是阿拉伯国家中日本定居人口最多的国家。

日本同埃及建立了良好的政治关系，为此，成立了日埃共同委员会。1983 年 6 月，日埃共同委员会在开罗召开了第一次会议，随后在开罗和东京分别召开了数次会议。1999 年 12 月 9 日至 10 日，在东京召开的共同委员会第十二次会议上，双方就如何发展《建立埃及—日本伙伴关系规划》交换意见，并探讨了建立埃及—日本—非洲三边合作关系的可能性，以及如何进一步吸引更多日本人赴埃旅行。除此之外，会议还讨论了地区局势和国际问题，就多个地区热点问题交换了意见，例如中东和平进程、伊拉克问题、裁军、不扩散核武器等问题，双方还强调了通过对话加强双方在共同关注的问题上进一步合作的重要性。

1999 年，时任埃及总统的胡斯尼·穆巴拉克访问东京，两国政府就发展双边私有部门关系问题上达成一致，从而使两国交往更加顺畅，加强了两国经贸关系。同时，两国同意恢复埃及—日本商务理事会与日本—埃及商务理事会。这两个理事会分别于 1999 年与 2002 年在开罗召开了两次联合会议，并于 2004 年 7 月在东京召开第三次联合会议。

日本外务省制订了一系列计划以吸引更多的埃及人民赴日旅游，旨在搞活两国人员往来，增强两国在各领域上的交流。1999 年，《建立埃及—日本伙伴关系规划》通过审议并实施，根据条款规定，两国政府支持两国学术合作，以活跃两国的青年学术交流，其中包括两国政府官员互访以及大学、科研中心与两国地方政府交流。其中该领域完成的最具成效的活动当属日本青年与来自阿拉伯地区国家的青年共同参与的 13 个国家青年交流项目。在这一项目中，120 位日本青年和来自参与国的11位青年在船上共度50天，参与各项丰富多彩的活动，并就当前热点的国际问题展开讨论。

2003年日本、埃及两国之间的经贸往来有：住友商事株式会社与阿拉伯承包商公司在建筑业领域签订一项协议，随后双方建立合资销售公司；三菱重工业株式会社赢得了为埃及Nubaria发电厂供应涡轮机的合同；住友商事株式会社与埃及奥斯康集团签订一项建立信息技术合资公司的协议。

随后，两国间双边协议纷至沓来，从而大大推进了埃及与日本两国的伙伴关系向前发展，推动建立埃及—日本—非洲三边合作模式，协调两国立场，推动两国就中东和平进程、伊拉克问题、裁军、不扩散核武器问题交换意见。自1997年10月埃及航空公司开通开罗直飞成田机场的直飞航班起，埃及便成为日本游客主要旅游目的地之一。2003年，日本赴埃及旅游人数约达6百万人次，与2002年相比同比上涨12.6%。随后埃航增加日本—埃及直飞航班，直飞航班达到每周5次，意在吸引更多的日本游客。

但一系列的内政问题和地区事件，特别是2001年9月11日发生在美国的“911事件”及伊拉克战争给埃及与日本的经贸、旅游关系带来了负面影响。在21世纪头十年快结束的时候，埃及与日本的关系发生了质的变化。2008年，两国经贸往来总额接近35亿美元，如东芝、尼桑、住友、三菱、大冢、双日、神户物产、尤妮佳等国际知名日企在埃及市场十分活跃。与此同时，日本市场也涌现出埃及制造的商品，例如食品、建材、陶瓷制品等。埃及对日本的出口额翻倍增长，截至2008年，数额超过15亿美元，与过去几年相比，涨幅达100%。2009—2010年，两国经济不同程度地受到国际金融危机的负面影响，导致两国贸易额明显回落。

2004年，埃及政府通过并实施《经济改革规划》，在此框架下，2008年，埃及从世界各国吸引多达130亿美元用于推动经济发展；2009年，埃及吸引投资达80亿美元，埃及同阿拉伯国家、非洲、第三世界国家、欧盟、美国、土耳其等签署多项经贸协议。但目前日本对埃及的直接投资仍然不多，这与埃及丰富的投资机会不相符。

因此埃及当局积极刺激日资切实地参与到埃及经济发展之中。埃及官方数据表明，2007 年埃及经济增长率超过 7%，2008 年下降至 4%，2009 年为 5%，这一经济发展回落的原因来自多方面，一是受到了国际金融危机的负面影响，二是行政和金融腐败猖獗。尽管如此，2009 年通过外交上的努力，埃及成功吸引了 3 个日本的大型投资项目。2009 年 3 月 26 日，埃及和日本政府签订协议建立埃及—日本科技大学，该大学面向所有阿拉伯国家和非洲国家招生。

两国签订的重要协议如下：

• 1957 年《阿拉伯埃及共和国政府和日本国政府文化合作协定》

• 1963 年《阿拉伯联合共和国政府和日本国政府关于航空业务协定》

• 1969 年《阿拉伯埃及共和国政府和日本国政府关于避免双重征税和防止偷税漏税协定》

• 1978 年《阿拉伯埃及共和国政府和日本国政府关于鼓励和相互保护投资协定》

• 1984 年《阿拉伯埃及共和国政府和日本国政府技术合作协定》

• 2008 年《关于用于资助 3 个项目的 2 亿埃镑的低息贷款合作协定》（三个项目分别是：1. 对埃及 creams 地区电站的附加贷款，该电站通过太阳能和天然气发电；2. 用于修建拿哈玛地区区域电力控制中心的贷款；3. 对埃及社会发展基金的贷款用于资助中小企业发展）

• 2009 年《关于建立埃及—日本科技大学协定》

• 2010 年《关于日本向埃及提供低息贷款用于建设 Gulf of El Zayt 地区风力发电站协定》

• 2010 年《阿拉伯埃及共和国政府和日本国政府关于科技合作协定》

除此之外，两国在私营部门与国营部门签署了多项双边协定，涉及领域非常广泛，包括了经济、行政、文化技术、新闻媒体等。

旅游业作为埃及经济发展中的“领头羊”，为埃及经济发展和文化交流做出了巨大贡献。2007 年，埃及旅游人数达 1100 万人次，其中日本赴埃及旅游人数达 13 万人次，同比增长 47%。2008—2009 年，受国际金融危机和日本经济衰退的影响，日本赴埃旅游人数大幅下降，分别降为2008年的10.8万和2009年的9.5万。2010年，日本赴埃及旅游人数大大提高，这得益于两国政府采取的各项措施积极鼓励日本人民赴埃旅游，仅2010年上半年，日本赴埃旅游人数便达到6.5万人次。埃及驻日本大使馆旅游处与埃及旅行社加强同日本官方不同机构（如日本旅行业协会）的协调合作，旨在宣传埃及旅游景点，增加日本赴埃旅行人数，主要吸引日本青年人赴埃旅行，比如大学生、新婚夫妇和企业家。

2011年埃及1·25革命后，埃及规划和国际合作部部长纳佳女士强调了发展埃及和日本良好关系的重要性，埃及与日本的关系在政治层面的影响不断扩大，日本支持埃及目前所经历的民主转型。埃日关系在几十年前便打下了牢固根基，这源于两国政府发展埃日关系的信心与日本投资者对埃及市场的信心。日本方面希望将埃及打造成日本企业以及外国企业进入阿拉伯市场和非洲市场的大门。纳佳女士还透露由埃及同日本丰田母公司合作并由埃及丰田代工厂整车生产的丰田汽车将在近期投入埃及市场。纳佳女士还指出，日本向埃及政府提供了价值600万美元的资金资助，用于埃及结构性经济改革，这批资金将用于购买和升级机械设备。此外纳佳女士还提到了加强埃及同日本在各领域的经济合作，例如，在基础设施建设方面有连接亚洲大陆和非洲大陆的苏伊士运河大桥项目、西奈发展项目、埃及地铁4号一期项目、大埃及博物馆项目、投资5700万美元的阿拉伯塔机场项目，在教育科研方面有位于阿拉伯塔工业区的埃及—日本科技大学项目（而该大学也是日本在境外开办的第一所大学），文化大巴车项目（文化大巴车会在埃及各省份穿梭以培养文化意识）。除此之外，还有埃及苏伊士运河沿岸城市的饮水、灌溉、农耕、食品安全、粮食增产等项目，开发新能源、清洁能源项目，霍尔格达的扎法拉纳项目，此外日本还积极协助埃及恢复其在阿拉伯地区的地位并重建埃及在国际社会中的形象。纳佳女士强调了两国之间的互信关系，相信埃及能够平稳地度过目前的动荡局面，并保证尽力推动，将上述提到的项目落实到实处，特别是要保障埃及—

日本科技大学项目、大埃及博物馆项目和埃及地铁 4 号线项目按时完工。埃及革命结束后，日本协助埃及政府与政治领域的重建之路，为埃及的人文发展、扩大就业、工业复兴提供了帮助，这些都包括在日本对中东地区的援助项目内。

2012 年 5 月 5 日，阿拉伯军队的一个博客中，一篇名为《日本计划通过摩洛哥与埃及打进欧洲市场和非洲市场》的文章中指出日本外务省发言人在开罗接受媒体采访时说到，日本计划将埃及和摩洛哥打造成为日资工厂在北非的大本营，并将日本商品销往欧盟国家和非洲的基地。这篇文章中还提到，日本外务省正在寻求将日资工厂转移到埃及和摩洛哥的可能性，并将埃及和摩洛哥视为日本在北非地区的投资重点，以加强日本出口产品在欧洲市场和非洲市场的竞争力。日本外务省希望埃及能够走上稳定和经济复兴的道路，埃及拥有丰富的人力资源和得天独厚的地理位置，从而促使日本在埃及局势稳定后马上恢复其在埃及的投资。同时，文章还认为，日本致力于维护中东地区的和平与稳定，因为政治的稳定是实现经济繁荣复兴的前提，同时强调日本希望能够参与到埃及的经济发展之中。此外，日本并不担心受“阿拉伯之春”影响的国家中宗教势力的崛起，并对发展埃及和日本双边关系的前景表示乐观。日本愿意同埃及新政府寻求帮助埃及民主过渡、政治经济社会改革的最佳途径，并与埃及新兴的政治力量建立友好关系。

2012 年 6 月 25 日，穆尔西当选埃及新总统，日本外务省随后发表声明，在声明中日本政府对自由与正义党主席穆尔西在这个历史变革时期成功当选埃及总统表示祝贺，日本政府希望埃及能够在完成权力交接后，同各方政治力量进行对话，并希望埃及能继续在地区和平稳定中做出贡献。日本政府将继续支持埃及政府完成民主过渡，并在革命结束后，为新埃及的建设提供更多帮助。

二、日本与沙特阿拉伯经贸关系发展史

1909 年，日本穆斯林山冈光太郎（Kotaro Yamaoka）随同蒙古

朝觐队伍访问沙特，成为日本历史上第一位哈吉，这也是日本与沙特交往的开端。在山冈光太郎用日语写成的回忆录中，他向日本人民介绍了沙特当时的状况以及朝觐途中所遇到的苦难。1938 年，当时沙特驻英国使节哈菲兹·沃赫访问日本，参加东京大清真寺的落成仪式，这代表着日本同沙特关系的正式确立。1939 年，日本驻埃及使节横山正幸访问沙特，他是第一位访问沙特的日本官员，沙特国王阿卜杜勒·阿齐兹·沙特在利雅得接见了他。

第二次世界大战结束后，日本同沙特的经贸关系快速发展。1953 年，日本经济代表团首次访问沙特，1955 年，日本同沙特正式建立外交关系。1957 年 12 月，两国签订石油开采特许权，日本阿拉伯石油公司从而得到石油开采特许权；1960 年日本阿拉伯石油公司在试验区第一次成功勘探到石油。1960 年，沙特国防航空大臣苏尔坦亲王访问日本，标志着两国政要互访的开端；1971 年，沙特国王费萨尔访问日本，从而为两国关系奠定了牢固的根基，1973 年中东石油危机后，日本与沙特的高层互访更加频繁，从而稳固了两国关系；1981 年，日本皇太子明仁亲王与皇太子妃美智子（也就是现在的日本明仁天皇与美智子皇后）出访沙特；1990 年，纳瓦夫·本·阿卜杜勒·阿齐兹亲王代表法赫德国王参加明仁天皇的加冕礼；1994 年，沙特王储访问日本，同年日本皇太子德仁携皇太子妃雅子访问沙特。在日本首相桥本龙太郎访问沙特期间，桥本龙太郎同法赫德国王签署了《沙特阿拉伯王国同日本国关于建立面向 21 世纪全面伙伴关系条约》；1998 年，沙特王储阿卜杜拉·本·阿卜杜勒·阿齐兹访问日本，并同日本首相小渊惠三签署《沙特—日本合作议程》；2001 年，日本外务大臣河野洋平访问沙特，并提出三点重要倡议：1. 加强同伊斯兰文明的对话；2. 开发沙特水资源；3. 鼓励在不同领域开展政治对话。此外两国共同设立了沙特—日本汽车研究所，该研究所也被视为两国经济技术合作中最具成效的一次合作，截至 2009 年，该研究所已经为社会培养出 1157 名具有高技术水平的毕业生。

据 2007 年 4 月 29 日新闻报道，日本首相安倍晋三于 4 月 28 日抵达利雅得，开始对沙特阿拉伯进行为期两天的正式访问。而沙特是安倍晋三中东之行的第一站，此后他还将依次访问阿联酋、科威特、卡塔尔和埃及四个国家。安倍晋三出席了28日在利雅得举行的“日本—阿拉伯企业家经济论坛”，同时出席的还有100多名沙特企业家和180名日本企业家。安培晋三在论坛上表示，沙特是日本重要的贸易伙伴，日本愿意积极参与和帮助沙特国内高速发展的经济建设，为日本同中东国家的关系注入新活力。安倍晋三还表示日本希望同中东各国进一步加强在能源、通信、采矿、机械制造等各个领域的经贸合作。安倍晋三与沙特国王阿卜杜拉就加强双边关系和共同关心的地区问题和国际问题深入交换了意见，并探讨了如何加强日本同沙特多层次全面的双边关系。随后两国发表共同声明，在声明中强调加强两国经贸关系的必要性，因为促进发展经贸关系是推动日本和沙特发展战略合作关系的主要动力，此外声明中还强调了要发展两国在政府领域和私人领域的共同合作。两国领导人一致同意建立一个联合专家小组，研究如何使用一切资源（其中包括金融资源、企业和技术资源）以推动两国的工业投资。双方指出要推动建立两国多层次的经贸关系、重启两国在各领域的战略对话、在如何发展投资领域关系上交换经验。

为应对世界金融危机，两国开展工作会议以讨论世界金融危机对世界经济的影响。日本瑞穗研究所(Mizuho Research Institute)高级经济学家中岛敦（Atsushi Nakajima）在会议中说，当前沙特经济状况稳定，但需要注意世界经济发展放缓以及国际油价下跌带来的不良影响，而这些因素都可能影响到2009年沙特经济增长率。目前，日本仍然受到全球金融危机的影响，日本金融公司的损失和他们的美国与欧洲同行相比，约占其2%。同时，此次大会中还提到在世界金融危机以及全球经济萧条的大环境下对沙特进行投资的效益问题。2009年，沙特政府将增加财政支出，以控制世界金融危机对沙特经济的影响。同时会议研究探讨了近期公布的大型发展项目，这些项目的实施，将推动2010年沙特经济增长率提高到4.8%，而2009年，沙特经济增长率仅为0.4%。预计在未来5年，沙特经济增长率将超过世界平均水平。

沙特《经济报》网站中指出，2009年，沙特商组织了一个由“沙特—日本商业理事会”主席阿布杜·拉赫曼·阿杰里希领导的包括34名沙特企业家组成的高层代表团，参加了2009年2月2日在日本东京举行的“沙特—日本商业理事会第十届代表会”，与会的还有日本经济贸易与产业副大臣以及日本工商界人士。代表团受到了日本媒体的高度重视。日本方面强调召开此次商业联合理事会对推进两国经贸关系而言意义非凡，日本愿意增加在沙特的投资，愿意加强同沙特在工业领域与劳动力资源开发利用上的合作，同时，日本强调在签署《日本同海湾国家自由贸易协定》后，两国的经贸关系将更加稳固。

日本是沙特第二大战略合作伙伴。2007年安倍晋三访问沙特的目的在于进一步加强日本同沙特的关系，共同研究如何提高两国贸易总额，增加沙特对日本的出口额，吸引更多的日本投资者来沙特投资。同时沙特方面还强调沙特对外资的吸引力持续增长，2009年沙特的财政预算将拨出更大一部分用于推动数个发展项目的实施，这些发展项目主要涉及教育、卫生、电力、道路和铁路等领域。在金融危机席卷全球的大背景下，沙特对日本进行这次访问向日本企业证明了，沙特当前的经济状况良好，而这得力于沙特稳健保守的金融政策。双方强调了发展两国战略合作伙伴关系的重要性，日沙双方都愿意增加两国贸易往来与投资，推进沙特与日本在工业领域以及劳动力资源开发利用上的合作。

在技术领域，日本中东合作中心同沙特电子家电研究所签订了一项谅解备忘录，在备忘录中提到，日本方面将面向沙特研究所准备一系列技术培训课程与项目，并提供培训必要的器材、实验室、设备和材料。除此之外，日本方面还将派出日本专家举办专业讲座，并派数名日本技术顾问参与研究所工作。沙特方面需要负责研究所大楼的修建，确保设备正常运行，并负责研究所资金的运筹、统筹研究所行政技术管理。该谅解备忘录签署之后，沙特对日本在该研究所成立过程中所做出的积极贡献表示高度赞赏，而该研究所也是沙特—日本产业合作联合工作小组的重要项目之一。该研究所的成立也证明了两国对沙特劳动力培训和能力发展的重视。沙特电子家电研究所也是“沙特—日本商业理事会”的一项重要成果，2008年1月于利雅得举行的“沙特—日本商业理事会”举办的活动中签署协定，正式确定建立该研究所。

经过50多年的发展，沙特同日本经贸关系现已十分密切。日本是世界第三大经济体，沙特的第二大贸易伙伴，两国于2007年的贸易额达到436亿美元，两国在沙特的合作项目数量达24个，共计投资119亿美元。两国希望组织企业家互访交流以发展两国经贸关系，组织专家以及行业专业人士交流活动以扩大技术和专业领域的合作范围，并增加技术领域的培训项目。

回顾了沙特与日本这段友好的合作历程，让我们听听来自沙特与日本的外交家、研究人员对沙特—日本关系的看法，共同展望沙特—日本关系的前景。

2010年7月11日，据半岛新闻网报道称，2010年7月10日在东京国际会展中心室内会议厅举办了一次名为“沙特与日本，从‘友好国家’到‘建设伙伴关系’”重要研讨会，出席该研讨会的有沙特驻日本大使阿卜杜勒·阿齐兹·蒂尔基斯坦尼先生、沙特外交部教育事务副大臣优素福先生、日本国会议员 Toshi acai Koizumi 先生以及一批杰出研究人员。沙特驻日本大使蒂尔基斯坦尼先生做了名为“沙特与日本，从‘伙伴关系’到‘建设经济一体化’”的工作报告，在报告中蒂尔基斯坦尼先生谈到了沙特与日本的关系发展。100多年前，伊斯兰教传入日本，300多年前，阿拉伯马传入日本，沙特和日本经贸友好关系的建立使日本成为沙特主要的贸易伙伴，并签订了数条协定，最重要的便是《沙特阿拉伯国政府和日本国政府关于加强经济技术合作协定》。根据这项协定，双方在相互理解的基础上推动经济技术合作向前发展。两国政府加强合作，并将合作范围贯穿经济发展各个领域，包括联合项目、合资公司等。同时，“沙特—日本商业理事会”在推动沙特和日本经贸关系方面做出了巨大的贡献。在报告中，蒂尔基斯坦尼先生还向我们展示了一份详细的经济统计数据，以说明当前沙特同日本的贸易额巨大，表明阿拉伯方面，特别是沙特方面十分愿意推动两国友好的经济关系走上一体化进程的战略转变。蒂尔基斯坦尼先生强调，沙特阿拉伯和日本的关系不仅仅局限于石油合作，两国在各领域的合作前景都十分广阔。根据沙特和日本几所大学的合作项目，目前有320名沙特留学生在日本学习。

日本国会议员Toshi acai Koizumi先生在研讨会上做了名为“日本—沙特——通往未来的对话”的报告，在报告中他提出，两国的外交关系始于石油，之后便朝着多元化发展，并开展了相互派遣对外交流使团等活动，由此可看出两国的外交关系从物质交流上升到人员交流的高度。同时Koizumi先生还提到沙特妇女地位的提高与伊斯兰教对妇女的关怀问题，他还提到了2008年建立的“沙特议会议员和日本国会议员联盟”及其发展目标。

在研讨会上，日本的政治家还回顾了两国文化合作项目以及这些项目在推动两国双边关系上发挥的作用。他们强调了加强高等教育合作的重要性，因为高等教育是发展的第一推动力，未来，沙特和日本的关系应该建立在扩大高等教育领域的投资基础上。

在研讨会上，来自两国的与会者就如何加快两国关系发展、如何促进两国经贸交流、如何推动两国友好关系向全面合作伙伴关系转变等问题做了精彩的报告。与会者有以下几项重要观点：第一，两国双边关系应该全方面发展，贯穿政治、外交、经济、文化、教育各领域；两国建立合作伙伴关系的内涵丰富，沙特阿拉伯拥有丰富的自然资源和财力，日本拥有丰富的经验和科学技术。沙特作为最大的石油天然气输出国，而日本是世界上第二大能源消费国。日本经验和科学技术，是沙特在建设知识型社会过程中所需要的，日本能够帮助沙特在构建知识型经济的过程中发挥积极作用，而这需要两国加快建立合作伙伴关系，将两国签订的协定落到实处，推动两国经济、政治、科学技术关系向前发展，密切两国企业家特别是工业领域的企业家关系，加大能够加强两国伙伴关系的项目的投资力度。第二，通过商业机构以及机场、码头窗口，简化代表团同企业家的签证手续，为两国驻对方国家使馆内商业官员、文化官员提供便利，从而更好地促进两国经济、科技活动，增强文化产业活力。

第三，为增强两国大学以及学者的直接交流，增加两国人民的相互认识，两国政府将举办更多的项目交流、图书交流、文献交流，互办技术、科学、文化展览等。第四，鉴于水资源在实现可持续发展、改善人民生活水平上的重要意义，双边需要加强污水处理和水资源管理领域上的人力资源开发，进一步推动该领域专家学者的互访、经验与信息知识的交流。日本水利电力部门、经济产业省与国土交通省于 2010 年 10 月 10 日同沙特在污水处理和水资源管理领域签订合作协议。

在研讨会的最后，沙特大使强调，沙特高度重视发展同日本的友好关系，两国自建交以来，已经走过 50 多年历程，大使还指出沙特拥有丰富的投资机会，并鼓励更多的日本人到沙特投资。此次研讨会围绕加强两国经贸关系展开，希望两国的友好关系能带动两国贸易额的增长，推动两国投资与贸易发展，以带动两国间的合作，加快建立战略伙伴关系，发挥两国私有部门在经济发展中的作用，推动投资发展。而这也要求消除两国间的贸易障碍，密切两国高层互访，积极举办经贸代表团交流活动，以推动两国经贸关系向前发展。

日本方面也表示希望进一步加强同沙特全方位多领域的经贸合作，参与并帮助沙特的经济发展，日本重视商业在推动两国经贸关系中所起的作用，并大力赞赏了由商会主办，沙特—日本商业理事会协办的研修班，该研修班起到了加强两国贸易合作与投资的功效。同时日本对两国共同创立培训学员所取得的丰硕成果以及沙特学员的杰出表现表示赞赏。

2011 年，杰纳迪里亚（Jenadriyah）文化遗产节上日本馆吸引了 30 万名游客前来参观，其中大部分是沙特青年，这反映了沙特与日本的文化合作前景广阔，而这在几十年前还是一个不可企及的梦。

当前，沙特社会快速发展，沙特 30 岁以下人口不断增多，约占总人口的三分之二。这也表明，沙特拥有丰富的人力资源，而沙特丰富的自然资源也保证了沙特人民的美好未来，并推动沙特同日本未来关系的发展。

2012 年 2 月 3 日，沙特《东方报》发表一篇名为《沙特同日本签订关于在房地产部门与水利部门引进日本产业与技术协定》的报道，报道中指出该协定在沙特—日本商业理事会第十五届代表大会间隙时签订。沙特驻日本大使阿卜杜勒·阿齐兹·蒂尔基斯坦尼先生指出，该协议意义深刻，能加快沙特技术国有化进程。该协议同沙特政策相符，推动沙特同工业大国间关系健康发展，为两国的投资创造平等机会。当前日本同沙特的往来不仅仅局限于石油，两国的关系也被赋予了新的含义，朝着多层次的战略合作关系方向发展。两国加大工业投资与中小企业的扶持力度，重视水利部门以及其他与后勤服务相关的行业的发展。日本作为一个工业大国，在与世界许多国家合作的过程中积累了丰富的基础设施建设的经验。那么，要如何说服日本公司和私营部门将其技术和产业带进沙特？首先，沙特必须摆脱依赖石油及石油制品的经贸关系。两国开展“引进日本产业与技术进沙特”的计划，该计划包括在沙特建立智能城市，在沙特大学内设立技术中心，还包括对 28 座工作城市的服务。日本是沙特最大的贸易合作伙伴，在 2011 年沙特对日本的出口额达到了 1356 亿里亚尔，占到沙特总出口的 14.4%，而日本也成为当年沙特最大的进口国。

据《黎巴嫩电子报》2012 年 4 月 4 日报道，日本驻沙特总领事吉田先生在《利雅得报》的一次采访中，对日本与沙特的密切合作关系表示赞赏。日本是沙特最大的石油进口国，每年沙特对日本的石油出口额达到 360 亿美元，占到日本石油进口总额的 30%。与此同时，日本对沙特投资额达到 120 亿美元。两国间的重要合作项目还有拉比格炼油厂项目以及数个石油化工项目。此外，日本对沙特的出口额达到每年 80 亿美元。

2012 年 7 月 11 日，沙特《利雅得报》发表了一篇日本驻沙特大使远藤茂（Shigeru Endo）先生名为《沙特同日本合作伙伴关系成果》的文章，文中指出，自 1955 年日本同沙特正式建交以来，两国在 57 年的交往历程中，建立了牢固的伙伴关系，建交后，两国的双边关系特别是经贸关系不断发展。沙特是日本主要的石油进口国，也是日系车的主要出口市场之一，两国的合作项目不断增加，领域涉及石油、电力、工业，日本也是沙特最大的投资来源国。在文化领域，两国在继承、保护传统文化上相互交流经验。此外，两国在阿拉伯地区经济发展过程中发挥了重要作用，并积极参与维护中东地区的和平与稳定，其中包括建立公正和平的巴勒斯坦。同时远藤茂大使还指出在过去几年两国在各个领域的合作中所做出的不懈努力，包括水资源、能源、教育、人力资源开发、医疗、青年交流、女性等领域，并积极组织地方代表团互访、文明间的对话等。在水资源方面，两国于2011年签订了在私人部门和公共部门合作的框架下，对水资源进行监管的协定；工业合作方面，两国签署通过了6项位于沙特的投资项目；人力资源开发方面，除了日本国际合作署举办的几个有建设性的活动外，还有2000多名沙特青年在日本四所专业中心接受教育，将会成为汽车行业、塑料行业、家电行业以及电梯制造行业的技术人才；在能源领域，两国在太阳能等新能源领域的合作密切，并在冲绳岛上设立储备油仓用于储备大量原油。当在日本发生大地震时，沙特及时向日本灾区一次性输送了价值2000万美元的液化天然气。医疗领域，两国签署协定，举办数场该领域专业学术论坛。两国大学将签署合作协定，鼓励两国青年交流互访，向沙特女性介绍日本文化，在沙特民间推广学习日语。这些项目的开展，鼓励越来越多的沙特人，特别是沙特青年开始关注日本。

三、日本与阿联酋经贸关系发展史

日本同阿联酋经贸关系历史悠久，可以追溯到阿联酋建国以前，当时，两国便已经有了经贸往来。20世纪60年代，阿联酋发现大量石油，从此阿联酋走上石油贸易的道路，从那以后，日本公司开始进驻阿布扎比。当时日本是第一批承认阿联酋这个联邦制国家的国家，并于1972年同阿联酋建立外交关系。

阿联酋同日本关系友好，两国利益息息相关。日本作为阿联酋最大的贸易伙伴，阿联酋从日本进口其绝大多数所需品，日本从阿联酋进口大量石油及其衍生产品。两国友好合作关系已经进入了全面发展的新阶段，涉及经济、科技等领域。

石油危机后，为巩固两国友好关系，两国高层互访不断，探讨共同关注的政治经济问题。日本官员强调要公正解决巴勒斯坦问题，并对阿联酋建国以来发生的翻天覆地的变化表示赞赏，特别是在建筑和工业领域的发展。1990 年 5 月阿联酋总统扎耶德·本·苏尔坦·阿勒纳哈扬访问日本。在此次访问中，扎耶德总统向日本官员表示，阿联酋高度重视发展同日本的全方位的友好关系。扎耶德总统此次日本之行对阿联酋在国际舞台中的政治地位产生了重要的影响。而在国际舞台上的政治地位是海湾阿拉伯国家战略构建的基本点，这会影响到其和平与稳定，并在海湾阿拉伯国家与友国合作的过程中起到很大作用。当前的世界政治经济局势风云变幻，从而使得地区国际局势的不稳定因素不断增加，而政治地位的提高能增强阿拉伯国家的国际地位，为阿拉伯国家注入新动力。

阿联酋同日本经贸关系不断向前发展，两国加强合作伙伴关系以实现互利共赢，特别是在石油、贸易、投资等领域的合作。值得一提的是，两国的经济方针在两国经贸关系发展中起了显著作用，两国政府一直实行开放的自由贸易政策，开放市场，促进商品、服务、资本的自由流动，加强改善投资环境，举办国际展览会并建立自由贸易区。

阿联酋是海湾阿拉伯地区稳定的金融中心，而日本是东亚重要的研发制造中心，两国在地区贸易中都扮演着重要角色，并推动着世界经济贸易的发展。两国在地区以及国际舞台的重要地位，推动两国建立平衡并富有成效的双边经贸关系。两国的交流不仅仅局限于经贸领域，还拓展到文化、艺术、旅游等各个领域。

在过去 6 年，阿联酋同日本的经贸合作实现了飞跃，涌现出许多银行和金融机构，工业投资不断增加，商品贸易持续发展。两国具有强劲的竞争优势，2006 年，日本对阿联酋出口额达到 40 亿美元，同年日本从阿联酋进口的石油、天然气和矿产资源总额达到 32.5 亿美元。

2006年6月23日，《阿布扎比经济报》发表了一篇关于阿联酋同日本经贸关系的新闻。这条新闻指出，阿布扎比经济发展局主席穆罕默德·奥马尔·阿卜杜拉同日本中东合作中心主席Tadatsuna Koda先生进行会谈，商讨阿布扎比同日本的经贸关系前景，以及阿布扎比—日本经济理事会的任务与其在两国经贸往来中的作用，同时，穆罕默德·奥马尔·阿卜杜拉建议设立委员会，以协助经济部门工作，推动两国双边经贸关系向更高层次发展。日本代表团详细回顾了日本中东合作中心在过去所取得的成就，并介绍了下一阶段的工作，同时指出，日本中小企业重视并希望进军阿布扎比市场，而这得力于日本中东合作中心在日本私企间的大力宣传，目前在阿布扎比的日企主要来自电子工业领域。现在，越来越多的日企希望能够去阿布扎比进行实地考察，了解日企在阿布扎比的情况，并希望参与阿布扎比—日本经济理事会第二届理事会，与他们在阿布扎比的同行合作。

日本方面多次表示希望加强同阿联酋的经贸关系，阿联酋拥有良好的投资环境、开放的市场，这使得阿联酋成为得力的合作伙伴。阿联酋是“日本制造”在该地区的主要市场，促使越来越多的日本企业涌入阿联酋。阿联酋作为地区转口贸易中心，成为日本企业打入该地区其他国家特别是海湾国家的重要窗口，从而提高了日本对该地区其他国家的出口额。

两国经贸关系快速发展得力于以下三方面：1. 两国对彼此的重视；2. 日本科技革命后，经济快速发展，成为当今世界最大的经济体之一；3. 阿联酋积极推动科学技术现代化，从而促进经济发展。得力于两国优越的地理位置、和平往来、在经济发展中把握时代精神并紧跟时代步伐以及相互开放等因素，阿联酋同日本的经贸关系成为亚洲范围内的合作典范。2009年上半年，日本同海湾六国的贸易额同比增长3.34%，达到238.49亿美元。目前，在阿联酋的日本企业代表处达350个，单是迪拜一个酋长国就有280个日企代表处。阿联酋是海湾六国中日本最大的出口国，阿联酋对日本的出口额占到海湾六国总出口额的35%，接下来是沙特，占到总出口额的33%。

2010 年，两国贸易额同比增长 32%，达到 980 亿迪拉姆（约 270 亿美元）。同时期，阿联酋对日本出口额同比增长 36%，达到 780 亿迪拉姆（约 210 亿美元）。2010 年，阿联酋贸易顺差额同比增长 44%，达到 580 亿迪拉姆（约 160 亿美元）。

2011 年第一季度，阿联酋从日本的进口额从 2010 年第一季度的 35.7 亿美元下降为 31.7 亿美元，下降的原因有：1. 受日元汇率上涨影响；2.2011 年 3 月 11 日，日本大地震给日本造成了巨大的人力物力损失。日本产业面临严峻的物流危机，导致日本汽车行业萎缩，当时许多的汽车厂都停工，从而造成了 2010 年 3 月至 5 月，日本出口受到巨大影响，但几个月后就恢复正常。

截至 2011 年 10 月，日本从阿联酋的进口额达到 354 亿美元，同比增长 50.8%，与此同时阿联酋从日本的进口额达到 60 亿美元，同比下降了 1.1%。2010 年上半年，两国的贸易额达到 238 亿美元，同比增长 30.5%，增长的原因一方面是物价上涨，另一方面是日本增加了从阿联酋的石油进口，同时也受到日元汇率上涨的部分影响。

阿布扎比经济发展局 2012 年 8 月 20 日发表的报告中显示，阿联酋是日本在海湾地区最大的贸易伙伴。2010 年，阿联酋从日本的进口额约占海湾地区总额的 37%。阿联酋从日本进口的产品以汽车、电子产品、机械、纺织品为主，而阿联酋对日本出口的产品以原油、天然气为主。该报告还提到将在东京举办“2012 年阿布扎比—东京投资论坛”，同时还指出，阿联酋和日本的经贸关系实现了很大的飞跃，表明两国关系具有战略性质，两国政府将继续发展两国经贸关系，以加强两国交流，促进两国经贸往来和投资。阿联酋和日本需要不断交流，寻求未来的发展战略，为两国开展业务提供更好的环境。

四、日本与科威特经贸关系发展史

日本与科威特两国经贸关系始于 1958 年，两国于 1961 年正式建立外交关系。

在科威特独立后，日本是第一批同科威特建交的国家，1963 年，日本在科威特设立大使馆，随后两国经贸关系快速发展，政治、议会、经济、文化、新闻等各个领域的官方代表团互访不断增加。

1968 年，科威特国家石油公司 (Kuweit Petroleum Corporation) 在东京设立代表处，这是科威特国家石油公司在亚洲设立的第一个代表处。代表处的成立代表着日本成为科威特石油出口的重要市场之一，据悉科威特对日本的石油出口额占到科威特原油出口总额的 20%。如今，日本是科威特第三大贸易伙伴。

2004 年 7 月，时任科威特首相谢赫萨巴赫・艾哈迈德・贾比尔・萨巴赫对日本展开历史性访问。2007 年，时任日本首相安倍晋三对科威特进行访问，次年，时任科威特首相纳赛尔・穆罕默德・艾哈迈德・萨巴赫对日本进行访问。

在 2004 年召开的科威特—日本峰会上，两国决定于 2008 年成立日本国政府同科威特国政府共同委员会。成立该委员会的目的在于加强两国全方位的友好合作关系，特别是增进两国经贸领域上的合作。

2008 年，科威特—日本贸易委员会正式成立，随后两国为活跃在石油、天然气、技术转让、管理培训、金融投资、海洋捕捞、文化等领域的合作，设立了科威特—日本企业家委员会。科威特财政大臣阿纳斯・萨利赫呼吁更多的日本企业家能投资科威特贸易、工业、旅游等各个行业。同时两国私营部门也呼吁两国官员能加强协调，消除贸易障碍，举办更多工业贸易领域的活动，加强两国之间的相互投资，共同推动两国旅游业形成互利共赢的局面。

2009 年 12 月 11 日，科威特财政大臣在科威特外交部官邸同日本官员进行会谈。此次会谈主要讨论了如何加强两国经贸关系以及如何鼓励日本企业到科威特投资，特别是在高新技术领域进行投资，以实现两国经济社会发展，造福于两国人民。科威特政府鼓励日企积极参与科威特经济建设，并欢迎更多的日企到科威特投资。同时，两国就发展并保护两国相互投资与经贸合作的协议达成一致。

日本是科威特第三大贸易伙伴，日本政府发布的统计数据显示，两国的进出口贸易额从 2001 年的 15 亿美元提高到 2011 年的 140 亿美元，其中日本从科威特的进口额为13亿美元。

科威特—日本共同委员会在推动两国在贸易、投资、技术转让，以及石油天然气在内的能源领域合作上起到了很大的作用。2010年6月举行的科威特—日本共同委员会第一次会议上，两国就加强两国在新能源开发、节能、核能开发、水贸易、医疗旅游等领域上的合作达成一致。2010年2月，两国签订避免双重税收协定，旨在为两国的经贸往来和投资提供便利，而科威特也是海湾六国中第一个同日本签订避免双重税收协定的国家。2010年11月，两国签订关于相互保护和鼓励投资的协定。

2012年3月20日至23日，科威特埃米尔对日本进行国事访问。2012年3月24日，两国通过媒体发表了一份共同宣言，在共同宣言中两国政府表示愿意在各个层次进行全方位商谈，涉及领域包括政治、安全、经济、能源、投资、文化、科技、旅游、教育等，并强调了要加强两国经济和科技领域的双边合作，鼓励两国加强贸易与投资。2011年是两国建交50周年，此次访问进一步加强了两国友好合作关系。日本首相野田佳彦对自1963年科威特成立国民议会后进行的民主进程表示了肯定，并表示日本政府愿意支持科威特成为地区开发与民主的领头羊。同时，日本和科威特都表示愿意齐心协力，共同推动中东地区的和平、民主与繁荣。日本首相对科威特在日本2011年3月11日发生大地震后，援助日本500万桶原油和500万美元表示由衷的感谢。此外双方强调在和平利用核能领域上加强合作的重要性，科威特从日本东京电力公司福岛核电站核泄漏问题上吸取了经验教训。同时科威特埃米尔萨巴赫对日本在1990年伊拉克入侵科威特后对科威特重建过程中所提供的财力支持表示感谢。日本首相对2004—2008年科威特为日本自卫队向伊拉克人民提供人道主义援助过程中协助日本军事空运表示感谢。此外两国于2012年3月22日签订关于保护和鼓励投资的协定。

科方愿意尽其所能，落实两国签订的关于避免双重个人所得税征收和防止偷漏税协定。双方强调将于2012年重启日本同海湾六国自由贸易协定磋商，继续举办始于1995年的科威特—日本商业理事会年会。除此之外，双方还将举办科威特投资论坛，以商讨两国贸易、投资、工业、基础设施等各领域的合作。科方希望日本企业能积极参与科威特基础设施建设，并欢迎日本扩大对科威特基础设施建设的投资，例如能源项目、污水处理厂等，也欢迎日本代表团实地考察日本建筑公司在科威特的投资项目，例如基础设施、运输、旅游等。在水资源保护领域上，科方对日本参与人民发电站建设以及净化水工程中所取得的进步表示赞赏，而科威特方面也会积极协助该工程的实施。在环境保护领域上，双方都愿意加强两国环保部门的合作，提高环保意识。

五、日本与卡塔尔经贸关系发展史

1971 年，日本承认卡塔尔是一个主权独立的国家，自此两国开始友好往来。1972 年，两国正式建交，随后，两国间的贸易往来尤其是能源领域的往来不断发展，日本从卡塔尔进口大量液化天然气。经过 40 余年的发展，两国间的关系已经不仅仅局限于能源领域，还拓展到了教育、科技、文化、人道主义事业等领域。

在卡塔尔成立的卡塔尔—日本友好协会旨在增进两国的相互了解，促进两国经贸往来与文化交流，加强两国合作，鼓励两国间旅游互访，更多地举办能增进两国人民友谊的活动。卡塔尔—日本联合经济委员会每年都会举办部长级会议，以商讨能源、商贸、投资等话题。卡方欢迎包括三菱集团在内的日本企业加入卡塔尔科学技术公园，参与海水淡化领域基础设施建设，加强同卡塔尔食品安全领域国家项目的合作，加深两国教育文化互访，设立投资论坛。

20 世纪 90 年代起，日本为卡塔尔的液化天然气工业做出了巨大贡献，同时卡塔尔也为日本各个领域的发展做出了很大贡献。两国经贸合作关系稳定发展，在过去几年，日本一直都是卡塔尔最大的贸易合作伙伴。单是 2010 年一年，卡塔尔对日本的出口额占到卡塔尔总出口额的 32%，卡塔尔从日本的进口额占到了其进口额的 5%。

两国经贸往来和投资主要集中在能源领域，能源是两国战略经济合作伙伴关系的脊柱，卡塔尔是日本原油、天然气的稳定来源。2010年，卡塔尔向日本输出1.59亿桶石油，占到日本原油进口总量的12%，此外日本11%的液化天然气以及27%的液化气进口来自卡塔尔。目前卡塔尔是日本第四大能源供应国。

卡塔尔的许多大型项目，都由日本投资建设并借鉴日本经验。日本公司在卡塔尔的业务主要围绕建筑、货运、能源展开。日本对卡塔尔出口的产品主要有汽车、工业原料、电缆；而卡塔尔对日本出口的产品则以原油、液化天然气、液化石油气为主。

2012年，为纪念两国建交40周年，两国举办“卡塔尔—日本2012庆典”系列活动，并在两国举办各种文体、商贸活动，以展现两国风采，增进两国共同利益。

2012年3月25日，卡塔尔《私营部门》网站发表一篇名为《信任与利益的桥梁》的文章，其中提到，在过去40年里，卡塔尔同日本关系实现了很大的飞跃，两国间的合作范围不断拓宽，涉及政治、经济、教育、科学、技术等各个领域。当前，有40家日企选择在多哈设立其总部，在卡塔尔定居的日本人数量在过去6年里增长了7倍，已达到1400人。

2012年7月27日，为庆祝卡塔尔和日本建交40周年，举行了名为“珍珠—海之珍宝”的展览会。出席此次展览会的有卡塔尔博物馆协会的数名代表、文化战略关系处处长、日本大阪市立美术馆馆长蓑丰（Yutaka Mino）先生以及卡塔尔驻日本大使馆代表。此次活动由卡塔尔石油公司、卡塔尔天然气公司和卡塔尔航空公司主办。此次博览会独树一帜，是一次科学、历史和文化之旅。

六、日本与巴林经贸关系发展史

日本与海湾地区的经贸关系可以追溯到1880年，当年，日本政府派遣船只前往海湾地区，了解该地区的商品贸易，例如天然珍珠贸易以及人工珍珠贸易，而这也可以看出经济因素在日本同海湾阿拉伯国家关系中的重要性。

1932年巴林发现具有开采价值的石油；1933年，巴林向日本出口第一桶石油，标志着两国经贸关系的开始；1972年5月2日，日本承认巴林是一个主权独立的国家。1991年，时任巴林国王的伊萨·本·萨勒曼·阿勒哈利法对日本进行私人访问；2008年10月，时任巴林第一副总理的巴林王储萨勒曼·本·哈马德·阿勒哈利法对日本进行正式访问；2012年4月11日至13日，时任巴林国王的哈马德·本·伊萨·阿勒哈利法对日本进行国事访问。除此之外，两国间的高层互访频繁，这些高层友好访问推动两国友好关系向前发展，巩固两国共同关心的经贸关系和政治关系。

巴林是海湾地区的金融中心。巴林希望能通过加强中小企业的合作，将巴林打造成为日本出口以及展销“日本制造”商品和推广日本服务业的战略支点。巴林将致力于吸引日本企业家、日本游客以及日本公司前往巴林，参与巴林建设和投资，以加强两国间的友好关系。多项数据表明，巴林是世界上最适宜经商的国家之一，也是中东和北非地区企业投资贸易的最佳场所。

日本模式是第三世界国家效仿学习的典范。日本作为一个非西方国家，成为亚洲世界唯一一个顺利实现现代化的国家，从而摆脱了西方大国的欺凌。日本政府将“殖产兴业”“文明开化”和“富国强兵”三大政策作为建国的指导方针，形成具有其特色的日本模式。

巴林是第一个同日本进行文明对话的阿拉伯国家，在这之前日本同阿拉伯国家的交流都是无计划的间歇性交流。从巴林开始，日本与阿拉伯国家之间每年都开展有计划的文明交流。为响应日本外务省大臣河野雅治的号召，2002年3月在巴林召开了第一届“日本—伊斯兰文明对话”，直到2010年，该会议每年都在巴林召开。之后的三次会议，第一次是2011年在阿布扎比召开，第二次是2012年在约旦首都安曼召开，第三次是在2012年12月召开。

2012年，为纪念巴林和日本建交40周年，巴林国王哈马德·本·伊萨·阿勒哈利法对日本进行国事访问，并签订关于举办高层政治外交对话的协定，以加强政治经济领域的双边关系。同时，日本首相希望巴方能够减少对日本食品进口的限制。2012年4月12

日，日本同巴林签订关于加强两国军事关系的协定，协定包括进行日本海上自卫队同巴林海军的海上军事联合训练，并加强两国在人造卫星领域上的合作。巴林国王哈马德与日本时任首相野田佳彦在日本东京召开的峰会上以联合声明的形式发布该协议。

2012 年 4 月 14 日，《海湾新闻》网站上的一篇文章宣布，巴林—日本经济论坛将于 2012 年 4 月 13 日在日本召开。出席此次论坛的有日本中东合作中心代表、日本问题中东研究所代表、日本国际贸易促进协会代表、日本企业家工会代表。在此次论坛上，双方商讨了两国联合项目的建设以及如何推动两国经贸关系向前发展等问题，巴林并表示要学习日本在中小型项目开发中的经验。日本企业表示巴林作为日本在海湾地区开展业务的战略支点极具重要性。巴林的投资环境良好，经济开放，是日本企业家开展业务的良好场所，同时巴林的工业园区基础设施完善，为日本企业开展业务提供了良好的服务。虽然巴林领土面积小，但作为海湾地区的中心，拥有得天独厚的地理位置，特别是巴林—沙特阿拉伯跨海大桥建成，大大增强了巴林和海湾各国之间开展过境贸易的能力。此外，巴林方面还计划再建几条连接巴林和沙特的公路和铁路，以及一条连接两国的跨海大桥。

七、日本与阿曼苏丹国经贸关系发展史

阿曼苏丹国在海湾地区具有重要的地缘政治地位，它扼守着世界上最重要的石油输出通道——波斯湾的霍尔木兹海峡，日本 80% 的进口石油需要通过这一海峡。因此阿曼的和平与稳定牵动着日本与世界的神经。

2010 年 10 月 27 日，《阿曼报》发表了一篇日本驻阿曼大使的文章，文中指出据史料记载，日本同阿曼的友谊可以追溯到 17 世纪，两国的友好往来促进了两国经济关系的发展。目前两国在经济领域的双边关系不断发展，达到了前所未有的高度，涉及各个领域。

两国在经济领域合作密切，日本积极参与阿曼现代化建设，并

支持阿曼工业设施的完善、航运业发展，参与阿曼基础设施建设，如港口、道路、桥梁、炼油厂、化工厂等。目前，日本是阿曼最大的贸易合作伙伴，2008年，两国贸易额达到100亿美元，日本石油进口的10%来自阿曼。2010年10月12日阿曼方面一份报告显示，阿曼在日本全球贸易伙伴国中排名第33，在中东以及北非国家中排名第6。

过去，日本同阿曼两国经贸合作成就斐然，在此基础上，两国不断加强在新能源、科研等高新技术领域上的合作。阿曼奉行睦邻友好的外交政策，从而维护了海湾地区的和平与稳定，对此日本做出高度评价，并表示愿意同阿曼一道共同维护海湾六国的和谐与稳定。日本也将派遣海上自卫队军舰开赴索马里和亚丁湾协同抗击海盗，以共同维护海湾地区的和平稳定。尽管中东和平进程在短期内难以实现，但正是因为有了像阿曼这样的国家，中东地区的安全与稳定才得以推进。

经济因素推动日本同阿曼两国关系向前发展，两国私营部门交流密切，阿曼企业努力学习日本经验，发展替代能源，例如风能、太阳能等环境友好型能源。两国有组织地举办水资源、替代能源领域的经验交流活动，以加强两国经贸关系。当前，日本作为世界第三大经济体，在环境保护与和平利用自然资源上，已经成为世界的领头羊。日本希望通过日本中东合作中心推动日本同中东各国的经济合作伙伴关系向前发展，共同寻求更多的投资机会，推动各个领域的经验交流，从而活跃双边贸易往来和文化交流。日本同阿曼合作推动两国经济文化共同发展，是日本同其他阿拉伯国家学习的典范。

2010年2月8日，阿曼苏哈尔大学在校园内举办“日本日”系列活动，这表明了两国人文交流与合作日益密切，阿曼人民赞赏并尊重日本人民以及日本社会所遵循的行为规范和价值体系。阿方以及日方所举办的一系列正式或非正式的活动表明两国对加强双边友好关系的重视，并使双方人民更加了解阿曼人民和日本人民生活的各个方面以及他们的行为规范、道德规范与社会规范，同时也展现了两国因风俗习惯的差异而导致的不同。

2010年6月21日的一份报告中指出，两国高等教育领域的合作不断加强，阿曼高教部、阿曼高等院校同日本的大学和教育文化机构签署了一份加强合作的行动计划，以鼓励日本和中东地区互换学生学习交流。阿曼将加强落实教育领域特别是在科学技术领域的联合行动计划，让更多的阿曼官员学习日本的高新技术经验，加快阿曼传统管理模式向现代科技的转型过渡。

2010年10月6日，日本、阿曼两国在东京大学卡布斯苏丹阿拉伯研究中心落成仪式上签署了文化协定。2010年10月30日，《阿曼报》发表一篇名为《加强苏丹同日本的文化合作》的文章，指出设立阿曼卡布斯苏丹阿拉伯研究讲席项目是加强两国各领域友好关系历史进程中的重大事件，该研究中心的成立目标主要有以下两方面：第一，加强日本同苏丹的友好关系，同时带动两国经贸、教育、旅游、社会领域上的合作交流。东京大学阿曼卡布斯苏丹阿拉伯研究讲席是阿拉伯国家在日本设立的第一个研究中心，其重要性不言而喻。第二，阿曼在世界上多个文化首都都设立了阿曼卡布斯苏丹阿拉伯研究讲席，东京是阿曼在世界上设立该项目的第十四个国家，除东京大学外，阿曼还在海湾地区、北京大学、美国乔治敦大学、墨尔本大学、牛津大学、剑桥大学、荷兰莱顿大学设立了阿曼卡布斯苏丹阿拉伯研究讲席项目。阿曼方面希望通过加强阿曼同这些国家在教学科研上的交流合作，表彰各阿拉伯专业代表在研究领域发挥的开创性作用，以推动阿曼同这些国家在教育合作和创新交流领域的深入发展，此外在东京设立该项目也推动了日本同阿曼的文化交流，对于加强日本与阿拉伯国家大学和文化机构间学术交流，具有重要的作用。

2012年6月12日，在日阿建交40周年之际，《阿曼报》发表了一篇名为《阿曼同日本关系发展新愿景，呼吁深化两国私营企业间友好合作伙伴关系》的文章，文中指出，阿曼同日本的友好合作关系不断巩固，两国关系坚定前行，历久弥新，源远流长，经过40年的发展，仍旧焕发出新的生机和活力。日本在阿曼经济中占有举足轻重的作用，目前到阿曼投资的日本企业越来越多，双方贸易往来越来越密集，越来越多的日本企业参与到阿曼的基础设施建设中，特别是在电力、水利等阿曼政府重点投入的领域。

日本是阿曼第二大石油出口目的国，也是阿曼第二大出口国。越来越多的日本企业进驻阿曼，主要从事石油和天然气领域的工作。2011 年，阿曼向日本的出口额达到 49 亿美元，同年，阿曼从日本的进口额达到 34 亿美元。阿曼—日本友好协会在活跃两国合作、经贸往来上发挥着重要作用，并向两国企业家提供投资信息。日本驻阿曼大使说，阿曼向日本出口的产品主要是石油、天然气、墨鱼、鱼片和咖啡豆等，而日本向阿曼出口的产品 80% 是汽车。

日本政府向阿曼提供贷款，参与阿曼的建设和开发，并资助阿曼的技术管理培训项目，提供奖学金，为阿曼培养更多的技术管理人才。阿曼企业和经济组织，学习借鉴日本企业的成功经验，深化改革加快发展步伐，在日本企业的推动下，设立了阿曼经济特区。最近几年，日本企业参与阿曼经济建设的热情更加高涨，越来越多的日本企业涌入阿曼东部地区濒临印度洋的杜古姆 (Duqm) 港及其周边工业城市，参与该地区的石油天然气开采和工业开发。

阿曼同日本的经贸关系不断发展，除此之外，两国在文化、旅游、社会领域上也取得了很大进步，并在过去十年里举办了一系列文化活动，包括日本青年乘游轮访问阿曼，在阿曼中小学以及文化机构推广日语，在正式活动前互发贺电等。每年在阿曼举行的马斯喀特国际图书展中专设日本展台，展销的书籍以日语和英语为主。并且在阿曼的图书馆里也有很多关于日本的书籍，这些图书涉及语言、艺术、文学、社会、诗歌、戏剧、电影等各个领域。日本在教学领域上的课程设置、教学计划、教科书出版、教学方法、高科技手段使用方面经验丰富，阿曼教育界对此十分重视，并希望借鉴学习日本经验。

21 世纪的头十年，阿曼同日本的交流以经贸交流为主，现在两国希望进一步加强在文化、教育、社会领域中的交流与合作，并希望在未来能够实现全方位的合作格局。

八、日本与也门经贸关系发展史

“会议网”发表一篇名为《也门同日本的经贸关系存在第三国转口商》的文章指出，也门不是日本的主要市场，两国间的直接经贸往来较为缺乏，两国间的贸易主要通过第三国转手进行。也门从迪拜等海湾地区的其他市场进口日本产品。有70多家日本企业入驻迪拜，将日本产品卖往也门、伊朗以及部分南非国家。迪拜是中东地区最大的贸易中心和转口货物的集散地，地理位置优越，市场辐射面广，因此它被称为“世界最大的自由区”，而这也吸引了包括日本在内的世界各国投资者纷纷入驻迪拜。尽管也门消费者信任日本制造的商品，但两国贸易中第三国迪拜的存在是也门同日本进行直接贸易的最大阻碍，制约了两国间直接贸易的发展。

据也门军方报纸《9月26日报》网站2005年11月10日报道，也门总统阿里·阿卜杜拉·萨利赫对日本进行国事访问，希望共同寻求和创造合作新机遇，扩大经贸往来和投资范围，进一步深化两国合作关系。日本是也门11个贸易合作伙伴之一，在21世纪初，两国贸易往来实现了质的飞越，2004年，两国贸易额达到49亿美元。为促进两国经贸合作，两国签署一系列战略合作项目经济协定，以深化两国合作伙伴关系，例如建设也门海水淡化厂、修建大坝、扶持也门天然气发电新战略等，日本通过这些项目以支持也门的民主化进程和社会发展。近些年来，越来越多的日本企业表现出投资也门的倾向，日本将在也门亚丁自由贸易区设立工厂，生产汽车和电子产品。亚丁湾扼守红海与印度洋的出入口，是欧洲、红海至亚洲、太平洋之间的交通要冲，地理位置非常重要，是也门重要的贸易港口，日本高科技产品可以通过亚丁湾，辐射到中东以及非洲等周边地区。也门进出口贸易总体享有自由、宽松的经营环境，特别是在石油天然气和发电领域拥有丰富的经验，日本亚丁自由贸易区良好的环境也吸引越来越多的日本企业到此投资。同时，也门政府鼓励投资，并为其提供一系列优惠性政策。

日本希望加强同也门在各领域的友好合作关系，实现两国人民的期待，巩固两国互利共赢的合作伙伴关系。也门重视并欢迎日本企业到也门投资，并向其提供优惠政策，同时赞赏了日本在支持中东和平进程以及世界和平与稳定中所发挥的作用。

除了经贸合作外，日本一直是也门最大的捐赠国。1991年，日本向也门提供官方发展援助（Official DevelopmentAssistance）1亿美元，占到经济合作发展组织成员国（Organisation for Economic Co-operation and Development）当年援助总额2.2亿美元的45%。1998年，日本向也门提供官方发展援助6200万美元，占到也门当年受援助总额1.66亿美元的37%。2003年和2004年，日本减免了也门1700万美元的债务，2005年，为支持也门政府推动经济发展，日本又减免了也门800万美元债务。日本国际合作署向包括也门在内的世界多个国家提供官方发展援助，并加强在水资源问题、医疗卫生、教育培训、人力资源开发等各个领域的援助力度。此外，日本还将扩大其在也门对外援助项目的范围，促进也门农村发展，解决也门农村用水、贫困、环境污染等问题，提高也门捕捞技术、改善当地医疗条件、向也门民众提供职业培训，并进一步增加奖学金名额。日本对也门的对外援助推动了也门政治、民主、经济改革。日本多家金融机构表示愿意向也门提供低息贷款，用于也门发展项目的落实，其中包括也门天然气发电厂、也门Imran和Alberh水泥厂、也门天然气出口设备的建设。

当前，恐怖主义已经成为全球化时代影响人类安全的重要因素，为此两国加强反恐合作，共同应对恐怖主义。中东地区具有重要的战略地位，扼守世界咽喉要道，中东局势影响着整个世界的走向。为此，世界各国需要同心协力共同维护中东地区的和平稳定，特别是巴勒斯坦、伊拉克、索马里、非洲之角地区的和平。日本在世界反恐中发挥重要的作用，日本在中东的和平进程中占有举足轻重的地位。当时的日本首相小泉纯一郎强调了也门在地区及世界稳定中扮演着重要角色，并指出贫穷、失业、缺乏教育是滋生恐怖主义的温床，倘若不解决这些问题，反恐也不可能成功。恐怖主义是一个全球性问题，我们不能把恐怖主义的发展与特定的宗教、民族、人民、地区挂钩，把反恐怖主义作为反对某一民族、宗教的武器。

在技术合作领域，日本准备在也门设立技术和职业培训学院，并配备先进的设施和教学设备，从而为也门的发展培养更多技术型人才。在政治改革领域，日本宣布将支持也门进行民主过渡，并协助也门在政治多元化和多党制基础之上，通过大选实现政权的和平交替，并尊重也门人权和新闻自由，加强两国地方议会间的交往，相互学习经验，支持也门妇女提高政治地位。

近年来，也门石油产量开始呈现逐年减少的趋势，为了弥补石油出口收入下降带来的损失，也门政府开始考虑对天然气资源进行大规模的开发。同时为缓解电力紧缺的压力，并考虑到国际石油价格不断上涨，也门政府计划利用其丰富的天然气资源用于电力生产。日本公司积极参与也门天然气开发项目，包括也门天然气管道国内段铺设、400 兆瓦的马里卜省天然气电站、50 兆瓦的塞云（Seiyun）发电站、哈德拉毛省 50 兆瓦天然气发电站、哈德拉毛省赖扬医院项目等。

日本是世界经济强国，也门重视加强同日本互利共赢的合作伙伴关系。值得一提的是，两国关系也成为发达国家同发展中国家交流合作的典范。

2010 年 10 月 30 日，为支持也门加入世界贸易组织，日本同也门签署双边商品和服务市场准入协定，该协定的签署预示着也门加入世贸组织的准备工作进一步完善，同时也门加入世贸组织能提高也门同包括日本在内的世贸组织成员之间的贸易往来和投资合作。

2011 年 4 月 15 日，也门《共和国报》上刊登了一篇日本大使的文章，文中指出，日本支持也门当地的项目，并取得了实质性成果。日本同也门的合作主要集中在经济领域，日本政府参与援建也门多个工程项目，涉及水资源、医疗卫生和教育领域，这些项目都取得了巨大成功。除此之外，日本为也门当地中小型项目提供资金援助，并取得了很好的成果。这些项目主要集中在农村地区，积极解决也门人民最关心、最直接、最现实的利益问题，从而更好满足也门人民真实的需求。2010 年，日本对也门农村地区的援助金额超过 5000

万美元。

2011年，受日本大地震的影响，日本对第三世界的援助减少，唯独在也门增加了援助项目以发展两国在未来的双边关系，从中可以看出两国的密切关系，扩大两国合作范围，实现互利共赢是两国人民的共同愿望。

也门希望日本能增加对其援助力度，特别是在工业和投资领域，以减少也门的贫困人口。同时也门重视学习日本在工业和技术转移领域上的先进经验以实现也门工业现代化，从而推动两国合作向更宽领域、更高层次、更富成效方向发展。也门方面对日本在促进也门经济发展中发挥的积极作用表示高度赞赏，同时日本方面也强调日本将继续支持也门实现第四个五年（2011—2015年）社会发展规划，减少贫困人口，支持也门的安全、统一和稳定，从而实现地区的和平与稳定。

在2012年8月1日召开的“也门之友”会议上，日本驻也门大使Mitsunori Nami先生指出，日本将同世界一道继续向也门提供援助，帮助也门重建民主基础，实现“海湾倡议”，重建经济和稳定局势，并实现也门政权的和平更替。同时日本也呼吁国际社会加大对也门的援助力度，让更多的公司能到也门投资建设，开发也门自然资源，改善也门劳动力就业状况，加强适龄劳动力培训，从而推动也门的发展与稳定。

九、日本与伊拉克经贸关系发展史

根据日本驻伊拉克大使馆网站上的数据显示，日本同伊拉克的关系始于20世纪上半叶，1939年11月，日本在伊拉克首都巴格达设立公使馆，随后于1955年，伊拉克在日本首都东京设立公使馆。期间，两国始终保持高层正式互访。

1956年9月17日至10月9日，当时日本天皇昭和的幼弟，当今天皇明仁的叔父三笠宫崇仁亲王带领日本地质学家小组对伊拉克进行正式访问，此次访问期间，崇仁亲王会见了伊拉克王储，并参观了包括巴格达、巴士拉、塞马沃、摩苏尔、基尔库克在内的多个伊拉克城市。1957 年 11 月，当时的伊拉克王位继承人伊拉克王子阿卜杜勒·伊拉带领一高级代表团对日本进行正式访问。1960 年 1 月，两国公使馆也升格为大使馆。在 20 世纪末，两国间双边关系蓬勃发展，两国间投资与贸易规模不断扩大。

2003 年以来，日本政府一直坚定地支持伊拉克政府及其新民主政权。同年，在联合国的主持下，探讨援助伊拉克的国际会议在西班牙首都马德里召开。在会上，日本许诺向伊拉克提供 50 亿美元的援助资金，以及 35 亿美元的低息贷款，并向伊克穆萨纳省派遣维和部队，提供人道主义援助。伊拉克政府对日本为维护伊拉克脆弱的新兴民主政权所做的努力表示高度赞赏。

2004 年 5 月 22 日，日本外务省发表了日本中东特使有马达夫 (Tatsuo Arima) 的一份重要长篇报告，在报告中他详细地介绍了伊拉克当前局势不容乐观，呼吁国际社会能在联合国的领导下，同心协力，积极参与伊拉克重建。报告指出，日本已向伊拉克提供 15 亿美元援助资金，其中 8.5 亿美元通过联合国基金会对伊拉克进行援助。同时日本还与阿拉伯国家一道，在医疗服务、机场重建、电网修复等方面向伊拉克提供紧急救援。此外，日本还将向伊拉克提供 35 亿美元的低息贷款。在这份报告中，有马达夫先生还强调了文化在伊拉克重建中的重要意义，以及推动改革和发展的紧迫性，并对伊拉克在政治、行政、经济、社会各领域中出现的民主势头表示欣慰。他以日本 19 世纪明治维新为例，指出只有通过内部改革、推进现代化，才能实现伊拉克健康发展。同时，有马达夫特使还呼吁在未来应加强日本同阿拉伯国家的交流，并强调日本政府鼓励同阿拉伯国家之间任何形式的交流对话，以加强双方的理解。

伊拉克前总理努里·马利克分别于 2007 年 11 月、2011 年 11 月两次对日本进行正式访问。在 2011 年 11 月，努里·马利克同当时的日本首相野田佳彦签署一份关于成立伊拉克—日本联合经济委员会的协定，以鼓励日本资本参与伊拉克基础设施领域。同时日本承诺向伊拉克提供 7.5 亿美元贷款，用于恢复巴士拉炼油厂生产、发展电信行业、改善医疗服务条件。除此之外，伊拉克同日本间官员互访频繁，从而推动了两国双边关系健康发展。

根据 2012 年 5 月 30 日一家日本媒体报道，伊拉克同日本签订了一份关于投资的新协定，进一步深化两国双边贸易关系。日本外务大臣玄叶光一郎在部长级联合委员会闭幕式上指出，日本重视加强同伊拉克的石油外交，愿意参与伊拉克基础设施建设，并希望该投资协定的签署能够鼓励更多日本企业到伊拉克投资。据悉，2014 年两国将在巴格达签署另一份关于保护投资的协定。

2012 年 6 月 18 日，日本中东合作中心伊拉克办事处在巴格达举行开幕仪式，该办事处旨在为日本公司在伊拉克开展业务提供便利，并鼓励更多的日本公司到伊拉克投资。除此之外，日本将在伊拉克举办各类研修班、科研教学等活动，为伊拉克培养更多高素质技术人才，从而进一步发展日本同伊拉克的经贸关系，活跃两国间的投资与贸易。日本方面希望伊拉克能改善其投资环境，为日本公司在伊拉克开展业务提供便利以及更多的优惠政策。伊拉克是日本在中东地区重要的经济贸易伙伴，日本中东合作中心伊拉克办事处将同伊拉克国家投资委员会建立合作伙伴关系，为日本同伊拉克的合作奠定更良好的基础，开拓更大的发展空间。

越来越多的日本公司希望到伊拉克进行投资，参与伊拉克重建。2012 年 4 月，日本中东合作中心在东京举行研讨会，有超过 100 家日本企业参与了此次研讨会，并对日本同伊拉克未来的经贸关系表示乐观。战后的伊拉克像“二战”后的日本一样，将在重建和经济复苏的道路上加速前进，市场前景乐观。日本为伊拉克的重建提供了必要的经验和技术支持。伊拉克私营部门希望能同日本企业在各个领域建立战略合作伙伴关系，伊拉克政府希望能有更多的日本企业参与伊拉克各领域的建设，实现全方位的合作格局。

十、日本与叙利亚经贸关系发展史

2009 年 8 月 21 日至 22 日，在叙利亚首都大马士革召开了首次日本—阿拉伯联盟议会对话论坛，与会的有来自日本国会、绝大多数阿拉伯国家议会和阿拉伯各国议会联盟的代表，以及来自经济、政治、学术领域的人士。此次会议的目的是建立日本国会同阿拉伯国家议会间的友好交流机制。鉴于当前，日本在国际政治中发挥的作用日益凸显，日本希望以其强大的经济实力为基础，积极谋求政治大国地位，提高其在国际关系中的作用。在当前日本社会，阿拉伯问题的存在感较低，为此，此次会议讨论了两国间政治、文化、经济等领域的问题，并就双方议会共同关注的问题交换了意见。日本表示支持阿拉伯的正义事业，承认阿拉伯人对以色列占有土地的合法权益，支持巴勒斯坦人民恢复合法权利并在自己领土上建立独立国家，支持难民回归。

2010 年，叙利亚—日本商务理事会官方网站正式上线，该网站设立的初衷是发展两国经贸关系，促进两国投资与贸易的健康发展。2010 年 4 月 29 日，该网站上设立“日本办事处”专栏，为有意参与两国经济项目建设的叙利亚企业提供服务和咨询。该网站上，不仅仅有叙利亚的经济咨询，还有来自各个阿拉伯国家的信息。日本有超过 1.2 亿人口，国内市场广阔，消费能力高，拥有丰富的高素质人力资源，是叙利亚商人乃至阿拉伯商人理想的出口目的国。

日本政府欢迎国外投资，并不断改善日本国内投资环境。日本外贸组织 (JETO) 致力于向外国投资者提供帮助、投资咨询和指导建议。1998 年，JETO 开始关注投资贸易领域的经济考察与研究，加强区域发展研究的支持力度。JETO 在五大洲设有 76 个办事处，为当地的投资发展机构提供投资信息、经济可行性分析，并为日本企业家提供便利。对于叙利亚以及阿拉伯出口商而言，日本拥有广阔的市场以及丰富的投资机会，日本具备丰富的发展经验，可供叙利亚、阿拉伯投资者学习借鉴。近年来，有越来越多的日本中小企业也走上了国外直接投资的道路。

高精密电子设备在叙利亚仍旧欠缺，为此叙利亚萨阿迪公司与日本丰田公司合作，并在叙利亚教育部的支持下，在叙利亚大部分省份设立研究所，提供技术培训，为叙利亚培养高新技术人才。依靠着电子控制设备的进步，现代汽车技术不断提升，汽车性能不断加强并且更加环保。但这也需要更高技术水平做支持。对此，日本丰田公司制订一系列培养计划，提高叙利亚汽车技术人员的技术水平。除此之外，日本丰田还在全球许多院校、研究所开展技术培训，以提高外国汽车制造技术水平。据统计，日本丰田公司在全球超过60个国家设有337所汽车研究中心、培训学校。2000年、2001年、2002年，丰田公司先后在大马士革工业第二研究所、塔尔图斯工业研究所、阿勒颇工业研究所开设技术培训项目；2003年，丰田公司向塔尔图斯工业研究所提供一批新设备；2004—2006年，丰田公司先后向大马士革、塔尔图斯、阿勒颇工业研究所提供新设备；2008年，丰田公司向霍姆斯工业研究所提供技术设备；2010年，丰田公司计划向拉塔基亚工业研究所提供技术设备。这些技术设备主要有液压助力转向器零件、汽车夹阀零件、发动机零件，此外还有汽车电路原理图、培训小册子等。两国计划创办叙利亚—沙特高等研究所，而这需要日本汽车公司的大力支持，向叙利亚传授最新的技术经验。

2012年8月19日，叙利亚 kassioun 网上，介绍了叙利亚同日本的经济合作项目。2010年3月5日，叙利亚政府同日本政府在国际计划署签订协议，日本将向叙利亚太阳能光伏发电系统项目提供价值5.6亿日元（约合600万美元）的经济援助，用于在大马士革与约旦边境国道上安装200个光伏发电系统。该光伏发电系统包括太阳能电池组件、蓄电池组、光伏等。日本政府和人民支持叙利亚经济社会发展，并为其提供资金援助。2008年，叙利亚加入由日本政府发起的减少温室气体排放，遏制全球变暖倡议。叙利亚太阳能光伏发电系统项目将有效控制叙利亚化石能源消耗，减少温室气体排放。日本驻叙利亚大使回顾了在过去几年，叙利亚同日本的经济合作项目，肯定了两国政府以及人民之间，合作密切，友谊深厚。两国政府签署了多项协定，其中包括关于提供高等教学设备协定、关于提供固体废物处理设备协定、两国计划署关于向叙利亚高等教育部提供价值2400万日本（约合27万美元）的文化奖学金、技术设备的协定，该技术设备主要用于加强阿勒颇大学日本学术合作中心的科研与学术研究。

叙利亚同日本在经济、科学、技术等各领域上的交流越来越密切，日本政府向叙利亚提供了大量经济援助，协助叙利亚开展技术合作项目，以推动叙利亚科学技术发展。日本同叙利亚签署科技合作协定，并向叙利亚提供文化奖学金；在古迹修复、勘探和保护领域，两国政府签订一系列协定，日本政府向叙利亚提供古迹、文献的修复、保存设备，以加强叙利亚文物保护；日本向叙利亚提供电视演播室设备，用于制作教学影片和文化教育节目；为深化两国在学术文化领域的交流合作，日本政府出资改善叙利亚日本研究中心的教学条件；日本设立奖学金鼓励叙利亚被占领戈兰高地的学生努力学习。此外，叙利亚高等教育部多次表示希望在教育领域同日本加强合作，并多次强调语言在拉近两国人民文化交流上的作用，计划在叙利亚各高校开设日语系，加强叙利亚日语教学，增进叙利亚和日本高校间的学术交流。叙利亚部分研究所和高校已收到日本捐助的教学视听设备，包括投影仪、DVD 播放器、CD 播放器、音响等。在大马士革日本研究中心安装有先进的教学设备，用于开展中心的学术文化活动。成立于 1995 年的大马士革日本研究中心是叙利亚日语教学中的领头羊，日本政府向该中心的叙利亚学生提供政府奖学金，鼓励他们到日本继续学习。

在固体废物处理方面，日本政府向叙利亚提供 9.85 亿日元（约合 1000 万美元）的资金援助，向叙利亚多个城市提供 92 个固体废物处理设备，改善霍姆斯省、哈马省、伊德利卜省、苏韦达省、拉塔基亚省、大马士革固体废物的收集、处理能力。此外日本政府还向叙利亚提供官方发展援助，其中最突出的有向叙利亚农业部提供的专项经济援助用于提高粮食产量，资助叙利亚卫生部的救援系统，资助叙利亚住房和建设部改善供水设施，资助叙利亚灌溉部改善水文气象监测系统，以及分两阶段设立电力培训中心，资助叙利亚地方行政部改善大马士革的消防系统、改善大马士革和阿勒颇的卫生系统，提供将有机固体废物转化成高效有机肥料的技术和设备。

叙利亚同日本双边经贸往来不断发展，日本政府向叙利亚提供技术、资金援助，以推动叙利亚经济、文化、社会各领域向前发展。2011年，叙利亚发生大规模民众抗议活动，随后演变成政府军同反对派的武装冲突，叙利亚内战导致大规模平民伤亡，遭到日本强烈谴责，并终止了对叙利亚所有援助项目，两国外交关系陷入谷底。

十一、日本与黎巴嫩经贸关系发展史

1953年，日本同黎巴嫩签署航空合作协定，而这份协定也是双方签署的第一份协定。随后，1954年9月，日本在黎巴嫩设立公使馆，标志着两国外交关系的开始。1957年4月，黎巴嫩在日本首都东京设立公使馆。1959年，位于贝鲁特的日本公使馆升级为大使馆。1969年，两国签订关于海运合作协定和免税协定。20世纪60年代，两国经贸关系发展情况良好，贝鲁特作为当时中东地区的金融中心，受到日本企业的高度重视，在贝鲁特投资的日本公司达到124家，当时在贝鲁特定居的日本人达1500人。

1962年1月第15期的《阿拉伯先锋》杂志中，刊登了贝鲁特—利雅得银行董事会主席皮埃尔·埃迪的一次访谈。此次访谈，主要围绕皮埃尔·埃迪先生日本之行展开。1962年9月，皮埃尔·埃迪先生应日本多个经济组织的邀请对日本进行访问，此行硕果颇丰。在访谈中，皮埃尔·埃迪先生介绍了此次访问的成果，尤其是日本同黎巴嫩以及阿拉伯国家建立起经济关系，以及日本同西非国家中的黎巴嫩侨民建立的经济关系。在日本企业家访问黎巴嫩期间，以及皮埃尔·埃迪先生的日本之行中，皮埃尔先生同日本企业家就日本同黎巴嫩以及日本同阿拉伯国家在经贸合作领域上的问题，交换了意见，指出双边开展经贸合作将对各方都产生积极影响，并且刚刚实现独立的西非国家也能从日本的发展经验中受益。当时的西非国家亟须技术、资金援助，在西非投资的黎巴嫩商人要密切关注西非国家发展动态及未来。而开展双边合作，首先需要合作性融资机构的支持，为各类投资项目融资以及提供贷款。该融资机构可为阿拉伯地区以及西非国家的发展提供长期贷款以破解长期项目的融资瓶颈。日本在工业领域经验丰富，黎巴嫩以及阿拉伯国家在贸易领域经验丰富，双边的合作能弥补各自发展中的不足，发挥各自的长处，相辅相成，共同发展。皮埃尔·埃迪先生在访谈中还指出，在去年的西非之行途中，他萌生了同日本建立经济关系的构想，西非的黎巴嫩侨民迫切希望能将他们的贸易活动升级为工业活动，以支持黎巴嫩国民经济的发展，但这一转变需要一个在该领域有丰富经验的工业合作伙伴的支持，这个合作伙伴最好拥有强大的科技实力，同时在非洲地区没有殖民背景和政治上的冲突。而日本正好都符合这些条件，并且日本也希望能加强和世界各国的经贸合作，推动国民经济向前发展。1961 年，皮埃尔·埃迪访问西非后，该杂志便对皮埃尔·埃迪先生进行了一次访谈，讨论黎巴嫩以及阿拉伯国家同西非国家在经贸领域合作的可能性。

1975 年黎巴嫩内战爆发，大部分的日本企业离开黎巴嫩，黎巴嫩内战一直持续到 1989 年。1986 年，日本关闭日本驻贝鲁特大使馆，直到 1995 年 2 月，日本大使馆重新开放。随后，两国经贸关系发展进入新阶段。根据 2009 年统计显示，在黎巴嫩常住的日本居民只有 74 人，在日本常住的黎巴嫩居民只有 98 人，这表明，受黎巴嫩内战的影响，大量黎巴嫩的日本常住居民返回日本，这个情况直到现在也未能得到改善。

2001 年 2 月 5 日，黎巴嫩作家塔里格在《中东报》上发表一篇名为《黎巴嫩总理哈里里对日本进行正式访问，商讨两国经贸合作与中东和平问题》的报道，其中写到，此次访问为期 3 天，同行的有黎巴嫩外长、财务部长、经贸部长，黎巴嫩中央银行行长等。由此可看出两国对加强日本—黎巴嫩经贸关系的重视，以及双方希望在政治、经济、金融、文化等各领域加强双边合作。

日本一贯支持黎巴嫩维护主权独立和反对外国入侵、干涉其内政的斗争，并坚持以色列应无条件执行安理会 425 号决议，从黎南部撤军，并通过和谈方式解决两国间存在的问题。日本参加了 1996 年在华盛顿举行的“黎巴嫩之友”会议，并表示日本愿意在黎巴嫩投资委员会的带领下，参与黎巴嫩战后重建，加强两国经贸合作，并向黎巴嫩提供日本在高新技术领域中的发展经验。

受黎巴嫩内战影响，日本航空公司取消经停黎巴嫩国际机场的航班，为了鼓励更多外国航空公司飞往贝鲁特，给黎巴嫩带来更多游客，黎巴嫩实施“开放天空政策”，黎巴嫩方面也希望日本航空公司能重返黎巴嫩机场。

1996 年 6 月，时任黎巴嫩总理哈里里（已故）对日本进行第一次访问，此次访问围绕经贸问题展开，日本同意向黎巴嫩提供 1.18 亿美元的贷款，用于黎巴嫩基础设施建设，包括修建供水网络以及污水处理系统，日本还将重新修改日本对黎巴嫩出口对策，以保障日本在黎巴嫩的投资。1997 年 11 月 3 日至 6 日，哈里里对日本进行第二次访问。在此次访问期间，日本同意提供 2.4 亿美元的资金援助，用于修建位于黎巴嫩凯赛尔旺的哈布鲁大坝和黎巴嫩舒夫山区的斯里兰卡大坝，以解决当地的饮用水供应问题，除此之外，日本还将向黎巴嫩大学提供 3000 万美元，用于更新教学设备。同月，一个由日本内阁代表和日本专业机构代表组成的代表团访问黎巴嫩，就如何分配对黎巴嫩的资金援助展开磋商。哈里里的日本之行进一步深化了日本和黎巴嫩的经贸关系。在这之后，日本官员多次访问黎巴嫩，1997 年 4 月，日本首相森喜朗作为黎巴嫩—日本国会议员友好协会主席，率领日本政府代表团访黎，在与黎巴嫩总理哈里里的谈话中，森喜朗说：“自 1992 年黎巴嫩重建以来，日本一直发挥着主导作用，在此，我们感谢那些为黎巴嫩重建而付出努力的人们。此外，黎巴嫩的重建和稳定不是以中东和平进程为代价的。”

黎巴嫩总理哈里里在日本共同通讯社（共同社）的一次采访中说道：“黎巴嫩是日本人了解阿拉伯世界最好的窗口，日本是我们的好伙伴、好朋友，两国在过去合作密切，在未来我们将增加两国间的互访，以进一步推动两国合作向前发展。”此外，哈里里还表示希望能够加强同日本的人文交流，希望能有更多的日本人到黎巴嫩旅游。据悉，当时居住在日本的黎巴嫩侨民有 50 人左右，居住在黎巴嫩的日本侨民有 57 人。哈里里对日本人和日本文化表示钦佩与赞赏，并表示黎巴嫩人民希望能进一步了解日本，强调加强文化交流的必要性以及希望日本能参与黎巴嫩歌剧院的修建工作。

在1992年、1993年、1996年爆发的黎巴嫩和以色列的冲突过后，日本向在冲突中丧生的9位黎巴嫩受害者提供资金补助，并向黎巴嫩大学、黎巴嫩发展和重建委员会、黎巴嫩教育研究与发展中心以及其他非政府机构、医院、中小学、研究机构提供资金援助。此外，日本还向黎巴嫩提供1.18亿美元的资金援助用于黎巴嫩海滩污染治理项目、修建供水网和污水处理系统。黎巴嫩和日本还签订了一系列协定，其中最突出的是《两国关于民用航空运输协定》《两国关于在空运和海运过程中所得和收入避免双重征税收入的谅解备忘录》《两国关于为公路项目提供技术援助协定》。

2000年，黎巴嫩向日本的出口额达到400万美元，黎巴嫩从日本的进口额达到1.44亿美元，形成日本贸易顺差的原因在于，黎巴嫩大量进口日本制造的商品，尤其是汽车、电子产品，但是黎巴嫩制造的商品却很难进入日本市场。

2002年3月发行的黎巴嫩《军队报》上，刊登了一篇名为《日本同黎巴嫩关于供水总体规划合作协定》的文章。随后，两国在黎巴嫩能源水利部签订《日本同黎巴嫩关于加强供水技术合作的协定》，两国计划在2030年，共同建设新的供水网络，全面覆盖黎巴嫩。日本计划搭建新信息平台，以配合地理信息系统(GIS)和遥感系统，向黎巴嫩现场工作团队提供技术指导。据悉，日本将对此提供1000万美元的资金援助。日本呼吁黎巴嫩工作团队应积极借助国际和当地的咨询机构提供的信息开展项目。

2007年3月21日，黎巴嫩《未来报》上发表了一篇新闻，报道黎巴嫩山省和贝鲁特农工商会联合会主席Quraytam先生会见日本驻黎巴嫩大使黑田义久先生，双方就如何加强双边经贸关系、实现发展交换了意见。黎方介绍了当前黎巴嫩经济发展状况以及经济发展过程中所面临的问题，并呼吁更多的日本企业家和企业能到黎巴嫩进行投资，将黎巴嫩打造成为日本商品销往中东地区的中心，同时黎方希望日本在制定经济政策时能给予黎巴嫩更多优惠政策。

Quraytam 先生在讲话中说到，希望能更好地发挥黎巴嫩–日本企业家大会的作用，建立起两国企业家的合作伙伴关系。另一方面，日本驻黎巴嫩大使黑田义久先生高度赞赏了黎巴嫩农工商会联合会在密切两国经贸关系上发挥的重要作用，并表示日本愿意同黎巴嫩一道，深化两国经贸关系，并将尽其所能提供帮助，为两国人民谋福利。

2011 年 3 月 27 日，黎巴嫩新闻部官方网站上刊登了一篇名为《黎巴嫩汽车进口受日本地震影响得到控制》的文章。根据世界银行估计，此次日本地震海啸对日本造成的损失金额将达到 1220 亿至 2350 亿美元，对日本经济造成了极大的负面影响。随着日本重建工作展开，经济增速会在未来几个季度回升，预计重建需要 5 年左右时间。除了直接经济影响外，日本福岛核电站有放射性物质泄漏将对日本带来极大危害。日本是阿拉伯国家尤其是海湾阿拉伯国家重要的贸易合作伙伴之一，而此次日本地震也给阿拉伯国家经贸往来造成负面影响，世行担心，经贸领域的负面影响会在阿拉伯地区尤其是海湾阿拉伯地区引发政治、安全领域的动乱。贝鲁特企业家协会主席尼古拉估计，受日本地震影响，日本 GDP 将被拉低 5%，约为 5.7 万亿美元，这迫使日本增加重建投资，减少消费，此外通货膨胀导致购买力下降，使得日本消费能力进一步萎缩。伴随着日本人口老龄化问题的加剧，日本的生产力也进一步下降，而福岛核电站有放射性物质泄漏也促使日本减少核能使用，更多地使用传统能源。

著名经济学家路易斯·胡贝卡称："日本是世界第三大经济体，当前世界正经历着石油危机、阿拉伯革命、经济危机等问题。始于希腊的欧洲债务危机，使投资者对希腊、西班牙等国的财政问题越发担忧，而无疑日本地震将使全球经济问题雪上加霜。目前，日本危机的影响进一步扩大，但影响仍未波及美国和中国，据悉美国对日本的出口额占其出口额的 5%，而中国对日本出口额占其出口额的 8%。"

黎巴嫩对日本出口产品以葡萄酒、啤酒、巧克力为主，日本对黎巴嫩出口规模小，每年在 200 万至 300 万美元，因此日本地震对黎巴嫩出口影响较小，黎巴嫩可通过增加对其他国家尤其是美国的出口以降低损失。黎巴嫩从日本的进口额在 6 亿至 8.6 亿美元，黎巴嫩从日本进口的产品 76% 是汽车，10% 是电子、机械产品。黎巴嫩进口来源多元，因此这次日本地震未对黎巴嫩的进口行业造成太大影响。日本公司在同外国企业开展贸易时以美元结算，因此，日元汇率上涨也未给黎巴嫩公司带来太大损失。

路易斯·胡贝卡提到，1996 年日本向黎巴嫩提供 1.2 亿美元的低息贷款，期限 25 年，年利率 2.5%，其中 7 年免息。除此之外，日本向黎巴嫩提供的资金援助达 28.5 亿日元，用于教育、文化、发展、医疗卫生、农村建设等各个领域。2009 年，日本向黎巴嫩提供 68.5 万美元资金援助用于改善黎巴嫩人民生活水平。这些年来，黎巴嫩的发展离不开日本提供的低息贷款，而当时黎巴嫩国债的利率为 8% 至 9%。

十二、日本与约旦经贸关系发展史

据日本驻埃及大使馆官网，在 1993 年，日本同约旦在日本联合举办过一次小型活动，约旦公主巴斯玛·宾特·塔拉勒 (Basma Bint Talal) 出席了此次活动，并同日本方面的代表会面交流。此次活动结束后，日本政府提议加强日本同约旦女性交流。1995 年，约旦王储哈桑·本·塔拉勒亲王访问日本，并同意从 1996 年起开始执行两国女性交流计划。

2010 年 1 月 28 日，据报道，约旦议会事务大臣同日本驻安曼大使共同探讨了如何加快两国在各领域以及议会事务上双边关系的健康发展。约旦议会事务大臣强调，约旦重视加强同日本的合作，深化两国双边关系，拓宽两国合作领域，日本—约旦国会议会友好协会的成立是两国友好合作关系的产物，以推动两国在议会事务上的经验交流并统一两国在重大事件上的立场。

日本向约旦提供了多项援助，涉及领域包括经济、投资、旅游、文化，以深化两国双边关系。在议会事务上，日本向约旦议会事务部开展的项目提供大力支持，以促进两国议会经验交流，相互学习。

日本驻安曼大使先生在一次讲话中提到，日本同约旦经贸关系不断发展，目前在约旦投资的日本商人超过 50 人，主要的日本大型企业都在安曼设立分公司以服务于约旦和伊拉克市场，目前还有许多日本商人计划开发约旦市场。此外，日本赴约旦旅游人数逐年增加，2009 年，赴约旦的日本游客人数超过一万。日本大使呼吁进一步拓宽两国合作领域，并鼓励在约旦开展日语教学。

2012 年 8 月 14 日，约旦规划与国际合作部官方网站发布一条新闻，指出约旦同日本签署贷款换文，日本国际合作署（JICA）将代表日本政府向约旦提供 120 亿日元（约合 1.56 亿美元）的低息贷款，用于约旦人力开发项目，改善约旦基础设施，并为约旦 2012 财年预算法案中的项目提供流动资金，这些项目涉及医疗卫生、兴业、教育培训、高等教育、职业教育。约旦对日本政府和日本各机构对约旦发展提供的帮助表示高度赞赏。2012 年，日本向约旦提供了两次资金援助。第一次是 2012 年 3 月，为支持约旦经济社会发展，日本向约旦提供 300 万美元援助用于购买新设备。第二次，为保障位于约旦和伊拉克边境的约旦中心的安全，日本向约旦提供 700 万美元援助完善该中心的安全系统。

日本希望加强同约旦在能源和新能源领域上的合作，并研究两国在该领域合作的可能性，日本愿意在能源领域向约旦提供资金、技术支持，以进一步深化两国双边关系。

十三、日本与巴勒斯坦经贸关系发展史

2012 年 5 月 2 日，巴勒斯坦工业城市和工业自由区委员会的官网上发布消息指出，日本外相玄叶光一郎将率日本代表团访问巴勒斯坦，参观杰里科工农业园区，商定同巴勒斯坦工业城市委员会的合作事项。出席此次活动的还有巴勒斯坦解放组织执行委员会代表赛义卜·埃雷卡特、巴勒斯坦房地产投资集团（Prico）董事会主席、约旦河谷和死海开发公司总经理、巴勒斯坦经济部副部长和巴勒斯坦工业城市委员会负责人。据悉，该项目将由巴勒斯坦房地产投资集团与巴勒斯坦投资基金会下属的约旦河谷和死海开发公司负责开

发和运作，日本政府将全力支持该项目。

杰里科工农业园区有望成为中东地区第一个工农园区，它将包括一系列工业设施和配套服务设施。该项目将分两期完成，总占地面积为 615 杜纳姆 (1 杜纳姆 =1000 平米)，其中一期工程占地 115 杜纳姆。杰里科工农业园区的设立，旨在通过一系列鼓励措施以及加强同各方的联系从而为园区内企业提供必要的基础设施与服务，加强巴勒斯坦的农产品对外出口，并为其开发新市场。据悉，一期工程将为该地区提供大约 700 个就业机会，该项目总预计将为该地区提供大约 8000 个就业机会。日本方面提出在约旦河谷建设巴勒斯坦“和平繁荣走廊”的倡议，加强巴勒斯坦私营部门的发展，夯实巴勒斯坦同地区其他国家间的经贸关系。巴勒斯坦“和平繁荣走廊”倡议，将由日本主导，在约旦河西岸巴勒斯坦城市杰里科建设一座农产品加工工业园区，确保巴勒斯坦农产品对外出口安全畅通。为此，日本政府将加强对杰里科工农业园区基础设施建设的支持，包括道路、太阳能发电站、一期工程水泵站、污水处理厂修建以及一期工程土地改良等。日本、以色列、约旦、巴勒斯坦四方联合委员会将就经济合作进行讨论，联合开发杰里科工农业园区，并通过经济合作的形式让各方获得利益，以此来重建巴以和阿以之间的互信，达到整个地区实现和平、共享繁荣的目的。

巴勒斯坦经济部副部长指出，杰里科工农业园区是本地区最重要的发展项目之一，具有战略意义，杰里科工农业园区的设立将推动地区工业、农业、贸易的发展。他还希望能将其打造成为吸引其他国家投资的平台，从而推动巴勒斯坦经济发展。巴勒斯坦投资基金会主席指出，工业、农业在国民经济发展中发挥着基础性作用，巴勒斯坦投资基金会重视加强在这两个领域上的投资与支持，该项目的实施符合基金会的战略政策，因此基金会将集中对以约旦河谷地区为首的巴勒斯坦地理战略区域进行投资。此外，巴勒斯坦投资基金会将在工业、农业、旅游业领域开展一系列项目，加强对中小型项目的支持，以改善其运营情况，为中小型项目的发展打开市场，创造更多的就业机会。巴勒斯坦房地产投资集团董事会主席强调公共部门和民营部门合作在推动巴勒斯坦经济发展中的重要性。巴勒斯坦房地产投资集团高度重视加强在工业区和工业城市的发展与投资，目前，该集团负责加沙工业区的管理工作。同时巴勒斯坦房地产投资集团董事会主席还指出，日本同巴勒斯坦两国人民有着深厚的友谊，希望日本政府能继续加强对巴勒斯坦的经济支持。

2012 年 5 月 28 日，巴勒斯坦经济部部长同日本代表在拉马拉巴勒斯坦民族权力机构签署关于加强经贸领域双边合作关系的协定。巴勒斯坦经济部部长表示，日本同巴勒斯坦经济关系深厚，日本一直以来为巴勒斯坦的经济发展提供了强有力的帮助和投资，协助巴勒斯坦建立工业区，坚持“和平繁荣走廊”的倡议，夯实巴勒斯坦经济发展基础，双方将继续探讨如何继续加强巴勒斯坦的经济发展，改善巴勒斯坦营商环境，加强巴勒斯坦同外界的联系，支持巴勒斯坦产品走向世界。日本方面表示，日本愿意继续发展日巴友谊，并强调日本将继续向巴勒斯坦人民和巴勒斯坦民族权力机构提供支持，完善巴勒斯坦基础设施，帮助巴勒斯坦发展经济。

十四、日本与阿尔及利亚经贸关系发展史

2012 年 8 月 12 日博客“阿尔及利亚人民”上发布了一篇名为《日阿两国外交关系始于 1958 年》的文章，在这篇文章中，日本驻阿尔及利亚大使 Tsukasa Kuada 先生指出，日本高度重视发展同阿尔及利亚的关系。日本同阿尔及利亚的外交关系始于 1958 年，当时阿尔及利亚临时政府在日本东京设立其远东办事处，许多日本青年和学生对阿尔及利亚人民的处境以及其独立斗争表示深切同情。日本大使强调，将尽快开展两国间的双边会谈，并加强两国企业家和投资者的合作，共同开发竞技项目，以推动两国间的经贸关系向前发展。

截至 2008 年，日本同阿尔及利亚的经贸往来发展仍不够充分，两国间的经贸往来停留在设备、成品、半成品换石油天然气的模式。要想改变这一模式，需要两国的努力，日本方面希望能拓宽两国经

贸合作的领域，包括石化工业、医药行业、机械工业、电子工业、食品工业、建筑及公共工程部门、信息和通信技术等领域。日本企业负责人座谈会所提供的数据表明，2002 年，阿尔及利亚从日本的进口额为 3.73 亿美元，到 2007 年，进口额超 10 亿美元，同期阿尔及利亚向日本的出口额由 3700 万美元上升到 2.57 亿美元。

2008 年 12 月 25 日，阿尔及利亚晚报刊登文章《拓宽阿尔及利亚同日本间的经贸合作领域》，阿尔及利亚总理艾哈迈德·乌叶海亚在文章中强调，当前世界受经济危机的影响，部分国家出现经济停滞的危险，部分经济领域专家反对加大投资，但是阿尔及利亚政府还将继续加大投资力度以促进经济发展，并且希望能顺利渡过当前的经济危机，以证明外国投资者投资阿尔及利亚这一选择的正确性。在阿尔及利亚—日本联合经济委员会第六次会议上，艾哈迈德·乌叶海亚发表重要讲话，指出阿尔及利亚拥有良好的经济环境，在全球经济危机的背景下，仍旧保持经济的稳定不断发展，从而吸引外商的投资。此外，乌叶海亚高度评价两国双边经贸关系的发展状况，并赞赏阿尔及利亚—日本联合经济委员会所发挥的作用，从而加强了两国间的经贸合作。

据悉，阿尔及利亚外汇总收入的 97% 来自石油行业，除石油行业外，阿尔及利亚的私营经济在整个国民经济的比重超过 55%。另外，艾哈迈德·乌叶海亚表示阿尔及利亚在大力发展汽车组装业，以减少整车进口。

在阿尔及利亚—日本联合经济委员会会议上，阿尔及利亚方面和日本方面都希望继续发展全面多元的双边伙伴关系，突破两国石油换商品这一传统贸易模式，拓宽两国合作领域。阿尔及利亚方面呼吁日本能重新平衡两国间的经贸关系，加强双边共同投资合作。同时阿方还指出，当前阿尔及利亚经济持续发展、社会安定、政治稳定、市场开放，两国经贸关系前景广阔。

日本积极响应阿方的呼吁，表示将进一步加强两国经贸合作，并努力拓宽两国合作领域，日本将向阿尔及利亚提供技术人员和技术支持，促进阿尔及利亚石油领域外其他领域的发展。此外，日本还将拓宽同阿尔及利亚的合作伙伴关系内涵，加大对发电站、海水淡化厂等其他领域的投资。值得一提的是，日本在阿尔及利亚的投资项目是非洲最成功的项目之一，并且日本承诺在未来，将加强在旅游、新能源领域上同阿尔及利亚的合作。

阿尔及利亚《自由之声报》2009年6月22日报道称，阿尔及利亚外交部部长穆拉德·迈德勒西对日本同阿尔及利亚合作成果表示赞赏。日本公司与阿尔及利亚在石油领域的合作密切，共同合作的阿尔泽炼油厂进展顺利，两国还签署了数份极具竞争力的合同，在能源领域的合作进展显著。除此之外，日本向阿尔及利亚的海水淡化厂提供技术支持，日本公司承建阿尔及利亚东西高速路部分标段，目前，该工程已完成一半左右。阿尔及利亚政府颁布对外开放政策，以鼓励外国投资，这项政策有利地推动了阿尔及利亚同日本在经济领域上的合作，两国合作的政治目标旨在实现世界和平，并在裁军领域加强合作。

2009年12月14日，阿尔及利亚“新的一天”博客主页上发布了一条新闻，新闻中指出，日本将同阿尔及利亚成立议会合作联盟，以加强两国议会组织的友好合作，推动两国各领域的交流，为两国人民谋福利。该联盟除了包括两国议会外，还包括两国的新闻媒体和两国议会交流对话的平台等。该联盟的成立，旨在加强两国在政治、经济、社会、立法等领域的信息和经验的交流，促进两国经济持续不断发展，扩大两国贸易额，为两国的合作和交流创造良好的条件。

2010年4月7日，djazairess网站上发表文章《日本将协助阿尔及利亚修建地下隧道》，文中指出，阿尔及利亚的地质条件允许修建地下隧道，特别是北部沿海地区，并且地下隧道的修建能有效地缓解该地区地上交通的压力。在Bab Ezzouar市的胡阿里·布迈丁科技大学土木工程学院会议大厅举办的阿尔及利亚—日本两国会议中，日本方面表示愿意同阿方合作，向阿尔及利亚提供修建隧道、桥梁、高速公路等领域的技术支持，并且日本愿意加强两国间的技术转移。同时，日本还表示将参与阿尔及利亚2010—2014年的五年规划建设之中，该五年规划中公共工程领域的主要项目包括基础设施建设、大型技术设施建设、东西高速路项目以及高原高速公路项目等。

《阿尔及利亚日报》2010 年 12 月 25 日报道称，阿尔及利亚颁布的国家战略中指出，阿尔及利亚将大力发展替代能源和清洁能源，要加大电力投资，并部分使用清洁能源发电，例如太阳能、风能等。阿尔及利亚拥有富足的太阳能资源，阿尔及利亚将实施撒哈拉沙漠太阳能项目，计划把这个世界上最大的沙漠转变成一个太阳能发电站的聚集地。此外，阿尔及利亚计划建造全球最大的太阳能和天然气混合发电站，推动替代能源的发展。世界多个国家已与阿尔及利亚方面联系，希望参与阿尔及利亚的沙漠太阳能项目，包括日本、美国、意大利、英国、俄罗斯在内的多个工业大国已就该项目同阿尔及利亚进行商讨。

阿尔及利亚将采取措施鼓励新能源的投资和发展，目前石油和天然气的出口占阿尔及利亚出口量的 98%，是阿尔及利亚经济增长的主动力。为应对阿尔及利亚国内与日俱增的电力需求，阿尔及利亚国家天然气电力公司 (SONELGAZ) 表示将加强新能源开发，以满足国内不断增长的电力需求。同时，阿尔及利亚政府已同德国等多个国家签署协议，加强替代能源领域的合作。目前，阿尔及利亚电力供应不足，特别是阿尔及利亚南部地区和高原地区。在夏季，沙漠地区时常发生断电现象，而该地区的夏季温度常常达到 60 摄氏度。

阿尔及利亚的新能源项目意欲将阿尔及利亚打造成为欧洲的能源供应中心。在阿尔及利亚阿德拉尔省建成的太阳能—天然气混合发电站计划于 2011 年 1 月投入使用，每年发电量将达到 180 兆瓦，此外，在阿尔及利亚撒哈拉地区也建有太阳能发电站，每年发电量为 150 兆瓦。

日本 20 位能源领域的专家（包括日本东芝、三菱重工在内的多家日本能源公司的负责人）在同阿尔及利亚大学生的一次会议中，向阿尔及利亚大学生介绍了日本在新能源特别是太阳能领域上的经验和技术，其中包括太阳电池硅材料生产技术。日本专家指出，阿尔及利亚拥有丰富的太阳能和天然气，日本高度重视阿尔及利亚的能源市场，并愿意向其提供技术和资金支持，以加强两国在新能源领域上的合作。日本方面愿意在两国高校间和和企业间建立合作伙伴关系，加强两国绿色能源领域上的合作。

2010年8月，日本同阿尔及利亚签署了《沙漠太阳能项目（DESERTEC）》合作协议，这标志着两国在新能源领域上合作的开始。日本将从2011年1月起，陆续向阿尔及利亚提供总共为500万美元的资金援助，用于在撒哈拉沙漠的周围建立一个硅加工厂，这个加工厂可以将撒哈拉沙漠中的沙子提纯，并加工出高纯度的硅石，而这些硅石是生产太阳能电池板的主要原料。这些太阳能电池板将使用在撒哈拉沙漠太阳能发电站的建设中。日本和阿尔及利亚希望通过沙漠太阳能项目（DESERTEC）共同解决全球能源问题。此外，阿尔及利亚准备与欧洲在太阳能发电领域上开展长期合作，整合开发非洲撒哈拉地区太阳能和风能等可再生能源并出口至欧洲。欧盟希望这一项目能帮助其实现到2020年能源消耗的20%来自可再生能源的目标。目前，这个项目仍处于基础技术开发阶段，并且该项目要求的资金数额庞大，约为5600亿美元，没有一个发展中国家有能力筹集该项目要求的庞大资金，因此欧洲应在资金和技术方面向阿尔及利亚提供必要的帮助。

据阿尔及利亚媒体报道，“沙漠太阳能项目”由德国企业最先提出，计划在地中海南岸北非沙漠地区建立太阳能电站，满足欧洲约15%的用电需求。沙漠太阳能项目预计2050年完成，阿尔及利亚准备与欧洲在太阳能发电领域上开展长期合作，并要求欧洲国家在技术转让和资金等方面提供帮助。德国政府官员表示，德国政府将向有意投资开发阿尔及利亚太阳能产业的企业提供一定的财政补贴和法律上的便利。

2012年5月6日召开的阿拉伯国家—亚洲可再生能源论坛上，阿尔及利亚通讯社(APS)指出，阿尔及利亚同日本在技术、科学和经济领域上的合作前景广阔。在“撒哈拉太阳能孵化项目”（Sahara Solar Breeder Project）中，日本的大学就开始与阿尔及利亚的同行展开合作。除此之外，两国在海运、海洋捕捞、水资源、文化、高等教育、科研等各个领域上的合作也越来越密切。在过去几年，两国贸易额不断增加，日本是阿尔及利亚在亚洲的第三大资助国，日本从阿尔及利亚进口大量液化天然气，是阿尔及利亚在亚洲的第四大液化天然气市场，除此之外，阿尔及利亚还向日本出口大量矿产资源和海产品。

在过去的5年里，阿尔及利亚同日本的经贸关系经历了前所未有的质的飞跃。两国的经贸往来涉及一些在过去几十年里被欧洲大型集团垄断的行业，比如通信业、海洋捕捞业、职业培训、科技合作、司法合作等领域。两国贸易额不断增加，2012年，日本从阿尔及利亚的进口额超过15亿美元，同年，阿尔及利亚从日本的进口额为12亿美元，并且，双方相信伴随着2011年10月日本—阿尔及利亚联合经济委员会的成立，这个数字在未来还将成倍增加。同时，阿尔及利亚的企业家呼吁日本能够增加对阿投资。两国的领导层都表示愿意加强两国在经济、社会领域上的交流。2011年，有超过3000名日本人访问阿尔及利亚，其中大约有600名为日本的观光客，同年到日本旅游休闲的阿尔及利亚游客大约为600名。相较于两国的经贸关系，两国的人员交流仍不够密切，为此两国政府应积极搭建合作与交流平台，推动两国人员互访，增加人文交流。

十五、日本与突尼斯经贸关系发展史

第二届阿拉伯—日本经济论坛于2010年12月11日至12日在突尼斯召开，论坛由阿盟和日本政府共同主持，部分政府代表团、阿拉伯国家和日本的商人、学者参加了这个论坛。此次论坛的主题是“开启共同富裕的新篇章”，旨在推动日本同阿拉伯世界经贸关系向前发展，拓宽日阿经贸合作新领域，更多地涉及贸易、投资、能源、科技、人力资源开发等领域，使阿拉伯国家能从日本高新技术的发展中受益。一些阿拉伯与会者在此次大会中提出，希望日本能加大对阿拉伯国家各领域的投资，提供高新技术支持。此次论坛希望能在阿拉伯国家同日本之间建立友好合作关系和全面伙伴关系，以共同应对阿拉伯国家日益严重的问题，例如水资源污染问题、粮食短缺问题、电力短缺问题、替代能源问题、信息通信技术落后问题等。在此次论坛上，双方签署了合作备忘录，以加强双边友好关系，特别是在投资和贸易领域的投资信息和投资前景的交流。阿拉伯国家拥有丰富的人力资源和自然资源，日本重视发展同阿拉伯世界的友好关系，双方有共同的利益，合作的前景非常广阔。

2012 年 4 月 17 日，日本同突尼斯签署合作协定。日本决定向突尼斯两个大型项目提供资金援助，分别是向加贝斯—梅德宁公路项目提供 2.45 亿突尼斯第纳尔，向西迪布济德省、卡塞林省、坚杜拜省多个市区供水项目提供 1000 万突尼斯第纳尔。在过去五年，日本同突尼斯的经贸往来快速发展，日本成为仅次于法国之后的突尼斯第二大资助国。

2011 年突尼斯革命胜利后，突尼斯外交部长拉菲格·阿卜杜赛拉姆（Rafik Abdessalem）于 2012 年 6 月 24 日至 7 月 2 日访问日本，同日本重要官员和工商界人士会面，并商讨如何推动两国关系向前发展，特别是在经济、基础设施、教育、科技等领域。日本方面对突尼斯平稳完成民主过渡表示赞赏，并表示日本将全力支持突尼斯新政府的工作，特别是在就业、基础设施建设以及缓和执政党与反对派在诸多问题上的分歧等方面。突尼斯方面高度评价近年来日本同突尼斯关系的发展成果，并赞赏日本在突尼斯民主过渡中所做出的贡献，并表示希望进一步深化并丰富与日本的友好关系。近年来，议会外交在巩固两国友好关系、加强两国合作上发挥了重要作用，双方希望能通过增加两国互访和经验交流、开辟多种形式的对话渠道以继续加强议会合作。除此之外，双方就国际和地区形势以及其他共同关心的问题，比如马格里布地区建设问题等，深入、广泛地交换了意见。

日本国际协力机构 (JICA) 向突尼斯提供低息贷款，用于突尼斯改善基础设施、保护水资源以及保障经济稳定，并取得了良好的社会效益与经济效益，突尼斯总理对此做出了高度评价。双方表示会全力支持日本国际协力机构在突尼斯的工作，包括支持对非洲和阿拉伯国家的三方合作。此外，突尼斯呼吁更多的日本企业能到突尼斯投资，解决突尼斯就业问题和扶持区域发展，使突尼斯能从日本的高新技术中受益。突尼斯投资市场良好，希望能有越来越多的日本企业家从突尼斯便利的营商环境中获益。

在科教合作领域，两国高校代表就如何加强两国大学在加强国际交流合作、提升教科研水平以及丰富两国学术交流等问题上进行了讨论，并希望两国能组织更多的学术会议，加强两国学术机构的联系。近年来越来越多的突尼斯青年到日本留学，其中一部分顺利在日本的大学取得博士学位，日本文部科学大臣（负责统筹日本国内教育、科学技术、学术、文化及体育等事务）对此表示赞赏，并表示愿意继续加强互派留学生合作，支持两国科研领域的合作。除此之外，日本方面向突尼斯 Borj-Cedria 科学园提供高新科技，希望将其打造成为非洲大陆的科技示范项目。

在医药合作方面，日本第一大医药企业，全球排名第三的 Tokushukai 医药公司负责人表明，Tokushukai 医药公司将同突尼斯一道共同建设一个世界一流的医院，而该项目是 Tokushukai 医药公司非洲援建医院计划之一。除此之外，Tokushukai 医药公司还将向突尼斯医务人员提供医疗培训和行政培训。突尼斯方面将为外国投资提供优惠政策，以推进日本医药投资顺利进行。

突尼斯总理呼吁在日本的突尼斯侨民积极发挥其纽带作用，向日本投资者、企业家介绍突尼斯的优势以及其丰富的人力资源，吸引更多的日资涌入突尼斯。

日本将向突尼斯提供贷款，用于资助突尼斯农村地区水环境开发项目，并向突尼斯提供技术支持，以推动突尼斯旅游业的发展，吸引更多的日本人到突尼斯旅游。日本同突尼斯两国友好往来历史悠久，双方都希望进一步深化双边合作，拓宽合作领域，双方将共同推进 2012 年 12 月在日本首都东京举行的第三届阿拉伯—日本经济论坛以及 2013 年 6 月在日本横滨举行的第五届东京非洲发展国际会议顺利举办。

十六、日本与摩洛哥经贸关系发展史

日本同摩洛哥经济合作始于1967年，当时日本派自愿者前往摩洛哥，在饮用水供应、渔业、农村电气化、修建道路和高速公路、修建学校以及科研等领域，向摩洛哥提供帮助。

2008年12月5日，摩洛哥著名的电子报刊(Hespress)在北海道札幌市设立日本摩洛哥研究中心，摩洛哥驻日本大使阿卜杜勒·卡迪尔在成立大会上回顾并展望了两国关系的发展，指出近年来两国间的经济项目不断增加，越来越多的的日本游客选择摩洛哥为旅游目的地。2012年3月8日，日本经济产业大臣枝野幸男访问摩洛哥，摩洛哥社会主义联盟博客对此发表了一篇名为《日本经济产业大臣：摩洛哥—日本投资首选地》的文章，文章指出日本经济产业大臣枝野幸男高度评价了摩洛哥的投资环境和两国的关系。摩洛哥拥有稳定的政治、经济环境，是日本海外投资的首选地。枝野幸男呼吁日本企业家和摩洛哥企业家能加强联系，交流经验，实现共同发展。此外，枝野幸男还指出，日本企业高度重视摩洛哥太阳能发展项目，并向其提供技术支持，推进摩洛哥新能源发展。2012年3月初，日本向摩洛哥提供价值3亿日元（约为370万美元）的资金援助，用于加强摩洛哥贫困地区的社会、经济发展。

摩洛哥的经济与财政大臣介绍到，摩洛哥作为日本投资目的地，拥有很多经济优势。摩洛哥地理位置优越，政治环境稳定，拥有世界级的基础设施，投资环境良好，借助自由贸易协议，货物交易自由，摩洛哥人力资源丰富，教育水平高，竞争力强。为吸引投资，摩洛哥政府也提供了极具吸引力的激励政策。所有的这一切为投资者提供了良好的投资机遇。摩洛哥的经济与财政大臣希望能同日本经济产业大臣一道寻求渠道加强两国在新能源领域上的合作。据悉，目前在摩洛哥有20多家日资承包公司，其中最大的是日本住友电工集团，目前该集团在摩洛哥拥有6个工厂以及16000名工人。

2012年2月14日至3月2日，由日本国际合作局环境领域专家组成的代表团访问摩洛哥提兹尼特市，共同探讨如何在生活垃圾处理和回收利用领域加强合作，双方于3月3日签署合作协议。2012年3月6日，摩洛哥能源、矿产、水资源、环境部和内政部于拉巴特通过该协议。

2012年5月4日，日本、摩洛哥两国于拉巴特签署一项协议，协议商定日本将向摩洛哥提供价值19亿迪拉姆的贷款，用于资助改善清洁系统、减少二氧化碳排放、保护水资源，预计到2025年，将总计改善100万名居民的生活环境。

2012年5月8日，摩洛哥的外交与合作部部长萨阿德丁在拉巴特会见日本时任外长玄叶光一郎，共同探讨如何加强两国双边关系，特别是在经济、投资领域。目前，两国间的政治往来硕果累累，日本企业在摩洛哥的地位也日益重要，但目前日本在摩洛哥的投资仍然是有限的，两国应该共同采取一系列措施以增加日本在摩洛哥的投资。在此次会见上，两国外长决定，将在两个月内组织日本企业家代表团访问摩洛哥，为两国经济、投资往来注入新活力。在此次外长级会见上，两国还共同探讨了在国际和地区组织中的合作问题，日本表示在争取安理会非常任理事国上需要摩洛哥的帮助。除此之外，两国外长还探讨了如何加强在文化领域以及新能源领域上的合作。

2012年8月14日，摩洛哥农业与渔业部网站上发表文章《摩洛哥—日本合作》，指出日本应同摩洛哥不断加强经济合作，以实现社会、经济发展。在农业领域，两国共同合作的项目有Doukkala-Abda灌溉项目、19000公顷农田的二期项目、哈桑二世农学与兽医学研究所农业机械化培训中心建设项目、应用水项目、农村道路项目，除此之外，日本还将出资改善摩洛哥女性生活状况，鼓励摩洛哥农村加强同日本的技术合作。

十七、日本与苏丹经贸关系发展史

日本驻苏丹大使和田明范先生在日本大使馆欢迎辞中，介绍了日本同苏丹的关系发展，日本—苏丹外交关系始于1956年，当时苏丹刚恢复独立不久，随后两国在各领域的友好关系不断发展。1961年4月，日本在苏丹首都喀土穆设立大使馆，同年9月，苏丹在东京设立大使馆。

两国关系互利发展，加强日苏关系有利于推进苏丹的发展，同时又有利于巩固日本在非洲大陆的地位。2005年，苏丹政府与苏丹人民解放运动签署《全面和平协定》，这极大地推动了日苏两国政治、经济领域的关系发展，苏丹也成为日本在非洲推动和平建设的主力之一。为进一步巩固苏丹和平，在2005年的奥斯陆苏丹捐助大会上，日本向苏丹提供了1亿美元的资金援助。

2006年，为庆祝日苏两国建交50周年，两国派高级官员互访。2008年5月，苏丹总统奥马尔・巴希尔访问日本，出席第四届非洲发展东京国际会议（TICAD）共同探讨非洲事务。同年，日本政府高级官员、议会成员和外务省官员访问苏丹。2008—2009年，两国举办政治对话，共同探讨双边关系以及苏丹局势等问题。

2008年，日本向苏丹捐赠2亿美元用于苏丹的和平与发展事业。此外，日本还向苏丹提供价值4亿美元的援助，用于各个项目和发展计划的实施。2007年7月，日本国际协力机构(JICA)喀土穆办事处重新开放，积极推动水资源管理、职业培训、助产士培训、农业、政府官员能力培训等领域的技术合作项目。日本驻苏丹大使馆官方网站上数据表明，自2005年起，日本向苏丹提供资金援助，共实施项目39个，为巩固苏丹和平，日本总计向苏丹提供资金援助5.8亿美元。在民用领域上，日本非政府组织积极参与苏丹各个民用领域的工作，例如供水和污水处理服务、苏丹农村地区职业培训等。同时，日本驻苏丹大使馆向当地非政府组织提供帮助，支持当地修建或重建学校以及基础设施、提供医疗设备与职业培训、参与排雷工作等。目前，在苏丹的日本志愿者超过100名，他们来自联合国、日本国际协力机构(JICA)以及其他非政府组织。

文化教育领域上，有超过100名苏丹留学生获得日本政府高等教育奖学金（该奖学金始于1970年），并在日本的大学求学。这些留学生毕业回国后，极大地促进了苏丹经济发展，改善了当地社会环境，加强公有部门、私有部门、学术界的人力资源发展。

2005年，苏丹政府与苏丹人民解放运动签署《全面和平协定》后，虽然受国际金融危机的影响，但日本一直全力支持苏丹和平事业。日本是苏丹第二大捐赠国，2009年，日本对苏丹的捐赠占总捐赠额的16.6%，此外，日本积极参与联合国维和行动和非盟—联合国达尔富尔混合行动。为缓解国际粮食价格上涨以及自然灾害给苏丹带来的粮食短缺，日本向达尔富地区、南苏丹等地提供价值1500万美元的粮食援助，并通过联合国儿童基金组织，向苏丹提供1100万美元的资金援助，用于改善当地家庭生活状况，在卫生、水资源、污水处理等领域提供紧急人道主义援助；日本还通过联合国难民署向苏丹当地难民提供600万美元援助，帮助难民重回家园，改善生活条件；通过联合国排雷行动处提供350万美元用于南苏丹地区、南科尔多凡省的排雷行动；日本非政府组织同国际红十字会加强合作，向达尔富地区提供450万美元用于改善当地经济安全。

2010年3月7日，日本政府提供4000万美元用于落实第四届非洲发展东京国际会议（TICAD）所达成的条款，向苏丹提供人道主义援助，支持联合国及其他国际组织的工作，以巩固当地和平。日本一直坚持为当地民众和其他国家在当地从事和平行动、人道主义救援和经济建设等工作的人员提供力所能及的保护，为维护南苏丹及该地区的和平稳定发挥建设性作用。截至2009年，日本总计向苏丹提供了价值1.62亿美元的援助。日本表示愿与国际社会一道，继续为推动实现苏丹以及非洲大陆的和平、稳定与发展发挥建设性作用。

2010年8月8日，日本政府向苏丹提供660万美元的无偿援助，用于解决苏丹目前面临的粮食短缺问题，此批援款将用于采购小麦和大豆等富含蛋白质的粮食作物，以应对妇女和儿童的营养不良状况，缓解当地的饥荒。苏丹数百万人面临饥荒威胁，国际社会积极向苏丹提供紧急粮食援助，在过去6年，日本等国家在苏丹开展的援助行动已拯救数百万苏丹人免于饥荒。苏丹的人道救援行动是世界上最为复杂的救援行动之一，目前苏丹有1100万人遭受饥荒威胁，其中达尔富地区有 460 万人，南苏丹有 430 万人，苏丹中部、东部地区有 170 万人。在苏丹开展的紧急粮食援助预算总计为 8.64 亿美元，目前已经收到 75% 的捐资。

2011 年 2 月 6 日，日本政府向苏丹提供 17.4 万美元的两项资金援助，用于加达里夫省两所学校的修建。其中第一所学校投入 8.9 万美元用于校舍重建。虽然这所学校有 350 名女学生，但是只有 6 年级的学生有教室，其余学生都聚集在用秸秆围起来的空地上上课。这笔资金将用于修建 6 间教室和 2 间教师办公室以及学校围墙。另一所学校将投入 8.5 万美元，用于加达里夫省一村庄的校舍修建。该地区十分保守，不允许男女同校，尤其是到了 6、7、8 年级，许多女孩因为禁止与男生同校而被迫中断学习，因此这笔资金将用于再修建 6 间教室，专门给女学生使用。日本政府希望能通过修建这两所学校改善该地区辍学状况，加强对女性教育的扶持力度。

2011 年 2 月 26 日，日本政府向苏丹提供 27.5 万美元的两项资金援助，用于中赤道州校舍修建与购买扫雷设备，该援助项目于朱巴市举行签约仪式。其中第一个项目投入 18.9 万美元，用于修建距离朱巴市 50 千米处 Bongo 村的校舍。受战争的影响，Bongo 村遭受了毁灭性的毁坏，学校 60 名学生被迫在简陋的茅草房上课，这些资金将用于修建教室、大厅和厕所，据悉，重建后该学校可以容纳 250 名学生。另一个项目将投入 8.5 万美元，用于中赤道州购买扫雷设备。战争中所遗留下的地雷阻碍了苏丹当地基础设施建设的展开，因此扫雷工作事关当地重建工作、发展与人民生活的安定。这笔资金将用于购买两辆陆地巡洋舰以及扫雷设备。日本政府希望能通过这两个项目支持中赤道州的重建工作，巩固当地的和平。

2011 年 4 月 6 日，日本政府向苏丹提供 10.86 亿日元（约为 1300 万美元）的紧急援助，用于改善苏丹东北部卡萨拉省的供水设施。而这笔援助资金是自 20 世纪 90 年代以来，日本政府向北苏丹的第一次直接援助。除此之外，日本还将支持苏丹卡萨拉省政府提高工作能力，2010 年 12 月在科威特召开的苏丹东部发展捐助大会上，日本表示将加大力度帮助发展苏丹东部地区。

2011 年 6 月 9 日，在苏丹杰济拉州 East Asudairh 村，由日本修建的自来水厂举办落成仪式。为改善该村庄供水设备，日本向苏丹提供 18 万美元的资金援助，从而解决了该村庄 12000 人的用水问题。据悉，在该自来水厂落成前，该村庄只有一口水井，饮用水严重短缺，该水井仅能满足该地区 40% 人口的用水。该自来水厂项目由日本国际协力机构负责修建，建成后，该水厂的日产量为 800 吨。

2012 年 8 月 14 日，苏丹财政部长高度评价日苏两国的经贸关系的发展，指出两国经济合作的领域不断扩大，并赞赏日本在两国关系中所发挥的建设性作用和所持有的客观立场，以及长期向发展中国家提供的援助。他还感谢日本政府鉴于苏丹目前的局势免除对苏丹的部分债务，帮助苏丹达尔富地区、东部地区卫生、饮用水等项目的实施，支持苏丹的和平事业。日本愿意继续发展同苏丹以及南苏丹的友好关系，继续同苏丹签署石油协议，加强石油合作，支持苏丹农业生产，发展非石油出口。日本希望苏丹与南苏丹两国在边境安全上达成一致，消除争端。日本希望能继续加强同苏丹的合作，继续向其提供力所能及的帮助，同时也呼吁国际社会向苏丹人民伸出援助之手。

2012 年 9 月 1 日，Sudanese Online 网站上发布了苏丹财政与国民经济部长阿里·马哈茂德的一条声明，在声明中马哈茂德强调了日本同苏丹在经济各领域友好关系的健康稳定发展，并高度评价了日本为苏丹各个领域的发展所提供的援助，感谢日本免除对苏丹的部分债务。日本驻苏丹大使表示，日本政府愿意支持苏丹石油与非石油出口，并继续向苏丹提供技术支持与资金援助，支持苏丹生产力发展与基础设施建设。

为促进苏丹经济、社会发展，日本向苏丹的援助从满足基本需求着手，其中包括改善供水设备，解决饮用水短缺问题。为此，日本协助苏丹挖掘新水井、安装电泵抽水、铺设长达 18 公里的供水管道，让偏远村庄也能用上干净的饮用水。解决村庄饮用水短缺问题、促进农村发展是日本对苏援助的重点，以进一步推动经济、社会的发展。

十八、日本与利比亚经贸关系发展史

在卡扎菲统治时期，利比亚完全孤立于国际社会，因此这段时期日本同利比亚经贸关系的发展状况我们难以得知。日本驻利比亚大使馆网站上2012年8月的信息表明，两国交往始于1957年，但直到1973年，日本才在利比亚设立大使馆。1971年，利比亚在东京设立大使馆,1980年,大使馆改名为人民办公室。截至2006年12月,定居在日本的利比亚人有36人；截至2009年3月，定居在利比亚的日本人有130人。

2011年2月27日，由于利比亚安全局势持续恶化，日本暂时关闭驻利比亚使馆并撤离所有定居在利比亚的日本人以及日本大使馆的成员至突尼斯，仅留下大使Wataru Nishigahiro先生以及两位大使馆外交官员继续负责使馆事务。2012年2月13日，日本政府任命Takashi Ashiki先生为日本驻利比亚新大使，Takashi Ashiki先生在2010年2月起曾在迪拜日本公使馆工作，还曾任日本驻联合国大使一职。

2007年利比亚对日本的出口额约为4.8亿日元，出口产品以鱼类为主，当年日本对利比亚的出口额为29.8亿日元，出口产品主要为汽车与铝合金产品。

2009年12月20日，据卡塔尔通讯社报道称，利比亚非洲投资公司与日本化学工业株式会社在的黎波里签署建立伙伴关系协定，并共同成立Ocilon-Sxue利比亚GrB管道制造公司。该协定的签订旨在将日本技术转移至非洲，而这也是两国在GrB管道制造销售领域建立的第一个伙伴关系。据悉，GrB管道可用于铺设水管、下水道、灌溉渠、深海排水管，该公司计划于2010年起开始正式生产。

在2011年2月利比亚革命爆发前，许多日本企业希望能赢得利比亚石油开采权，但这些企业并未能从中获利，因此在革命爆发前，日本企业家论坛并没有在利比亚举办大型经济活动，并对利比亚后卡扎菲时代不抱有乐观的态度。

联合国安理会在2011年2月26日通过第1970号决议，决议认为目前在利比亚发生的针对平民人口的大规模、有系统的攻击可构成危害人类罪，并要追究那些袭击平民事件的负责者的责任。同时对利比亚实施武器禁运和旅行禁令，对卡扎菲及其儿子的资产进行冻结。冻结卡扎菲的资产是根据联合国安理会对利比亚的制裁决议采取的措施。日本政府今年 3 月将卡扎菲及其亲属、利比亚中央银行、利比亚投资厅等 18 个个人和团体列为制裁对象，在金融机构等的配合下进行调查，冻结了存款及债券等各种形式的资产。据悉，欧美等国根据安理会决议冻结的卡扎菲及其家属的海外资产总额超过了 1200 亿美元，其中日本政府冻结卡扎菲在日本国内的银行存款等资产约 44 亿美元。

mushahed 网站上，艾哈迈德·奥马尔发表了一篇名为《利比亚和日本：卡扎菲大地震影响震级指数》的文章，文中指出，日本地震海啸所引发的核事故对经济的负面影响远超过地震海啸。日本最大的财富是理性、智慧与毅力，但他们的智慧却无法让他们在远离海洋的地方建设核反应堆。利比亚虽然不受地震危害，但是却遭受独裁统治影响。那么问题是，自然灾害和人为灾害哪一个危害较轻？第二个问题是，卡扎菲“地震”的影响震级是多少？切尔诺贝利事件和《绿皮书》哪一个影响更糟糕？自然灾害能够增加人民的民族情感与团结，而人为灾害却离间兄弟情和同胞情。

2011 年 10 月 26 日，JapanNet 网站上发表一篇名为《日本谨慎发展与利比亚的关系，以防冲突发生》的文章，文中指出，日本政府知情人士 2011 年 10 月 22 日透露称，考虑到在利比亚可能爆发的政府军与反对派之间的内战，日本政府对当前日本与利比亚的关系发展十分谨慎。2011 年 2 月，日本关闭了位于的黎波里的日本驻利比亚大使馆，并决定开始同反卡扎菲势力重建关系，谨慎对待在利比亚投资，采取一系列措施加强双边关系，同时提防反对派武装冲突或使利比亚陷入内战。

从国际外交的角度来看，日本不大可能向利比亚提供帮助。在美国发动对伊拉克的军事打击之后，伊拉克萨达姆政权倒台，当时日本是美国的盟友，日本自卫队开赴伊拉克，到伊拉克执行人道援助任务并参与当地战后重建工作。此外，日本还派自卫队开赴阿富汗，协助美军反恐战争的后勤工作。但是目前在利比亚的情况是完全不同的，发起对利比亚军事打击的幕后领导者这一次不再是美国，而是英国与法国。日本外务省负责人称，在利比亚局势稳定后，日本将派调查队赴利比亚协助调查工作。由此可以看出，目前日本对利比亚问题仍旧持观望的态度。

由于利比亚过渡委员会已经宣布利比亚全国解放，的黎波里的局势也已稳定，日本政府已于2011年10月30日重开驻利比亚大使馆。2012年1月4日至26日，日本政府派遣一个由政府官员和商界领袖组成的代表团，访问利比亚首都的黎波里。该代表团约有30人，其中有来自经济产业省、日本国家能源与资源厅、日本外务省的官员，以及来自贸易公司、制造商、石油公司、基建企业、农业公司及其他公司的一些商界领袖。该代表团会见了利比亚新临时政府的主要官员，尤其是利比亚工业部部长、利比亚国家石油公司(NOC)总经理。双方共同商讨了如何加强日本同利比亚私营部门的合作与发展，加快利比亚重建工作，恢复利比亚炼油厂生产，使利比亚原油生产恢复至内战前水平。

2012年6月6日，利比亚外交部部长哈伊勒（Ashour Bin Khay-al）在访问日本期间，会见了日本外长玄叶光一郎，而这也是27年来，利比亚外交部部长第一次访问日本。双方共同探讨了如何加强两国外交关系的问题，呼吁日本参与利比亚重建工作，推动两国经济关系全方位发展。同时，利比亚外交部部长感谢日本在利比亚革命爆发以来，对利比亚所提供的援助，并希望能学习借鉴日本高新技术产业的成功经验，加快利比亚重建工作。日本方面希望利比亚执政当局着手建立民主政权，开始新的和平发展之路。

2012年6月25日，利比亚临时政府社会事务部网站上发表了一篇名为《利比亚—日本加强残疾人康复合作》的文章，文中指出，利比亚社会事务部部长于2012年6月24日同日本代表团在社会事务部官邸举行会谈，共同商讨如何加强两国残疾人康复合作，并学习借鉴日本在该领域的经验。在会谈中，还谈论共同建立假肢车间，并发展残疾人心理康复方案，利比亚方面希望能学习借鉴日本的成功经验，培养一批该领域的高素质人才，同时利比亚社会事务部部长强调，该项目将由社会事务部负责，竭尽全力为利比亚培育一批高水平人才，让残疾人得到应有的重视和照顾。利比亚 2 月 17 日革命后，许多伤员伤势严重，给他们一生留下不可磨灭的印记，这些截肢伤员需要得到更好的照顾和治疗，因此利比亚希望学习世界上假肢制造的先进技术与残疾人康复的成功经验，让革命受伤人员的病痛减轻到最小。

2012 年 7 月 4 日，利比亚临时政府国际合作部部长兼代理外交部长哈伊勒在的黎波里会见日本驻利比亚大使 Takashi Ashiki 先生，共同商讨如何进一步发展两国友好双边关系，造福两国人民。

十九、日本与毛里塔尼亚经贸关系发展史

毛里塔尼亚海域位于大西洋中东部，海岸线全长约 700 千米，沿岸有加那利寒流自北向南流动，带来北部的冷水，与由南向北流动的几内亚暖水在布兰科海峡区域混合，形成显著的涌升流，从而带来大量的浮游生物，极适合海洋生物资源的栖息繁殖，鱼类资源丰富，这使得毛里塔尼亚成为仅次于日本的全球海洋渔业资源第二丰富的国家。毛里塔尼亚石油和天然气资源预计储量较丰富，储油量估计 15 亿桶，铁矿、铜矿、磷酸盐等矿产资源丰富，铁矿业和渔业是毛里塔尼亚国民经济的两大支柱，也是外汇的主要来源。

Desert Media 网站上指出，日本与毛里塔尼亚从 1991 年起就签订了日本远洋金枪鱼延绳钓船入渔的民间渔业协定。2008 年，毛里塔尼亚总理同日本金枪鱼公司总经理签署协定，允许日本金枪鱼公司 20 艘渔船在毛里塔尼亚海域内捕捞金枪鱼。在毛里塔尼亚总理访问日本期间，他同日本农林水产省大臣、外务省副大臣等官员，共同商讨了如何进一步加强两国在各个领域的合作。

日本积极援助毛里塔尼亚的发展项目，主要涉及渔业、学校、教育、卫生等领域。日本先后在努瓦克肖特和努瓦迪布两市修建海

鲜市场、海鲜冷库、手工捕鱼码头，提供小吨位近海捕渔船、海产与淡水养殖卫生检验检疫室及提供海洋研究船等，日本还在毛塔海域派有两艘海洋研究船，为毛里塔尼亚的渔业发展出谋划策。

2010 年 3 月 10 日，日本向毛里塔尼亚和塞内加尔提供价值 480 万欧元的援助，用于改善粮食安全状况，并在努瓦克肖特签署协定。根据联合国抗击沙漠化委员会报告，2009 年，毛里塔尼亚的粮食产量大幅度下降。该笔捐赠将用于购买粮食，缓解由于气候变化而引起的粮食短缺情况，有助于粮食安全署完成存货储备计划，改善粮食安全状况。

2011 年 1 月 24 日，毛里塔尼亚经济事务与发展部长同德国、日本驻毛里塔尼亚大使签署协定。根据协定，德国将向毛里塔尼亚提供总额 1700 万欧元的经济援助，以提高毛里塔尼亚自然资源的管理能力，改善当地海洋监管与政府管理。日本方面则向毛利塔尼亚提供 5 亿日元，约为 6.8 亿乌吉亚（毛里塔尼亚货币）的低息贷款，用于购买生活必需品与设备，以应对气候变化带来的危害，例如洪水、火灾、沙漠化等。毛里塔尼亚经济事务与发展部长对此表示由衷感谢，并高度评价了日毛两国近两年来的关系发展。日本驻毛大使则表示，会继续支持毛里塔尼亚应对气候变化带来的挑战，并由衷希望能进一步改善毛里塔尼亚人民的生活水平。

2011 年 11 月 8 日，毛里塔尼亚“商业与财务”网站上发表文章报道，毛里塔尼亚外交与合作部长哈马迪·乌尔德·哈马迪与日本多家贸易公司共同商讨了如何进一步加强与日本的投资合作，毛方希望越来越多的日本公司能到毛里塔尼亚投资。

2011 年 11 月 7 日至 9 日，毛里塔尼亚外交与合作部长哈马迪受日本外务省大臣邀请访问日本，共同商讨如何进一步加强两国友好合作关系。在这期间，哈马迪同日本多家与毛里塔尼亚有合作关系的日本贸易公司负责人进行会谈，这些公司表示愿意增加对毛投资。毛方表示，毛里塔尼亚作为一个快速发展的新兴市场，投资机会丰富，发展潜力大，欢迎日本企业到毛投资。此外哈马迪还与日本农林水产省大臣、经济产业省大臣等日本官员会见，商讨如何进一步推动两国双边合作向前发展。

2012年1月27日，毛里塔尼亚渔业与海洋经济部长在日本国际协力机构代表团访问毛里塔尼亚期间，与代表团成员就日毛关系、日毛渔业合作等共同关心的话题进行了友好交谈。日本表示愿意加强对毛渔业援助，派遣日本专家队伍赴毛里塔尼亚讲学，并资助毛方修建海鲜市场、海鲜冷库、手工捕鱼码头等。

2012年7月26日，毛里塔尼亚渔业与海洋经济部总干事穆罕默德·哈菲兹与日本国际协力机构高级专家签署谅解协议书，日本将资助毛里塔尼亚港口扩建项目，并派遣日本专家队伍赴毛协助工作。据悉，该港口扩建后可同时容纳3400艘小渔船与100艘远洋捕鱼船。

2012年8月27日，毛里塔尼亚卫生部为位于努瓦克肖特的卫生中心举办落成仪式，日本向该卫生中心提供了一批价值约1500万乌吉亚的办公家具和医疗设备。毛里塔尼亚卫生部长强调该批援助将有助于强化当地卫生中心的医疗能力，惠及该地区的母婴群体。他代表毛政府感谢日本在卫生领域对毛的支持。据悉，当地的婴儿存活率仅为73%，当地每个月约有370个新生儿诞生。日本驻毛里塔尼亚大使在落成仪式上指出，日本希望该批援助能有效用于公共卫生领域，改善当地居民生活条件。

二十、结　论

日本是世界上最大的工业国和现代化程度最高的国家之一，高新技术产业发展迅猛。但日本资源匮乏并极端依赖进口，其能源需求主要依靠海湾国家的能源进口，尤其是沙特、阿布扎比的石油与卡塔尔的液化天然气，同时海湾地区也是“日本制造”的主要出口市场之一。日本与阿拉伯国家相互依存，加强双边经贸合作是互利共赢之举，阿拉伯国家需要日本的高新技术支持以解决发展过程中所面临的问题，而日本需要阿拉伯国家的能源以加快工业发展。

在研究日本同阿拉伯国家的经贸关系过程中我们发现，20世纪，为何双边的经贸关系停留在阿拉伯国家的原油换日本商品的模式上？是否能够打破这种单一的经贸往来模式，在全球化的时代里让两国的经贸关系更多地涉及文化、政治等领域？日本与亚洲许多国家陆续实现了现代化，但阿拉伯国家并非其受益者。但是这些亚洲国家的现代化却为阿拉伯国家的复兴提供了宝贵的经验和教训。

值得注意的是，在20世纪的后半叶，日本与阿拉伯的经贸关系并非服务于两国人民的切身利益。在一开始，日本视阿拉伯国家为重要的石油和原材料产地以及日本商品的出口地，而两国的文化、金融关系并未得到发展。当时，日本所需约90%的原油和天然气来自阿拉伯地区。20世纪70年代，战后日本经济开始复苏，并创造了经济奇迹，阿拉伯国家对日本的石油出口迅猛增加，尤其是阿联酋、沙特、科威特、伊拉克、伊朗等国。两国的经贸关系不断发展，但当时两国间的经贸关系是不平衡的，日本以低廉的价格从阿拉伯国家进口石油，而阿拉伯人却要花费大价钱去购买日本的高新技术产品。尽管如此，阿拉伯国家在面对日本与西方国家的高新技术时，并未实施“本土化战略”，设立汽车、电子产品、医疗设备工厂，而只是单纯地进口西方高科技产品，缺乏对科技的发展与创新。

为确保更多能源进口渠道及稳定进口能源价格，日本加快实施能源进口渠道多元化战略，减少对中东能源的依赖。大多数日阿关系领域的研究学者认为，1973年的石油危机加剧了地区矛盾，导致了第一次、第二次海湾战争的爆发，日本为配合美国的军事行动，扩大了对海湾地区的经济援助，在财力和物力方面给予以美国为首的多国部队以最大限度的支持。日本向多国部队提供了110亿美元的经费，另外向海湾地区周边国家提供了20亿美元的援助，日本政府为海湾战争承担的资金援助高达130亿美元，同时日本也获得了17%的科威特重建项目。

阿拉伯石油禁运、两伊战争、第二次海湾战争、2001年“9·11”事件、2003年美军占领伊拉克，一系列的事件让日本卷入了中东和海湾地区之中。1990年后，美国大规模出兵海湾地区，从而保障该地区的稳定与和平，防止该地区再次爆发威胁世界经济安全的战争，保障石油供应的稳定，随着中东地区石油供应状况的渐趋缓和，日本重归高度依赖中东石油的轨道。

1973年10月6日，第四次中东战争爆发，中东各主要产油国把石油作为武器，对以美国为首的西方发达国家提高石油价格并采取禁运措施。石油危机的爆发，在经济、政治等多方面严重影响了日本。日本为了使中东产油国解除对日本的石油禁运，不仅调整和改变对中东国家的政策，彻底表现了其实用主义的外交政策。为了长期获得稳定、廉价的石油，日本从20世纪70年代起，从政治、经济、文化等方面加强同阿拉伯产油国的外交关系。此外，日本希望尽早解决巴以冲突，早日恢复中东和平与稳定，并加大对中东地区投资，促进该地区发展。在加强同阿拉伯国家关系的同时，日本也重视加强与以色列、土耳其和伊朗的文化交流。然而中东地区持续的冲突对世界经济的稳定发展埋下了不稳定的因素，也影响了日本在该地区的投资计划。因为投资和高新技术产业的转移需要一个长期稳定的条件，而目前中东地区仍然存在内部冲突和地区战争的风险。

战后日本在各个领域鼓励生产，并注意人才的可持续发展，从而实现了日本战后的经济奇迹。同时日本推进国家和平软实力战略，以现代化服务于社会发展而非军事扩张的需要，从而适应了全球化时代的要求。用和平方式解决历史遗留问题，复仇只会导致历史悲剧的重演。日本的和平软实力战略也影响了日本在阿拉伯地区的外交政策，并加强在该地区经济、社会、政治、文化、媒体等各个领域的发展。事实证明，日本的软实力战略为日本带来了积极影响，近年来，日本以经济援助铺路，在阿拉伯地区扩大其国际影响力，树立起负责任的经济大国形象，逐渐摆脱军事扩张的帝国主义形象，树立起追求和平与现代化的大国形象，并积极参与世界经济建设。日本成功缓解了同亚洲邻国的纠纷，成为地区发展的中坚力量。

2011年“阿拉伯之春”的爆发，对阿拉伯国家的政治、经济、文化和社会生活各方面都产生着持久而深刻的影响。同时部分国家受到来自美国、欧洲国家的压力，以及贫困、饥荒、事业、文盲、外债等问题的困扰，直至今日仍无法走出危机。越来越多的阿拉伯国家将希望寄托在日本身上，希望日本能发挥经济大国的作用，推动世界经济新秩序的建立。许多学者预计21世纪是亚洲国家崛起的世纪，随着中国、印度等其他亚洲发展中国家的迅速崛起，亚洲将在21世纪扮演全球发展的主要角色。从21世纪初以来，日本与各个阿拉伯国家的关系发展显著，从而可以看出越来越多的阿拉伯国家希望能从日本的高新技术中获益，以推动本国经济发展。日阿关系的发展互利共赢，而且不仅仅局限于经济领域，将更多惠及科学、文化、技术、新闻、人文等各个领域。虽然日本与阿拉伯国家地理位置相隔甚远，但在全球化时代里，地理位置和距离已经不能影响到不同国家间的交往，日阿双边往来也不仅仅停留在贸易领域，双边经济互动将涉及更多领域。同时阿拉伯方面希望日本能在建立国际经济新秩序中发挥作用，阻止美国主导的单极世界的出现。

第三章　日本与阿拉伯国家的文化发展

引　言

20 世纪中期，日本文化曾受到一些西方资本主义文化价值观的影响。当时，天皇被视为全体日本国民的精神之父，他大力宣扬暴力文化，并展现出其侵略邻国的扩张野心。于是，具有种族特性的民族政策开始在日本政治制度中推行开来，并以家族为单位来保护大资本家和大企业家的利益。这不禁让人们联想到纳粹和法西斯国家对于民族和种族优越性的论证。日本的传统文化在这一时期受到了西方观念的消极影响，比如，倾向冷暴力，以及宣扬建立具有明显扩张色彩的种族主义国家。

尽管日本是第一次世界大战的战胜国，但是在第二次世界大战中它却遭受了不小的打击。这使得它在美国的掌控下日渐衰微，继而寻求在政治制度上做出改变。日本削弱了天皇的神圣性，限定了其职权，并制定了建立在西方民主基础之上的宪法，从而使其符合其战败国和非军事国的形象。

但是，日本不愿意接受所谓战败国与战胜国的说法，因为日本传统文化曾在促进国企和私企的发展中起到过基础性作用，文化、经济、社会、金融等各领域的企业、机构也以一种彼此间相辅相成的方式走向复兴。在摆脱自身发展障碍和摒弃军国主义思想之后，日本大力发展人力资源，给许多发展中国家树立了独特的榜样。为了构建知识型社会，日本致力于改善国家和企业现存的所有文化形式和生产技术，鼓励在教育、科研和文化领域进行技术创新，并加大对创新的投入。因此，知识型社会在日本的发展顺应了全球化时代的要求。

在美国掌控日本政治决策期间，日本民众多次举行示威游行活动，极力捍卫他们的民族特性、道德观和传统文化，从而得以抵抗外部施加的压力。因此，日本一方面成功摆脱了其文化中的民族优越感——这种优越感曾将其引入战争的泥沼；另一方面又没有被战败国文化所侵蚀——这种战败国文化曾盛行于许多被外国势力殖民的国家中。

在20世纪中叶，有许多日本学者开始从事阿拉伯问题的研究。他们不但从宏观和微观角度研究阿拉伯问题，还关注以色列、土耳其和伊朗问题。最近，他们还将目光投向了中亚高加索地区的产油国。这些学者的研究报告和译著给日本政治决策者们提供了参考。此外，他们还发表了多篇学术论文，其中涉及巴以冲突、两伊战争、阿拉伯国家的边界冲突等多个问题。

开明的日本人都知道：理性文化有助于社会各个方面的发展，它不但与传统的社会价值相适应，还能使传统社会价值不被扭曲；他们的义务是用一种新的文化形式与之前的辉煌成就相承接，并在全球化背景下用社会所需要的现代文化对其进行丰富与发展。

日本的政治制度在日本社会内部催生出一种新的力量，为了减少传统力量对它的影响，这种新力量不断地发展现代文化，进行各个领域的革新运动，继而使其满足社会的不同需求。此外，为了避免革新运动演变成为西化或掠夺行为，新力量还注重保护传统遗产。

在第二次世界大战之后，日本当代的政治、文化思想发生了巨大的转变，其中包括：禁止使用武器，推行全面改革；遵循日本宪法，倡导和平；集中力量扩大经济生产；加大对人类可持续发展的投入；给予科技、媒体、传播革命的绝对优先权。在推行了革新运动之后，日本经济取得了奇迹般的发展，成为世界上最重要的几大经济体之一，并且在科学发明和科技创新领域处于世界领先地位。

日本文化革新的特点是什么？如何处理当代日本各领域间的文化争论？如何借助劳动力、国家资本和统一市场来保证经济振兴？

翻译在了解阿拉伯文化中的作用是什么？日语在保护日本遗产方面的地位是什么？日本为什么支持与阿拉伯文化之间的积极互动？日本文化在与阿拉伯文化的对话中提出了哪些新的论调呢？这些问题将在本章中得到科学、详细的分析，这些分析是基于对日本丰富材料的长时间的观察以及已有科学成果的剖析所展开的。

理性文化给日本民众带来了社会稳定、经济繁荣以及科技发展。事实证明，与现代文化结合是振兴的关键和目的。在全球化的时代背景下，为了促进人类社会和经济的可持续发展，日本加大了文化方面的投入。此外，日本在应对科技革命所带来的各种挑战的同时，还注重保护传统文化遗产，这些都给阿拉伯人和其他发展中国家的人民树立了榜样。

但是，直至20世纪末，阿拉伯的知识分子并没有深入研究日本文化，而这种文化却能够给阿拉伯人翘首以待的第二次复兴带来许多的借鉴。

阿拉伯人与日本人之间的贸易往来十分频繁，但是双方之间的文化对话却不尽如人意。目前，有几十位日本学者在进行阿拉伯国家经济、社会、政治、军事和文化方面的研究，并且近年来日本从事阿拉伯研究的机构数量持续增加。此外，这些学者还出现在与阿拉伯民族、伊斯兰教和石油有关的阿拉伯学术论坛上。但遗憾的是，掌握日语并通过一手资料研究日本复兴的阿拉伯学者还不多见。

日阿学者之间的学术交流在阐释日本复兴的道路与模式方面做出了巨大贡献。阿拉伯学者除了根据一些宏观的印象之外，已经开始借助日语原文资料发表学术论文。这些研究成果肯定了日本革新运动的成就，并指出其原因主要在于理性、全面的人才发展规划。还有一些阿拉伯学者认为，阿拉伯国家丰富的自然资源并未在阿拉伯国家统一乃至向世界传播阿拉伯文化上发挥作用，相反，还有碍于阿拉伯国家和民族的统一，从而导致了阿拉伯国家内部的分裂，以及试图控制阿拉伯地区并掠夺其自然资源的外部势力的介入。

一、日本的文化革新与发展

“二战”以后，日本从其第一次复兴的失败中吸取了教训。复兴失败的原因在于在此期间日本转变成为帝国主义国家，并对其邻国进行了军事侵略。日本的第一次复兴是为了保护日本免于外国的侵略，从而赶上其他国家，并实现军事现代化。

当时日本有两大军事力量，一个是天皇手下的武士阶级力量，另一个是新兴资产阶级力量。日本在20世纪上半叶成了世界上最大的帝国主义国家之一，并且占领了多个邻国的土地。但是在“二战”即将结束的时候它却遭受了美军的重创，从而被迫成为一个非军事化的国家，只有在自卫的情况下才能使用武器。尽管日本被解除武装已经超过半个世纪了，但是亚洲南部和东部的国家仍然担心日本会再次发动军事袭击。

军事扩张和维护和平有着本质上的区别。日本曾于20世纪下半叶提出复兴计划，该计划包括建立一个拥有现代宪法的民主国家，加大经济、文化领域的投入，促进生产力和生产关系的发展。日本的复兴计划促进了民众的创新意识，另外，日本在国内推行和平革新，即建立不具有军事扩张性的现代化国家。

日本政府重视教育，鼓励青年学者从事科学研究，并大力支持各学术机构。它的教育制度被认为是世界上最好的教育制度之一，其学时长，实践活动丰富。因此，在这种制度下培养了一批批文化水平高，能够胜任各领域工作的新一代青年。日本的和平文化集传统和现代于一身，两者地位相当，当今的日本社会也保留着原本的传统价值观，这并不与现在的价值观相冲突，它所做的一些改革措施是基于以下方面的考虑。

传承、保护民族价值体系，使民族个性得到发展，并通过现代知识发展人文主义。

注重发展全社会的公民精神，一方面通过文化活动保护传统文化，另一方面则发展知识型社会。

从小学到大学或企业全民参与公益活动，确保素质教育的全面展开。

号召日本民众通过合作的方式解决各种困难，培养集体协作精神。

通过民众的行为和个性保持日本的优良品德，鼓励民众享受自身权利和履行自身义务，并让他们感受到自由。

尽管日本在20世纪下半叶在各个领域取得了飞速的发展，但是女性受教育程度还不高，她们大多只上到高中或者高职。有70%~80%的公司拒绝招收女性毕业生，它们给出的理由是公司首先应当维护自身利益，女性一旦结婚后就会中止工作，这样会给公司带来不利影响。

日本十分重视人力资源的发展，无论是工人还是管理者都不仅仅满足于学校学习的知识，他们在工作中始终接触新知识，这样有利于他们的工作和生产。

在这种机制下，日本学者十分关心国企和私企的发展，日本各个企业也鼓励员工进行科学研究和技术创新，这使得日本跻身世界大国行列。由于政府在科技创新和技术发展方面的大力支持，日本的一些科研机构的研究水平已经到达了世界领先地位，特别是在人力资源可持续发展方面。此外，日本的国企和私企的科研能力也位居世界前列。

直至20世纪最后十年，日本的公立大学仍然是日本大学中最有威望的，与此同时，日本也创办了不少私立大学。这些大学也与世界其他大学展开各种形式的竞争，从而提高自身的教育水平，为用人市场提供高水平的应聘者，也有不少的女毕业生开始就职于科技、技术、传媒领域。近些年来，也有越来越多的日本学者获得各大国际奖项，其中包括诺贝尔奖等。

日本文化不仅在激活国企和私企发展方面发挥着基础性作用，还促进了日本文化、经济、社会、金融等领域的企业、机构协调发展。日本政府注重文化和创新，从国家层面到各个企业层面都在努力构建知识型社会，它们鼓励教育、科研和各个领域的创新。

日本的多个研究机构和高等学府，其中包括世界知名学府筑波大学，也十分注重开发学生的潜质和能力，为学生进行创新活动提供充足的物质和科研条件，这也使得其毕业生日后成长为各行各业中的佼佼者。

尽管日本曾遭受了严重的经济衰退和十余年的经济危机，但是在此期间日本国企和私企的科研水平仍位居世界前列，学者们仍然进行各领域的科学研究工作，经常通过现代化通信手段与其研究领域的国内外同事保持着紧密联系。日本学者在诸多领域获得了诸如诺贝尔奖等国际性大奖，这让世人知道了日本的教育制度和各研究机构在其中发挥的重要作用。日本政府也多次表示将支持各年龄段和各领域的日本学者从事科学研究，使他们有能力取得更大的成就。

二、20 世纪中叶日本和阿拉伯之间的文化交流

20 世纪中叶日本学者对阿拉伯社会的研究主要集中在以下一些问题：阿拉伯农业问题及解决办法、中东地区的土地所有权问题、阿拉伯民族运动问题、政党问题、经济改革问题，以及殖民解放时期的阿拉伯国家民族运动问题等。

日本学者还十分关注石油禁运对日本的影响，以及伊斯兰革命在伊朗的胜利对日本中东研究发展的影响。此外，他们的研究领域还涉及石油行业的繁荣发展对阿拉伯国家人民、经济、社会交往的影响，城市化进程中石油的作用，石油发展所造成的社会离析与动荡、民族属性的动摇等问题。

有日本学者分析了阿拉伯国家现代化进程屡屡受挫的原因，及其对阿拉伯国家政治制度、政权民意基础的影响。他们认为随着石油行业的兴起和发展，很多阿拉伯国家都进行了现代化的尝试和努力，但在陷入扭曲的现代化和部分的非可持续发展之前，原教旨主义力量、部落力量和宗派主义力量强势回归。

日本学者对阿拉伯问题的研究已由量的积累过渡到质的变化，而在此之前，他们主要从事历史、社会、文化、文学、艺术、哲学、宗教等方面的基础性研究。今天，他们已对阿拉伯国家进行了整体

或局部的实地考察，研究范围涵盖了各个不同的领域。他们不但从事宏观层面的研究，而且转向研究具体某个阿拉伯国家的特有问题，例如埃及政党问题、独立后的阿尔及利亚经济问题、南苏丹问题、法国殖民时期的摩洛哥历史问题、当代也门历史问题、奥斯曼时期阿勒颇的史实问题、当代阿拉伯音乐流派问题等。

然而，由于主客观多方面的原因，阿拉伯文化在日本的传播和接受程度与欧美国家相比相距甚远。日本学者仅仅知道阿拉伯文化中的精华部分，而日本民众们则对阿拉伯人和阿拉伯文化知之甚少，比如阿拉伯重大的历史事件、阿拉伯文化的组成与存在的问题以及美妙的阿拉伯艺术等。

起初，日本学者在没有其他方式真实地了解阿拉伯文化的情况下，只好一味地重复西方阿拉伯学者的观点。但是，他们随后发现，不少西方学者并没有忠于历史事实，没有真实地基于来自阿拉伯世界的第一手资料展开研究。一些日本学者在阿拉伯国家实地考察后发现，尽管那些西方学者对阿拉伯历史文化有着明确的见解，但是他们并没有实事求是。

巴勒斯坦问题就是很好的一个例子。日本媒体在报道巴勒斯坦问题时往往转引欧美媒体的报道，但是不少了解阿拉伯事务的日本学者为从根本上改变这一局面付出了努力。也正是因为他们的努力，日本民众对阿拉伯国家的印象也随之开始改变，也有越来越多的日本学者和媒体人士意识到有不少的西方媒体和知识分子并没有真实地报道阿拉伯历史和文化。

在现代化进程中，日本同阿拉伯国家一样受到了西方话语体系的影响。这是个不言而喻的问题，所有从事阿拉伯研究的日本学者都知道这一点。但是他们并没有任何自卑感，相反，他们知道如何使得这些话语体系与日本的社会结构、人民秉性相适应，随后将这些言论运用至其发展中，并在现代化进程上选择一种符合自身的发展模式，最终成为其他国家学习和效仿的对象。正是由于他们的作用，阿拉伯的知识分子们开始思考沙基布·艾尔斯兰[①]的问题："为什么穆斯林们落后，为什么他们之外的其他人却在进步？"在这后面还有更深层次的问题，那就是：在19世纪，日本为什么能够在现代化进程中取得全世界公认的成就，而与此同时，阿拉伯和其他一些国家仍然还依附于西方国家？

在这个方面，有必要指出阿拉伯国家持续的现代化进程与日本已取得的现代化的区别。日阿双方都启动了现代化进程，在日本是全方面进行的，而在阿拉伯国家某些方面——特别是经济、社会和文化方面——却受到了限制。

阿拉伯国家的现代化进程是畸形的，特别是在简单地引用西方话语体系之后。它们不顾那些话语体系是否与社会的主流属性相适应，或者是否有利于自身发展。健全的现代化进程首先应该是社会内部的成熟产物，其次是若干个循序渐进的阶段，并且每个阶段都要比之前的更加稳定。最好的例子就是日本在"二战"战败后强有力地腾飞，实现了第一次复兴，接下来用不到20年的时间创造了经济史上的奇迹。

阿拉伯国家的现代化进程是失败的，它的现代化仍然依赖于西方的话语和科学技术，这是因为在阿拉伯国家的社会内部还没有健全的现代化机制，黎巴嫩的政治制度就是很好的例证。虽然如今在城镇化、经济、文化、传媒领域有很多现代化的体现，但是大部分阿拉伯国家的政治制度都是在阶层、派别、家族和区域间求得平衡，这就影响了现代化的完整性，也阻碍了建立一个基于个人才智和国家认同的现代化稳定国家。

在这个时期，日本学者由过去的宏观研究和意识形态研究转向了个体的实证研究，这种研究融合了中东地区特别是阿拉伯地区的微观和宏观经济史的研究。起初的研究包括埃及历史、社会、经济、政治、民族和区域作用，不结盟运动的发展状况，埃及在本地区和不结盟运动中的作用等。随后，研究对象逐渐扩展到阿拉伯东部国

① 沙基布·艾尔斯兰（أرسلان شكيب，1869—1946）：黎巴嫩德鲁兹派领袖，黎巴嫩著名作家、文学家、思想家。——译者注

家、马格里布地区、海湾国家、苏丹及其他国家，此外还有以色列、伊朗、土耳其和其他中亚国家。

20世纪末期，与欧美、俄罗斯学者关于阿拉伯历史研究的积淀相比，日本学者对阿拉伯地区历史、文化、政治制度的研究就显得较为单薄。西方学者的研究已经拓展到了阿拉伯国家的政治体制、历史影响、人居环境、经济、社会构建、政党、政治机构、社会运动等方面。为了帮助日本民众从自身的视角更好地了解阿拉伯国家，日本学者们在“二战”后的三十年内付出了巨大的努力去架设日阿双方之间的智慧之桥，同时，双方学者们也在经济、政治、文化、文学、艺术等领域发表了诸多富有深度的学术论文。

在阿拉伯国家方面，我们要特别指出查尔斯·伊萨维①的那句话：“为什么是日本，而不是埃及？”这句话全面细致地描述了阿拉伯人和日本人——拥有不同历史的人民——在复兴初期时的面貌。同样，安瓦尔·阿卜杜勒·马利克②的“东风”说，也是在告诫阿拉伯国家和其他亚洲国家关注日本的复兴。

在日本方面，板垣雄三教授是阿拉伯问题研究的领军人物，他培养了大批从事阿拉伯问题研究的日本学者和阿拉伯学者。2004年4月11日在迪拜召开了亚洲——阿拉伯国家文化交流论坛，板垣雄三教授在会上发表了题为“日本与阿拉伯国家文化交流历史”的演讲，这是他用英日双语撰写的关于日阿文化关系发展的众多研究成果之一。他在正确看待巴勒斯坦问题和阿拉伯文化方面发挥了重要作用，同时他还激励日本青年学者探究阿拉伯文化的真相。在他们的努力下，日本学者们已经有能力真实地报道阿拉伯历史和文化问题，并且带着批判、警惕、审视、警戒的眼光看待西方学者就巴勒斯坦问题和阿拉伯文化问题发表的观点。

---

① 查尔斯·伊萨维（Charles Issawi，1916—2000）：美籍阿拉伯学者，著名的中东经济和历史学家，被誉为“中东现代经济史研究之父”。——译者注

② 安瓦尔·阿卜杜勒·马利克（أنور عبد الملك，1924—2012）：埃及著名媒体人和左派思想家。——译者注

三、阿拉伯研究在日本的发展

20世纪下半叶，在部分阿拉伯国家发生了一些戏剧性的事件，这些事件也影响到了日本的阿拉伯和中东研究的发展。爱德华·赛义德关于东方学的著作在日本学者中引起了强烈的反响，他们开始批判西方对于阿拉伯国家和伊斯兰文化的东方学研究。同时，西方开始重新审视他们之前关于日本东方主义的理论，并注意到了日本具有亚洲特色的现代化经验。

许多的日本学者致力于揭示西方东方学派别的分化情况，并客观地研究阿拉伯地区历史、文化以及该地区在人类文明发展史上做出的贡献。在亚洲国家掌握了先进的科学技术之后，它们向世界证明了那些科学技术并不为西方所特有，西方的现代化之路也不能强加于其他国家。实践证明，西方的东方主义学说并不能带来健全的现代化和经济、社会领域的解放，它最终将导致阿拉伯地区的西化和依附于西方。西方关于阿拉伯地区的东方主义学说在日本受到了强烈的抨击，原因是日本学者认为那些话语将会成为导致阿拉伯民族、阶层、部落分裂的主要因素，而这些研究应该基于对阿拉伯国家历史、文化和经济、政治、社会构建的研究之上。

日本学者们迫切地希望在日阿双方之间开展更加充实的人文交流，在学者间广泛地交换意见，在文化、科研机构间签署合作协议。这样是为了更好地了解阿拉伯国家——那里历史悠久，曾是古老宗教的摇篮，也曾是人类文明第一次交融的圣地。但现在，那里的人民正饱受政治失意、贫困和愚昧的困扰，这种愚昧来自带着中世纪专制独裁色彩的领导人们。尽管该地区正蒙受着恐怖主义和压迫的痛苦，屠杀、冤狱、信仰崩塌、流离失所成为普遍现象，但是，我们没有理由忽视阿拉伯国家知识分子们在其中的作用，因为他们都勇于提出改革的构想。

日本学者们珍视从本国人的视角——不是西方东方主义学者的视角——去看待阿拉伯伊斯兰人民的历史和文化，他们积极同阿拉伯学者们进行文化交流。由于日本经济对阿拉伯国家的能源供应存在依赖性，因此，日本用以保证工厂的能源供应、商品市场的开放以及充足资本所带来的收益政策就显得十分的务实。日本对于阿拉伯和伊斯兰文化的研究取得了长足的发展，因为日方研究人员渴望对阿拉伯伊斯兰人民的历史和文化有更加深刻的了解。

第一次和第二次海湾战争给日本经济带来了重创，这导致了日本在 20 世纪最后十年的泡沫经济，阿拉伯国家对日本施行的禁油令也挫伤了日本民众发展对阿关系的信心。1997 年在埃及卢克索发生的枪击日本游客的恐怖事件也使得日本民众对阿拉伯国家愈加失望。阿拉伯国家的战争、冲突等内部问题，给日阿双方的文化交流带来了巨大的消极影响。因此，日阿间有必要加强文化交流，向日本民众澄清阿拉伯问题的真相。

阿拉伯学者总是在思考日本复兴成功的秘诀和阿拉伯国家失败的原因，但是至今尚未找到答案，这是因为阿拉伯国家的科研机构没有足够重视日本的复兴，没有从中吸取经验。相反，在阿拉伯人民中有着激烈的意识形态分野，他们中有的坚持带有萨拉菲主义[①]的思想，有的则宣扬趋同于西方的现代化，他们认为现代化是一个持续的过程，会源源不断地产生新的事物和思想。

四、发达经济体研究所的阿拉伯研究

在受到阿拉伯禁油危机的影响后，日本于 1958 年在东京建立了发达经济体研究所。在 1978 年伊斯兰力量在伊朗掌权之后，该研究所的研究呈现欣欣向荣之势，研究对象也扩展到高加索地区的中亚国家。研究所的科研和行政人员有 150 余人，这让该研究所一跃成为日本最大的中东研究基地。

该研究所于 1975 年至 1978 年间出版了 11 期《中东问题评论》（*Middle East Review*），于 1986 年至 2009 年间出版了 31 期《当代中东》（*The Contemporary Middle East*）。

① 萨拉菲是伊斯兰教的一个极端主义教派，他们主张没有删减或更改的伊斯兰教原初教义，坚持建立正统宗教国家、反以色列和反西方的立场。——译者注

随后，该研究所于 1988 年至 1995 年间出版了 8 期《当代中东问题评论》（*The Middle East: Current Affairs Review*）和《中东问题研究》（*The Middle East Studies Series*）系列丛书。该丛书汇集了截至 2006 年日本及外国学者的 50 多篇论文。

该研究所主要就阿拉伯问题中的如下方面进行研究。

1. 阿拉伯现当代社会历史研究

中冈三益教授、板垣雄三教授、林武教授是这方面研究的领军人物，同时他们也是近代日本最早进行中东研究的学者。他们从宏观和微观角度研究了阿拉伯近现代史、阿拉伯民族问题以及 1952 年的埃及七月革命，也对阿拉伯国家和非洲国家的解放运动给予了关注。他们三位在思想上受到了江口圭一教授的影响。江口教授是当时杰出的马克思主义史学家，他曾撰写了多部关于帝国主义的著作，并指出了帝国主义对发展中国家的危害。

在该领域颇有建树的学者们还有东京外国语大学亚非语系的三木亘教授，朝霞外国语大学的河原博教授，朝霞大学的池田亮教授，以及宫城学院女子大学的矢岛文夫教授。

日本社会学家林昂出版了许多关于技术转让和城市化、社会交流方面的著作，其中最有影响力的是 1974 年出版的《现代阿拉伯国家政治与社会》一书。他于 1976 年建立发展中国家城市化进程与发展研究所，并在 1990 年受命担任东京联合国大学研究所的负责人，主持技术转让及其对社会转型和城市发展的影响的研究工作。他在技术转让及其对发展中国家影响的研究对不少日本学者产生了不小的影响，其中包括一桥大学的著名历史学家上原专禄教授。

在板垣雄三教授出版的《20 世纪阿拉伯东部国家政治史》一书中，他分析了该地区民族运动的发展以及抗击外来入侵的解放运动。他最突出的贡献在于建立了具有日本特色的阿拉伯学研究体系，并在东京大学培养了多名在历史学、社会学、人类学和翻译领域有所建树的学者。

在板垣雄三教授的影响下，宫城一夫教授自 1978 年起发表了多篇关于马格里布地区民族解放运动发展的文章，他的这些文章受到了马克思主义的研究方法的影响。

2. 当代阿拉伯经济研究

中冈三益教授是日本从事埃及近现代经济史研究的专家，他致力于农村社区、农业经济、资本主义对埃及农业的影响以及埃及农作物单一化（如埃及棉）风险等方面的研究。

宫城一夫教授是日本马格里布地区研究的专家，他的研究包括阿尔及利亚农场结构与发展以及独立时期官僚主义对公有制农场的阻碍作用。

木村喜博先生紧跟中冈三益教授的脚步，他主要从事阿拉伯东部国家经济史的研究，特别是家庭在土地管理中的作用。他于 1977 年出版了《农业合作与财政基础在埃及经济发展中的作用》一书，该书论据充分、分析深刻，吸收了埃及经济历史学家易萨木·德苏基和罗格·欧文关于埃及资本主义经济结构的研究成果。

在这个时期，日本信仰马克思主义的学者反对像西方学者那样分析阿拉伯经济形势。这在年青一代的经济史学家中引发了不小反响，他们认为马克思主义是分析经济、社会问题唯一正确的方式，他们超越了意识形态分析法，并注重实证研究。加藤博教授是这些青年学者中的佼佼者，他对中冈三益和木村喜博的观点提出质疑，并撰写了多篇文章论述埃及房产问题。他于 1993 年出版的《埃及的私人土地与社会》一书，被认为是该领域的经典之作，该书首次引用了丰富的阿拉伯语原文资料并记录了作者的亲身经历。

丝贺正树是现代伊拉克社会研究的杰出学者，他最早从事两河流域的历史研究，随后开始研究两河流域的灌溉系统及使用方法。后来，他成立了一个研究所，并在 1967 年至 1975 年发表了数篇关于伊拉克和中东地区灌溉问题的文章。在他去世后石田进教授接替了他的位子，并于 1974 年发表了《19 世纪埃及农业》一文。

铃木弘明教授是研究埃及经济历史学的专家，他曾发表多篇论文，其中有代表性的是他在 1986 年发表的文章，其中探讨了埃及纺织业的历史、埃及银行与其创始人塔拉特·哈尔布[①]和威廉姆·威尔科克斯[②]在推动埃及和伊拉克灌溉技术方面的作用。

不少日本学者，如长泽荣治、松原诚二郎、浜渦哲雄、中村丰和福田安志等人，还在以下方面进行了研究：社会主义制度下的经济体、开放政策、阿拉伯国家的石油经济、城市化、工业政策等。

松原诚二郎在 1974 年发表了多篇关于伊拉克石油生产与国有化、伊拉克与石油输出国组织关系的文章。中村丰在 1976 年发表了关于阿拉伯产油国的财政政策与发展规划的文章。清水学于 1991 年发表了关于石油市场历史的文章，他在文中指出了影响金融发展的两大因素即货币投机者与商业银行。1993 年，清水学发表了关于海湾国家金融机构合作的文章，此外，他分析了埃及穆巴拉克政权与权力中心的关系问题。同样，清水学和冈野内正也分别就海湾地区食利者经济和金融市场提出了自己的观点。

福田安志早年从事埃及现代史的研究，随后转向阿拉伯半岛问题研究，并在 1996 年举办了海湾国家政治经济论坛，随后在 2000 年发表了关于阿曼问题的文章。中村丰被认为是继石田繁之后最杰出的中东问题研究专家，1974 年他与久山、石田进一起成立了日本中东经济研究中心。

在这个时期，日本学者们做了许多关于政治制度与经济政策之间辩证关系的研究。同志社大学的山根学教授在 1986 年从马克思主义经济学的视角分析了纳赛尔政权，他还在 1992 年至 1998 年发表了多篇关于巴勒斯坦问题、巴勒斯坦经济、埃及的政治经济、海湾国家金融发展的文章。山田俊一在 1990 年至 1995 年就埃及和土耳其经济问题发表了若干文章，同样，关根英一也在 1988 年出版了关于中东国家经济政策的专著。

日本学者也十分注重石油经济繁荣时期产油国外来移民问题。长场纮于 1985 年对 1980 年至 1985 年产油国外来务工人员人数做了

① 塔拉特·哈尔布（طلعت حرب，1867—1941）：埃及经济学家，埃及银行的创办者。——译者注

② 威廉姆·威尔科克斯（William Willcocks，1852—1932）：英国土木工程师，曾主持修建阿斯旺旧坝。——译者注

详细的分析，长泽荣治于1986年就埃及农业劳动力和外来务工人员问题发表了数篇文章。

3. 当代阿拉伯国家政治研究

1986年，板垣雄三教授在东京举办了题为“伊斯兰教城市化”的国际论坛，并用日语和英语出版了他的五卷本著作——《当代中东历史与科学》。

该书收录了他从1956年至1991年关于阿拉伯当代史特别是埃及当代史的27篇文章。全书分为6章，每章标题分别是：区域历史与民族历史的对话、帝国主义、埃及和阿拉伯东部国家的民族运动、埃及革命与阿拉伯社会主义时期的思想革命、阿拉伯伊斯兰国家的政治文化、中东地区政治体制的困境。他还对巴以问题、犹太教问题、城市化进程中的伊斯兰教问题做出了评述，此书中还包括了他之前就埃及1919革命、穆斯林兄弟会、阿拉伯社会主义的阶级特点等问题发表过的文章。

板垣雄三教授认为只有在全球化的背景下才能真正地认识中东地区，由于一些大国的直接干涉，使得阿拉伯世界的地区性问题发展成为全球性问题。

板垣雄三教授于1988年至1990年主持了重大科研项目——《伊斯兰教城市化研究》，该项目强调中东地区作为实证研究基地的重要意义，因为宗教因素在中东地区的作用越发重要。板垣雄三认为伊斯兰教是阿拉伯社会的根基，是实现现代化和发展的关键，是制定内政和外交政策的重要依据。

中冈三益教授总结了他之前关于埃及纳赛尔时期经济社会构建的文章，并在1988年发表文章《明治时期埃及混合法庭》。1991年，中冈三益教授出版了其新作——《阿拉伯经济社会史》，该书观点新颖，着重介绍了日本与中东国家的关系。他在1998年发表的多篇论文中谈到了中东地区在国际关系和世界经济中的重要作用。

在“冷战”结束前期，国际社会发生了巨大的变化，苏联和社会主义阵营解体，中国开始改革开放，一些国家摆脱了冷战思维的束缚，并且进入市场和国际自由贸易竞争之中。这些历史事件给日本年轻学者们带来了不小影响，他们对阿拉伯历史的研究在不同程度上受到了民主自由国家学者们的影响。而在此之前，他们的研究是在马克思主义的框架下进行的。

东京的发达经济体研究所鼓励对阿拉伯国家进行新的研究，日本学者们的研究范围涉及埃及历史、阿拉伯东部国家问题、建立现代化的阿拉伯国家、苏丹建立民族国家以及马格里布地区问题等。此外，木村喜博教授和酒井启子也加入到了经济史的研究中来。

1987 年，木村喜博教授发表了多篇关于当代埃及经济史、叙利亚和黎巴嫩政治史的文章，他在文中详细分析了 19 世纪中叶到“一战”期间贵族阶层在沙姆地区的作用。他认为这些贵族中有的是奥斯曼帝国时期阿拉伯民族主义的倡导者，有的曾与欧洲人合作，并通过经济干预的方式推翻了奥斯曼帝国的统治。此外，木村喜博还研究了独立以来叙利亚政治精英的变化等问题。无论是中冈三益还是木村喜博的研究，都已经摆脱了西方东方主义学者的束缚。

酒井启子是日本杰出的伊拉克现代史研究专家之一，她于 1993 年发表了一篇重要的文章，在文章中她谈到了当代伊拉克的国家认同问题以及伊拉克政治史上的宗教和部落宗教，以及部落在国家政治中的作用。1993 年，她组织了一场研讨会，研讨会围绕部落与国家的关系、中东地区部落传统对政治和社会构建的影响、伊拉克库尔德问题而展开。此外，她还发表了多篇论文，论文内容涵盖了伊斯兰教与阿拉伯民族主义的关系、伊斯兰新趋势下的阿拉伯妇女问题以及萨达姆统治时期下的伊拉克社会等方面。

伊能武次在 1985 年至 1993 年撰写了多篇关于纳赛尔时期埃及与中东国家政治精英对比的文章。1994 年，伊能武次发表了一篇学术论文，他在文中谈到了美国与中东国家的主流政治思潮对比、多数派与少数派的关系、政治制度的中心概念、本国与世界的关系等。他在这个阶段的研究被认为是埃及各力量间政治关系研究的范本。随后，在他的两篇文章中，一篇谈到了埃及的政治沟通问题与政治精英的立场，另一篇则辩证地分析了中东地区国家与社会的关系。

宫城一夫在1987年举办了一场关于海湾六国宗教派别之间关系的论坛，与会者们认为少数派不仅造成了当代中东国家各种争端，还掀起了众多国家的伊斯兰新思潮。

当代苏丹政治史研究专家之一栗田祯子出版了多篇关于苏丹研究的文章，其中有不少已被翻译成为阿拉伯语。1991年，栗田祯子发表了一篇关于殖民时期到独立时期苏丹政权转变的文章，文中分析了现当代苏丹的政治演变过程。随后，麦吉迪·纳伊姆将栗田祯子的《阿里·阿卜杜·拉提夫与1924革命——苏丹革命根源探究》一书译成了阿拉伯语，并于1997年在埃及出版。

长泽荣治于1990年发表了他关于埃及共产主义运动的研究，该研究借鉴了埃及共产主义思想家易卜拉欣·阿米尔等人的研究成果。随后在1994年，长泽荣治还发表了关于地方长官在当代埃及历史中的作用的文章，文中分析了政治权利中心与地方行政机关的关系。

伊能武次、池田亮、长场纮分别于1970年、1989年和1990年在日本举办了三次大型的学术研讨会，这三次会议分别讨论了中东国家的宗教问题和宗派矛盾、埃及穆斯林兄弟会的作用以及阿拉伯海湾国家的伊斯兰运动等议题。

东京外国语大学的饭冢正人教授是中东宗派主义问题研究的专家，他于1993年发表了关于伊斯兰政治的文章。

青山弘树教授主要从事叙利亚穆斯林兄弟会的研究，他于2000年发表了关于叙利亚复兴党成立问题的文章，这篇文章受到了叙利亚思想家扎齐·艾尔苏兹[①]作品的影响。

池田亮于1989年发表了关于以色列宗教原教旨主义兴起与阿拉伯国家伊斯兰原教旨主义升级的问题。同样，池内敏也于2001年发表了他对阿拉伯国家政治与宗教关系的看法。

臼杵阳十分重视中东国家特别是巴勒斯坦的党派与共产主义组织产生和发展的研究，他于1990年发表了文章，谈论了阿拉伯国家

① 扎齐·艾尔苏兹（زكي الأرسوزي，1900—1968）：阿拉伯思想家，阿拉伯民族主义思想创始人之一。——译者注

现代化问题。

这里还要特别提到东京外国语大学的黑木英充教授，他专攻19世纪叙利亚和黎巴嫩历史研究，多次参加阿拉伯国家和国际性会议。此外，他还用英、日两种语言发表多篇论文。他拍摄了大量关于阿勒颇地区的图片资料，并将其上传到网上供研究者们使用。在他2006年接管总部设在贝鲁特的日本中东研究中心的工作以后举办了多场学术论坛，这些论坛汇集了日本、阿拉伯和其他各国的学者。他鼓励与会的学者以及硕士、博士研究生积极参与讨论，这为年轻学者提供了广阔的平台。至此，贝鲁特文化中心成为了继开罗文化中心之后日本青年学者与阿拉伯青年交流的又一重要平台。

4. 巴以问题研究

大岩川和正是日本巴以关系研究者当中的佼佼者，他曾在日本北部的北海道工作。1958年，他获得了以色列政府提供的奖学金赴以研究以色列的基布兹[①]和农业定居点。他于1966年发表了关于巴以问题的论文，在文中他抨击了用狭隘的宗教观看待两国历史的研究方法。

大岩川和正认为以色列不仅仅是犹太教历史上的一部分，它还是当代西亚历史上不可分割的一部分。巴以这块土地不是专属于阿拉伯人或者犹太人的，而是两个民族人民共同深入合作的地方。

大岩川和正对犹太复国主义和阿拉伯民族主义都进行了批判，他在书中避免谈到巴以之间的地理关系和阿拉伯人、犹太人之间的历史、宗教和人口关系。大岩川和正十分重视以色列的基布兹问题，他认为以色列是巴勒斯坦在领土上推行基布兹的结果，要不断地增加定居者的数量从而增加基布兹的数量。大岩川和正于1981年去世，终年48岁，1983年他关于巴以历史研究的文集出版。

自20世纪80年代初起，池田明史和臼杵阳就在东京日本经济体研究所从事巴以历史的研究工作。池田明史在1988年至1994年发表了多篇文章，文章内容涉及以色列政治、以色列左派和右派之

① 基布兹是希伯来语קִבּוּץ的音译，意为“聚集之地”。它是以色列一种从事农业生产的集体社区。——译者注

间的分歧、民族关系对以色列政治构建的影响、中东地区的冲突、以色列占领约旦河西岸和加沙地区、巴勒斯坦起义、巴勒斯坦移民及其现状等。

立山良司主要从事地区冲突的研究工作，他分别于 1988 年和 1994 年发表了关于以色列右翼派别和耶路撒冷问题的研究成果。丸山直树也分别于 1976 年和 1988 年就以色列的阿拉伯少数派和以色列左翼派别问题发表了个人见解。

臼杵阳十分注重巴勒斯坦政治史的研究，他于 1985 年发表了关于英国委任统治巴勒斯坦时期的国家领导人的研究。直到今天，臼杵阳仍被认为是日本巴勒斯坦研究问题的专家，他的文章深入分析了将思想工作中的政治和宗教因素剥离开来后所造成的影响。1990 年他发表了一篇关于 20 世纪 40 年代巴勒斯坦社会主义政党的文章。1991 年，他又发表了关于以色列和巴勒斯坦内部经济、社会关系的文章。同年，他还就散居世界各地的犹太人和巴勒斯坦人问题发表了看法。在 20 世纪后几十年，臼杵阳开始关注耶路撒冷问题，他分别于 1998 年和 1999 年撰写了关于以色列塞法迪犹太人现状和犹太原教旨主义的文章。

5. 阿拉伯社会研究

日本社会学家们对阿拉伯社会的研究包括埃及村落以及阿拉伯东部国家和马格里布地区村落的研究。1963 年，中冈三益发表了关于埃及尼罗河三角洲村落的研究。1975 年，木村喜博发表了他对上埃及村落的研究。一年之后，林武教授出版了关于城市中心研究的系列丛书。这些社会学研究围绕两条基本线索：一是 19 世纪西方资本主义模式对阿拉伯国家农村和城市的影响，二是农村居民的外迁。

加藤博于 1991 年发表文章《中东伊斯兰社会学》，在文中他谈到了当代中东地区现代化和城市化的问题。两年之后，他又就尼罗河三角洲的农业经济提出了自己的看法。宫城一夫于 1987 年发表了关于中东地区民族关系和社会融合的文章。泉泽久见木对埃及妇女的状况做了详细的研究。1990 年，黑木英充出版了他对 1975—1990

年黎巴嫩内战期间工人与雇主间关系的研究。

内藤正典于 1985 年发表了关于乌塔大马士革[①]生物平衡破坏的文章。长泽荣治于 1991 年就上埃及居民向亚历山大迁移问题发表了自己的看法。酒井启子于 1991 年发表了关于伊拉克复兴党对落后地区政策的研究，她随后在 1998 年又对石油产业给中东国家儿童和青年带来的影响提出了自己的观点。

堀内正树是研究马格里布地区人类学问题的杰出学者，他于 1991 年发表了关于人民思想以及阿特拉斯山脉问题的研究。栗田祯子以苏丹马赫迪战争为例，就中东国家的宗教信仰问题发表了文章。

日本经济体研究中心将许多阿拉伯语书籍译成了日语，例如阿卜杜·拉哈曼的《大地》（奴田原睦明译）、陶菲格·哈基姆的《灵魂归来》（堀内胜译）以及纳吉布·马哈福兹的《梅达格胡同》（池田修译）等。

五、时断时续的日阿文化对话

出于保障本国经济发展的目的，日本政府和企业十分重视中东产油国的石油供应。但是，阿拉伯人却不重视从日本身上吸取现代化成功的经验。此外，阿拉伯国家和日本之间的交往仅仅局限在石油和电子产品方面，在政治和文化方面的交流甚少。为了改变这种局面，有不少的日本学者开始对中东国家特别是产油国进行研究。

在政府和民间机构的共同努力下，日本从事阿拉伯语言和文化教学的机构逐渐增多，日阿学者间的学术交流也逐渐增多。

随着日本学者数量的增加，日本对阿拉伯国家的研究也逐渐增多，双方学者也开始共同进行课题研究，如“日本与阿拉伯国家关系研究”。在此框架下，日阿双方举办了 20 多场学术论坛，就巴勒斯坦问题、中东和平问题以及与双方政治、经济、文化关系有关的问题展开研讨。遗憾的是，这些研究成果只有少部分被译成了阿拉

① 乌塔大马士革（غوطة دمشق）是指东南西三方向包围大马士革的园林区域，该区域环境优美，多种植蔬菜、水果和鲜花。——译者注

伯语。

除了作者的所见所闻和来自书籍、电视上的介绍之外，日阿双方开始尝试用一种新的方式增进彼此间的文化交流——1979 年举办了题为“日阿交流”的对话会，这是这个时期日阿之间举办的第一次对话活动；1981 年举办了第二届“日阿交流”对话会。经过双方学者为期三年的努力，最终将这两次对话的文稿用日英双语出版。为了确保这两次对话的顺利成功，日本政府花费了大量的人力和物力。

随后，日本学者还在东京法庭声讨以色列在黎巴嫩萨布拉和沙蒂拉地区犯下的罪行。在板垣雄三教授和其他学者的努力下，他们将庭审材料汇编成《1982 年以色列对黎巴嫩的侵害：一项来自国际人民法庭的调查》[①]一书，该书于 1983 年以日英双语在东京出版。

1989 年 9 月在约旦首都安曼举办了第一届“阿拉伯思想论坛”，第二届于 1991 年 9 月 22 日至 25 日在东京举行，第三届于 1992 年 9 月 19 日至 20 日在阿曼举行。

英语是日阿学者间交流的工具，在已经举办的几次论坛中，绝大多数是用英语出版其论文集，阿拉伯语只有一次。在这本用阿拉伯语出版的《日本与阿拉伯的对话》一书的封面上用阿拉伯语写着：“这是日阿双方学者间的对话实录，该书系统地梳理了日阿双方在文化、科技、政治和经济领域的关系。”

阿拉伯学者们应该用阿拉伯语撰写自己的发言稿，然后用阿拉伯语在会上进行交流。这样做是为了让以后的学者们更加重视日阿间对话，因为这种对话是增进双方文化交流的一种方式。十分遗憾的是，双方间的对话于 1993 年中止。本书将这几次对话中涉及的内容归纳如下：

1979 年 3 月 27 至 29 日在东京举行了第一次对话，这次对话有 22 名日阿学者与会，共提交了 14 篇论文，内容涉及日本与阿拉伯国家间的经济关系、日本的经济制度、能源外交、阿拉伯人的长远作

① ITAGAKI, Yuzo, and others: *The Israeli invasion of Lebanon 1982: Inquiry by the international people's tribunal*, Tokyo, 1983.

用、日本人眼中的阿拉伯人、日本的阿拉伯语教学、日本对阿拉伯国家的外交政策、最早朝觐的日本人、明治初期日本对埃及政权的研究、日本改革家对阿拉伯问题的看法。

1981年9月9日至11日在日本举行了第二次对话，这次对话有40余名日阿学者参加，内容涉及日本与阿拉伯国家的交往、日本眼中的阿拉伯形象、阿拉伯大学生眼中的日本人、如何更好地了解阿拉伯文化、当今日阿经济关系、日本与科威特的经贸关系、经济发展与技术转型、日阿双方的文化感知。

基于“日阿交流”对话会的成果，1989年9月在阿曼举行了首届“阿拉伯思想论坛”，该对话共举办了三场，出版了三本论文集，其中两本用英语出版，一本用阿拉伯语出版。

第一本阿拉伯语版论文集汇聚了日阿思想家的13篇成果，在这13篇作品中有的是用阿拉伯语撰写的，有的则被译成了阿拉伯语。该论文集涉及的话题如下：文明和价值观在日阿现代化进程中的作用、日阿工业和企业管理对比、教育在社会发展中的作用、知识和文化在日阿现代化进程中的作用、日阿合作的前景。

第二本英语版论文集收录了1991年东京研讨会上的9篇文章，文章涉及世界新秩序，巴勒斯坦问题，海湾战争，日阿间的经济、文化、传媒合作等。

第三本英语版论文集包含了1992年阿曼研讨会上的12篇文章，内容涉及世界新秩序、集体安全政策、中东冲突、南北关系、文明间的对话等。

这五次对话的议题涉及日本与阿拉伯国家之间的历史交往、文化关系、经贸往来、政治合作等方面，范围非常广。日本学者和阿拉伯学者也开始重视发展双方在各个领域间的交流与合作，并筹划建立各种民间友好组织。

在这几次的对话中，日方和阿方都派出了各个不同领域的专家，对话的主题也不局限于对过去的回顾，更多的是对将来的展望。双方都渴望世界和平，并致力于在尊重各国家、各民族人民的基础上建立世界新秩序。从在阿曼和东京举办的“阿拉伯思想论坛”的议题中可以看出，不少的阿拉伯和日本学者对双方共同关心的重大问题都富有责任感，这有利于推动日阿间的文化战略合作。此外，也有越来越多的阿拉伯学生将日阿文化交流作为自己的论文选题。由此可见，阿拉伯国家同日本之间的文化交流进入了新纪元。

与此同时，也有越来越多的日本青年学者开始对阿拉伯国家的社会问题进行研究，他们的研究对增进日阿双方人民间的文化交流起到了促进作用。

要想真正地从双方的交往中受益，需要逐渐将这种交往机制长效化。此外，阿拉伯学者还应该重视研究日本现代化成功的经验，并将他们关于社会、国家、历史、文化、哲学、科学等领域的知识运用到解决阿拉伯地区的问题中来。

从这几次对话的议题中还可以看出日阿双方间的关系在各个层面存在着不平衡的现象。随着资源的不断枯竭，阿拉伯国家的政治、经济和社会方面将趋于不稳定的态势。这就要求所有的阿拉伯国家和伊斯兰国家同日本一道共同制订一个详细的长期合作计划，并在双方共同关心的领域加以实施。日阿间对话的核心是增加双方的共同利益，而不是喊口号，这在往届的对话中都有所提及，但没有得到足够的重视。

今天，阿拉伯人迫切地需要一批能够从事日阿互译的翻译人才。日阿双方在这个领域都有所欠缺，因为过去大部分的翻译工作都是借助其他语言已有的译本完成的。

阿拉伯人曾高举自由、解放的旗帜，曾幻想摆脱对西方的依附，保持其独立性，曾希望阿拉伯地区的石油由自己掌控，也曾希望战争不再继续，但是这些都没有实现。然而，日本能够在美国的控制下通过发展软实力实现经济振兴，这是因为日本鼓励各种形式的经济活动，并建立了有效的外交渠道解决各种问题。日本还大力推动科学技术的发展，积极投身生物技术革命、基因技术革命、通信技术革命等。此外，日本十分尊重文化遗产，并通过各种手段促进日本传统文化与世界各国文化的交流互鉴。最后，日本注重培育创新能力，鼓励各类企业成为社会创新的主体。也正是基于阿拉伯国家与日本的鲜明对比，阿拉伯学者应当进一步加强与日本学者的交流与对话，并从中获得有益的经验和启示。

六、21 世纪前十年日阿间的文化对话

在 9 · 11 事件之后，美国政府开始在世界范围内对恐怖主义宣战。他们用言语攻击阿拉伯人和穆斯林，在这一过程中，美国伤害了阿拉伯人和穆斯林的感情，认为阿拉伯人和穆斯林生来就与恐怖主义有着天然的联系，大部分伊斯兰国家需要用武力对其政治模式、教育和文化政策做出重大改变。

塞缪尔 · 亨廷顿的《文明的冲突》一书于 1993 年出版，该书一经问世就在世界各国学者间产生了强烈的反响，他们认为书中的某些观点造成了非常严重的负面影响。联合国教科文组织努力在各国间进行调和，它认为文明间的交流应采取对话而非冲突的形式，只有愚昧的领导人才会将对话变为冲突。

为了增进世界各国人民和国家间的文化交流，联合国教科文组织相继举办了多场论坛，它自 1985 年起就开始重视近东与中东间的对话，并制订了题为“解放之路，对话之路”（后简称为“文明的解放”）的计划。1998 年，伊朗时任总统赛义德 · 穆罕默德 · 哈塔米建议联合国将 2001 年定为“文明对话年”，他的这个提议也得到了各国学者的支持。

由于西方不断地诋毁阿拉伯人和穆斯林，日阿双方决定更加频繁地进行民间的交流与对话。

日本文部科学省认为美国政府对阿拉伯人和穆斯林奉行的种族主义政策是一种违背民主原则的错误决定。为了避免该政策损害日本在阿拉伯国家和伊斯兰文明的利益，日本文部科学省携手经济产业省一起制订了 2002 年至 2005 年的工作计划，旨在支持向阿拉伯国家和伊斯兰文明宣传日本文化的机构和团体。

出于对和平宪法的遵守，日本拒绝以军事大国的身份重登世界舞台。日本学者和众多的民间民主机构一再强调美国主导的军事全

球化所带来的危害，而美国政府却打着反恐的旗号，不顾联合国的反对入侵了伊拉克。

在这一时期，日本学者与阿拉伯学者开展了广泛而深入的对话，并建议建立长效的对话机制。2001 年 10 月 21 日，板垣雄三教授在巴林大学举办了题为“文明间的对话：日本学者对文明战略的思考”的讲座，他在讲座中强调了加强人类文明间对话的重要性，并希望日本学者和阿拉伯国家的学者一起为之努力。

在美国开始制裁阿拉伯人和穆斯林后，日本政府特别重视同阿拉伯人和穆斯林之间的文化关系问题。日本政府认为应从道德责任感的角度出发制定政策，用以缓解 9・11 事件给世界带来的紧张感。作为每年定期举办的日阿文化论坛的创始人，板垣雄三教授在他的《日本的召唤》一书中提到了上述观点。

板垣雄三教授还强调伊斯兰教具有多元性和包容性，它推崇不同民族、不同宗教信仰的人们能够友好共处。但是，有些西方学者却认为文明差异阻碍着西方与伊斯兰世界的交流，他们创造了一个叫作“文明冲突”的新学说，将伊斯兰教视为敌人。他们还认为原教旨主义者已经背离了伊斯兰教的正道，并与东方主义者所描述的形象日趋吻合。鉴于此，日本应在与阿拉伯国家的交流、对话中，扮演起更具积极性、建设性的重要角色。

每当被问到对于美国所遭受的恐怖袭击，日本该采取怎样的措施时，日方便会提及美国所奉行的文化战略，并认为美国应对其文化战略负责。同时，日方还认为世界各国应该马上走出冤冤相报的怪圈，因为这只会伤害到更多的无辜百姓。西方针对伊斯兰教的行为必然会引发文明冲突，同时也会干扰日本的发展。

阿拉伯国家珍视同日本的友情，日本社会将阿拉伯国家人民和政府对日本的友好之情视为一种无形的财富。日本应该对世界上正饱受苦难的人民履行其国际义务，如果说谴责原教旨主义、抗击恐怖主义是日本应履行的义务的话，那么，同样，对伊斯兰文化的正面宣传也是日本所肩负的崇高使命。日本应该公开表明其为伊斯兰文化发展做贡献的决心，它在这方面的使命远远大于美国。

对日本而言，阿拉伯国家的文化比西方国家的文化更具吸引力，因为日本知道世界上穆斯林的数量在不断上升，日本应该避免美国出现的问题，并在尊重文化多样性的基础上建立一个新的文化战略。

在 9 · 11 事件和美国入侵伊拉克之后，不同社会和文化背景下的人民如何和平共处成为人们关注、思考的热点话题。为了增进各文化间的相互了解和相互宽容，日本外务省举办了多场论坛，其中包括题为“日本与伊斯兰文明对话”和“日本与海湾国家多重关系”的论坛。其中第二届“日本与海湾国家多重关系”论坛是在 2001 年 1 月时任日本外务大臣河野洋平访问海湾国家时进行的。这些论坛的目的是促使日本同伊斯兰世界的专家学者们坦诚对话。

在日阿双方举办的各类论坛中，比较富有成效的是 2002 年 3 月 12 日至 13 日在巴林举行的题为“伊斯兰世界与日本”的论坛和 2003 年 10 月 8 日在东京举行的题为“和平与人类发展”的论坛。

2003 年 5 月，日本时任首相小泉纯一郎与埃及时任总统穆巴拉克进行了会晤，并确定了日本文化交流团于 2003 年 9 月至 10 月期间对沙特、伊朗、叙利亚和埃及等国进行访问的相关事宜，并就未来如何加强日本与中东国家的文化交流与阿方学者展开研讨。

为了加强日本与阿拉伯国家间的对话，日阿双方共同筹建了“日本—阿拉伯对话论坛”，出席论坛的主要有来自埃及、沙特、日本等国的各领域专家学者。第一届论坛于 2003 年 9 月 4 日至 5 日在东京举行，第二届论坛于 2004 年 3 月 3 日至 4 日在亚历山大举行。

为了推动日本与阿拉伯国家的对话，阿拉伯各个文化机构积极与日本文化机构和财团展开合作，并出版了多部著作，其中包括《阿拉伯与日本间的对话》《阿拉伯人与日本》《突尼斯与日本：文化的对话》《伊斯兰与日本的对话》等。

在 21 世纪前十年，日阿举办了共计 11 场文化论坛，参与者就历史、经济、文化、政治、科技、文学等领域的话题展开讨论，论坛的论文集最终用英语、日语或者阿拉伯语出版发行。

这些论坛涉及如下具体问题：全球化背景下的阿拉伯国家和日本的使命、全球化背景下日本和阿拉伯伊斯兰世界的战略、全球化对亚洲国家文化认同的影响、伊斯兰教与日本的相互作用、阿拉伯伊斯兰世界与日本文明对话的重要性、日阿文化对话的使命等。

这些对话及其研究成果对加深双方政治、经济、社会方面的合作产生了积极的作用。对话活动的举办地也从最初的东京和阿曼延伸到了埃及、巴林、突尼斯、摩洛哥、阿联酋、黎巴嫩等地。

阿拉伯国家与日本的对话主题仍然集中在全球化所带来的问题，以及美国霸权主义的危害上。这两者将会造成伊斯兰文化遭到漠视，美以同盟的利益凌驾于阿拉伯国家利益之上的局面。

在这些对话活动的研究成果中，有不少研究对全球化、文明冲突、缺乏理性的国际关系、逾越国际法、将武力凌驾于民主对话之上等现象做出了评论。鉴于阿拉伯国家和日本之间历史上不存在殖民关系，因此双方间应该加强积极的合作。也有不少的与会者表达了他们的担忧，他们认为阿拉伯国家同日本的交往不应局限在经贸方面，要大力推进文化、科技、艺术等方面的交流。日阿间的文化对话是为了扩大日本同阿拉伯国家的合作领域，进而建立一个没有宗教偏见的国际社会。

阿拉伯学者在会上的发言题目总是惊人的相似，这说明他们之前没有研究往届研讨会上的题目。这也使得人们对阿拉伯学者参加此类活动的诚意提出质疑。

与会者们建议在会后继续开展文化交流，号召成立一些文化机构促进阿拉伯国家同日本乃至中国、韩国等其他亚洲国家间的交流。此外，还号召加强青年之间的交流，并且加强日阿双语的互译工作。

一些阿拉伯学者认为阿拉伯国家的政权是具有压制性的和独裁性的。他们的这些观点是基于联合国发布的《阿拉伯国家人类发展报告》,《报告》中指出阿拉伯国家的政权强制要求国家机构为大国利益服务，并且不对此做出任何改变，因为它们没有实现健全的现代化的能力。

阿拉伯社会精英们的作用消失了，特别是政治、经济、社会、文化这些急需发生根本性改变的领域的精英们，造成这种局面的原因是一些阿拉伯国家的民主制度受到了个人意志、政治或军事力量的影响。

有不少阿拉伯和穆斯林学者提到了在亚洲国家的体系下实现文化开放和文化包容，特别是要学习日本、中国、印度这些国家在处理社会一体化、政权更迭、经济社会改革、人力可持续发展方面的经验。同时，他们还强调了“内部结构多样化”的重要性，认为此举可以避免国家的分裂。他们就废除权力集中、贫富差距等问题达成了共识。此外，他们还倡导改变阿拉伯国家的政治组织形式，深化平等、公正、自由的价值观，并保障所有公民在权利和义务上的平等。

从日本外务省近十年的报告可以看出，日本加强了同阿拉伯国家的交流，拒绝文明冲突论，反对将恐怖主义与某一种宗教相联系。为了加强日本与阿拉伯人民的文化合作，在日本国内已举办了多次文化与外交会议。

2002 年 2 月 6 日，日本外务省发表公告，宣布了将于 2002 年 3 月 12 日至 13 日在巴林举办“伊斯兰世界与日本的文明对话”。一年过后，日本外务省分别于 2003 年 8 月 29 日和 9 月 5 日发布公告，宣布举办“日本与阿拉伯国家对话”的通知，该论坛将分为两个环节，第一环节主要围绕“伊拉克战争后的国际社会”展开，第二环节则以“中东地区的经济和社会发展”为主题。该论坛吸引了来自日本、埃及、沙特等国的专家学者。

2004 年 5 月 4 日，日本外务省宣布了 2004 年 5 月 3 日至 4 日在亚历山大图书馆举办的“第二届日本与阿拉伯国家对话”的相关信息。此次对话是上一届对话活动的延续，有来自日本、埃及和沙特等国的外交官代表和思想家出席了对话。

2004 年 5 月 20 日，日本外务省表示，日方愿意加强同阿拉伯国家的文化交流，并认为阿拉伯地区是世界公认的文明之域，日方愿意增进日本学者同阿拉伯学者的文化交流。

2004 年 5 月 24 日，日本最大的文化机构——日本国际交流基金会表示，日方愿意与阿拉伯国家的青年、妇女和文化团体合作，并增加对阿方的扶持力度，以保护其人类遗产。此项规划包括以下几点：

短期计划：加强科研、文化、艺术、旅游领域的交流，特别是技术培训、工业和行政管理方面。

中期计划：集中力量加强科研和教育领域的交流。

长期计划：开展日本和阿拉伯国家的科技交流，为大学培养高层次的科研人员。

该规划还涉及反恐以及在伊拉克战争之后为中东地区的社会、基建、医疗等领域提供人道援助的相关问题。此外，日本政府还将在经济合作、科技培训等领域为阿方提供必要的帮助，并筹划建立日阿科技大学，该大学是双方科技交流中的重要组成部分。

2004 年 5 月 22 日，日本外务省发表公告，介绍了日本中东特使马达夫访问中东国家的情况和当前的中东局势，并表示日本政府将参与伊拉克重建工作。

日本政府在促进日阿学者间的文化交流方面成果丰硕，相继举办了日阿对话、日本与阿拉伯和中东国家交流团、阿拉伯国家文明对话论坛、日本与苏丹人权问题对话等活动。日本政府也表示将增进日本同中东国家和阿拉伯国家的交流。

2004 年 7 月 21 日，日本外务省发表题为“论坛、讲座——深入了解中东与伊斯兰的途径”的公报，公报中指出将于 2004 年 7 月 25 日在山形县举办一场论坛，届时将有众多研究中东问题的日本专家出席。该论坛将围绕以下问题展开：中东地区的未来、伊拉克战争展望、国际反恐的最佳方式、加强日本与阿拉伯伊斯兰文化关系的方式、开创日阿间哲学和文化对话等。公报中还提到了 2004 年 5 月 28 日冈山会议的有关内容，并计划于同年 9 月在大阪举办另一场会议。

在阿拉伯方面，约旦大学在 2003 年年初出版了一部学术著作，该书汇集了 2001 年夏季在该校举办的“阿拉伯与亚洲的关系：东方的未来”研讨会上的所有发言。

从诸多方面而言，该书是了解阿拉伯国家与亚洲国家关系历史、现状和未来的必备资料。书中的文章由阿拉伯学者和亚洲其他国家的学者用阿拉伯语或英语撰写，完整地呈现了此次会议上对东方研究的最新成果。书中的大部分文章内容翔实、分析到位、贴近主题。

该书是众多阿拉伯学者共同智慧的结晶，他们从黎巴嫩、叙利亚、伊拉克、埃及、阿曼、突尼斯、也门、沙特、阿联酋、巴勒斯坦、卡塔尔、利比亚、摩洛哥、阿尔及利亚等国汇聚到约旦，在会上畅所欲言。由于各学者的专业方向不同，因此会上涉及多个方面的主题，例如阿拉伯国家同中、日、印、韩等国的历史往来，阿拉伯国家同亚洲国家的政治、经济、文化关系，日、韩、中等国现代化发展成就等。

书中有的文章对那些在传统与现代中谋求平衡的亚洲特色文化展开了研究，他们认为：具有亚洲特色的现代化经验对于阿拉伯社会的发展极具借鉴意义，而这种借鉴意义则体现在为阿拉伯人民与亚洲人民建立一个共同的美好未来、在优越的传统与先进的科技和文化之间谋取平衡、避免冲突等方面。

也有不少的学者提到了阿拉伯国家19、20世纪在尝试振兴经济的过程中遇到的挫折，他们将这种挫折或是落后（正如沙基布·艾尔斯兰的著名言论：“为什么穆斯林们落后，为什么他们之外的其他人却在进步？”）归咎于对西方文化理论的错误引用，以及引用的过程中对其巨大缺陷的考虑不足。正因如此，阿拉伯国家的现代化处在一方面否定传统，一方面却又拒绝进取的窘迫局面中。阿拉伯人很长一段时间以来一直沉浸在现代化的科技给他们带来的便利之中，但是他们拒绝将这些便利本土化，也拒绝创造它，更拒绝培养一批能够与科技时代相适应的新一代。

此次研讨会中有8位学者用英语提交了论文，这8人中有6人来自日本，2人来自韩国。他们在文中分析了阿拉伯国家同亚洲国家特别是日本和韩国的关系现状以及前景。相比之下，阿拉伯学者更注重意识形态的研究，他们呼吁加强阿拉伯国家同日本的交往，认为这种交往可以弥补双方在各个领域中的不足。在阿拉伯国家，关注阿拉伯国家同亚洲国家关系发展的科研机构太少，仅仅存在于埃及和其他几个阿拉伯国家。这些科研机构很难有效地开展各项工作，因为它们既需要资金上的支持，又需要精通亚洲各国语言的研究人员。在阿拉伯青年学生中间很少有掌握汉语、日语、韩语的人，该问题至今还没有引起阿拉伯文化机构的足够重视。

日阿间的文化交流在21世纪前十年取得了长足的发展，目前已有数百名从事阿拉伯问题研究的学者，他们将历史典籍、文学作品直接从阿拉伯语译成日语，但是还有一些作品的翻译工作仍需要借助英语和法语。该研讨会中的8位学者，还提到了各文化、媒体和科学机构在加强阿拉伯国家同亚洲国家交流中的重要性，他们认为它们是构建亚洲人民同阿拉伯人民平等持久关系的重要因素。

这方面的例子不胜枚举，2009年11月6日马鲁·哈达德在《中东报》上发表了文章《黎巴嫩的大学为保持同日本的交流开始从事日本语言、文化和体育研究》，指出黎巴嫩圣约瑟夫大学开始注重向日本学习科学知识，开设了日语课程，并于2008年5月成立了日本学术中心，该中心是继中国文化研究院和孔子学院后的第三所亚洲文化研究院。该大学拟开设多国外语，使用这些外语的国家都是人口众多、历史悠久的大国。随着黎巴嫩与日本交往的不断深入，有越来越多的黎巴嫩大学生可以赴庆应义塾大学等日本高等学府深造，学生们在那里除了学习日语外还学习日本文化，特别是空手道以及民间艺术。

教授日语是日本学术中心的主要任务。2000年佐野美津子远赴黎巴嫩圣约瑟夫大学学习阿拉伯语，日本学术中心借此机会让其在黎巴嫩圣约瑟夫大学教授日语，她从2005年2月起开始在翻译系执教，在执教期间她得到了日本基金的资助。日本学术中心也为那些对日本科技感兴趣的学生提供相关的课程，该校从2004年起便奠定了同日本的文化友好往来的基础。

在这个框架下，黎巴嫩圣约瑟夫大学先后同索非亚大学和庆应义塾大学签订合作协议，为其教师从事日本研究提供了机会。黎巴嫩和日本两国尽管存在着这样或那样的差异，但是它们都具有现代文明。一名在该中心学习日语的学生说，他已在黎巴嫩完成了中学学业，当他得知开办了日本学术中心后他感到有必要学习日语，想通过语言学习了解日本文化和日本民众。还有一名学生说："我十分高兴能有机会了解日本文化，让我更加高兴的是我学会了日语，也亲眼看到了和服、丝带和檀木。"

2012年3月8日，努瓦克肖特大学校长阿卜杜拉·伊德里斯在努瓦克肖特会见了日本驻毛里塔尼亚大使安岛博率领的筑波大学访问团。双方就未来的合作前景交换了看法，特别是商议加强筑波大学同毛里塔尼亚科技学院间的农业研究合作。阿卜杜拉·伊德里斯表示筑波大学此行是双方外交和经贸领域合作的典范，他愿同日方一道促进双方科技、文化等领域的发展。日方将在环境领域给毛方提供帮助，用以支持毛里塔尼亚发展遥感技术和探究洪水及沙尘暴对努瓦克肖特的潜在威胁。筑波大学愿意同毛里塔尼亚的各科研机构展开合作，并为其提供各种形式的帮助，日本政府也将为努瓦克肖特大学和毛里塔尼亚科技学院在罗索的农业研究提供资金帮助。

2001年1月，日本时任外务大臣河野洋平在访问海湾国家时决定自2002年起举办日本与阿拉伯国家对话的系列论坛，论坛将以"文明间的对话"为主题展开。

2002年3月在巴林首都麦纳麦举办了第一届"文明间的对话"论坛，随后相继在日本、沙特、伊朗、突尼斯、埃及和科威特举办。第八届论坛——同时也是最后一次论坛，于2010年2月在东京举行。笔者有幸参加了其中几届论坛，现将论坛情况介绍如下。

第一届论坛主要围绕日本和阿拉伯国家在文化、政治、艺术、科技、环境、科研等领域存在的共同问题而展开，但是论坛上的发言没有创新，很少涉及当前局势。此次论坛包括三个方面的议题：日本与阿拉伯国家的共存与合作、伊斯兰教与国际关系、伊斯兰教与全球化。

第二届"文明间的对话"论坛于2003年11月在东京举行，这次会议的主题是"从研究、共同利益和友谊的角度反思日阿关系"，会后用英语出版了论文集。

同年，位于阿布扎比的国家科学研究院与日本国际发展中心联合举办了题为"教育与劳动力市场：与日本合作的经验与机遇"的国际论坛。此外，2002 年 12 月 14 日至 15 日阿布扎比举办了一场论坛，有众多来自日本、阿拉伯和英国的学者、政客和外交官出席了此次论坛，并就日阿文化合作的前景及如何将科技转为生产力等问题交换了意见。

2004 年 11 月 27 日至 28 日在德黑兰举办了第三届“文明间的对话”论坛，共有 29 名专家学者参与，他们分别来自日本、巴林、突尼斯、也门、印度尼西亚、马来西亚、科威特、埃及、阿曼、阿联酋等国。在本次会议上，只有三篇文章是用阿拉伯语完成的，其他的均用英语完成。这次会议就如下问题展开了讨论：从宗教教义的角度看待人类的尊严与自尊、尊重持异见者的权利、教科书中的末日形象、平等对话的管理机制、工作中的人权、保护私有财产、保障贸易自由、文化机构在加强民族共同价值观上的作用、国际局势的变化以及伊斯兰文明与阿拉伯国家关系的前景。

2006 年 1 月 14 日，第四届“文明间的对话”论坛在突尼斯举办，这次论坛的主题是“人类社会中的种族与文化的多样性”。同时，该论坛也是为了纪念突尼斯与日本建交 50 周年而举办的。这次会议的议题包括全球化背景下的社会多样性与特性、文明多样性与文明共存、跨文化交际的重要性等。与会者们就当今瞬息万变的局势下如何加强各民族间的联系展开了讨论。他们认为当前时代瞬息万变，使得消费文化成为主导，并且出于对个人隐私的保护，这种消费文化在人民群众中往往呈现出内敛而非外向的特征。

在这种情况下，与会者提出了建立全球新伦理的倡议，认为文化意味着融合，不意味着分裂。这种全球新伦理由人类的各个文明组合而成，象征着多样性框架下的人类团结。会议肯定了日本与突尼斯开展文化、经济合作的重要性，并认为突尼斯在维护人类文化多样性方面发挥着重要作用。此外，他们还一致认为国际社会应携手缩小各社会间文化传播方面的差距。

2007 年 11 月 19 日至 20 日在亚历山大举办了第五届“文明间的对话”论坛，来自阿拉伯国家和日本的众多部长和思想家出席了论坛。该论坛旨在促进双方的民间交流，继而使双方适应新形势下的两国关系。本次论坛就如何深化和拓展日阿间多领域的对话与关系展开了讨论。同时，这次论坛也反映了日阿双方愿成为彼此政治、经济和文化领域的好伙伴的决心。

在此次论坛中还就《亚历山大宣言》提出了几点建议，这使得日本同埃及在文化关系上有了质的飞跃。此外，埃及与日本两国外长间的战略对话也给日埃间的多领域合作提供了有力的支撑。

日埃双方清楚地认识到现阶段加强贸易往来、发展石油经济、促进科技进步的重要性。埃及十分重视拓宽同日本合作的领域，继而满足埃及和其他阿拉伯国家加强同日本、中国、印度等东方大国交往的需要。

日本作为经济大国，在处理当今国际问题中应发挥巨大的作用，这些国际问题包括：中东和平进程、裁军、禁止核扩散、反恐、应对全球化的弊端、解决环境和气候变化问题、迎接发展带来的挑战以及改革等。

这次论坛使得阿拉伯国家将眼光投向了它们东部的国家，也让它们知道了它们在同亚洲国家交往中已取得的成绩，以及它们自身的重要性。

阿方与会者希望能够找到合适的方法，来帮助他们理解在管理、文化、科技等领域中的日本精神。日本与会者认为重视日阿关系的学者还不多，掌握日语或者了解日本文化的阿拉伯学者还十分有限，同样，了解阿拉伯文化的日本学者也不多。因此，双方应利用好论坛这一契机来促进双方文化交流的发展。此次论坛还引出了几个值得商讨的话题，如实现中东地区全面和平的方案、全球化挑战背景下中东地区的未来、中东地区发展和现代化的策略、日阿经贸合作等。

2009 年 3 月 11 日至 12 日在科威特举办了第八届论坛，此次论坛吸引了来自科威特、日本、沙特、埃及、突尼斯、摩洛哥、阿联酋、巴林、卡塔尔、黎巴嫩、约旦、阿尔及利亚、土耳其、伊朗、英国、美国、印度尼西亚、马来西亚、印度和塞内加尔等国约 93 名学者参与。此次论坛共有 4 场会议、3 场研讨会以及开闭幕式。与会者们在会上就文化遗产、日本与伊斯兰文明中的环境观以及日本和阿拉伯国家应对环境问题的方法等议题交换了看法。与会者们还对上述问题提出了各种不同的解决方案。在三场研讨会上，与会者们指出了媒体在增进互相理解上的作用，展望了双方青年合作的前景。

环境问题是当下全球性的问题之一，与会的不少阿拉伯学者引用了《古兰经》《圣训》等其他宗教典籍中的论述，用来说明伊斯兰教对自然和环保的重视，因为自然界中有造物主的辛劳和人类不可能创造的美。阿拉伯学者还向世人呼吁保护环境和空气清洁、维护城市街道和市场整洁、保障食品和饮用水安全、禁止破坏农作物、加强对工业生产和居民生活排污的监管、改善卫生措施、惩治破坏环境者、防控污染、加强对传染病监控、建立流行病应急机制、优化工业生产的质量等。

日本学者则就人与自然积极关系的重要性发表了各自的看法。他们认为只有人与自然相互尊重才会有舒适的生活，环境是人类赖以生存的家园。心理学和社会学研究表明，环境对人类性格的构建具有影响，当我们把人类个体置于生态环境中进行考量时可以发现，个体的生活，其实是渺小而微不足道的。一些学者提出环境是可持续再生的，它能教会人们容忍、谦虚、纯洁。人类在进入科技时代之前与环境友好共处，但是今天它却遭受了科技和工业发展带来的伤害，空气、土地和森林变得满目疮痍。

排放有害气体、过度使用化肥和杀虫剂所来带来的危害不言而喻，如今森林的面积正在逐渐变小，现代化农业对环保的重视程度也不高。因此，日本在发展过程中十分注重环保，并参与签署了《京都议定书》用于保护地球免于全球变暖和工业污染的危害。环境问题已成为当今全球性的问题，世界各国应一起合作来应对污染、气候变暖、土地荒漠化、不合理用水等问题，从而为子孙造福。日本同阿拉伯国家面临着许多共同的问题，因此与会者们认为在接下来的很长一段时间还将会举办类似的研讨会，以便对上述问题进行更加深入的探讨。

在此次会议上，双方还就共同关心的失业、教育、贫困、艺术、文学、翻译、民主、人权、反恐等问题达成了共识，并决定通过人道主义、经济、法律、宗教、哲学等途径解决上述问题。通过此次会议，双方决定采用理性的办法来应对环境问题，继而使双方民众获益。

在研讨会上，与会者们提出了很多有价值的想法和建议。但是，日本和阿拉伯国家的青年、大学生、普通民众、实业家间的交流就没有那么频繁，这是由于双方文化、教育、传媒机构职责的缺失而造成的。鉴于此，日本和阿拉伯国家的媒体可以通过邀请双方的思想家、媒体人、艺术家和政治家定期录制电视节目的方式，加强双方在传媒领域的合作，增进各界的交流。另外，日本和阿拉伯国家若想摆脱西方媒体的牵制就必须建立一种新的媒体发展方式，这种新方式需要双方各个领域的交流和政府的大力支持。

在此次论坛上，双方与会者围绕政治、经济、文化、语言、艺术、社会等领域的话题展开讨论，认为青年们具有创造力且具有新的视野，他们在解决这些问题中扮演着重要的角色。

此次研讨会，双方开启了一种新的合作模式，即建立“智慧桥”，此举立足于为双方服务，且是一种极具战略前景的模式。这里所说的“智慧”是一种多维的思想，它表现为在共同合作、增进了解、尊重对方文化特性的基础上架起多座交流的桥梁。

对于阿拉伯国家而言，同亚洲国家特别是日本的文化对话具有重要的意义。日本尊重伊斯兰教和阿拉伯国家，从不阻碍伊斯兰教在日本的传播。近年来，日本的各城市、高校和文化机构举办了多场介绍伊斯兰教和阿拉伯国家的文化活动，有的活动持续长达一周之久。智慧桥的建立，是日本同阿拉伯国家文化交流史上重要的一部分，它号召双方积极保护环境，并且发展环境文化，使其成为真正意义上促使双方积极发展的桥梁。同时，智慧桥也在加强各文化间的积极协作方面起到了示范性作用。

在2011年和2012年召开的会议中，双方主要就当前热点问题及其解决办法展开讨论。具体内容如下。

2011年，日本同阿拉伯国家开启了新一轮的文化交流活动。日本时任外务大臣和阿拉伯国家的多个外交机构联手，共同举办了 3 场题为“日本与伊斯兰世界未来”的论坛，就双方当前的各领域热点问题展开了讨论。

2011 年 3 月，阿布扎比大学受邀举办了该系列活动的第一届论坛，共有 70 余名日本和阿拉伯国家的学者出席了论坛，此次论坛的主题是“产业结构的多样性——为新生代创造工作机会”。

2012 年 2 月 29 日在约旦大学举办了第二届论坛，共有 25 位日本学者和来自约旦、巴林、沙特、马来西亚、伊朗、印度尼西亚、埃及、突尼斯、黎巴嫩的外交家和各界学者出席了此次论坛，他们围绕“拓展青年能力，创造美好未来”这一主题展开了对话。

2012 年 12 月 6 日至 7 日在东京举办了第三届论坛，这也是该系列活动的最后一届论坛，此次论坛的主题是“加强区域合作，构建可持续发展社会”。

在这系列论坛的第二届中，一个明显的新特点就是会议不再重复之前讨论过的话题，而是鼓励双方挖掘各文明间有价值的新思想。在这个指导思想下，自 2002 年起举办了 8 场类似的论坛。

鉴于此，日阿双方开始就近三年来的热点问题展开讨论，并达成了符合双方快速发展的新共识。2011 年日本和阿拉伯国家发生了两件大事，即 3 月 11 日的东日本大地震和席卷数个阿拉伯国家的“阿拉伯之春”。在 2012 年的安曼会议上双方便就这两个事件展开了讨论 。至今，日本地震的阴影仍挥之不去，同样“阿拉伯之春”的消极影响犹存。

“文明间的对话”系列论坛强调对话要与日本和阿拉伯国家的快速发展相适应。在阿布扎布研讨会上，双方就工业化问题展开了讨论，这次研讨会也拓宽了阿拉伯青年学者们的学术视野。在一年之后的安曼会议上与会者们提出了青年在解决阿拉伯问题中的作用与前景。在该系列论坛的最后一次会议上，日本青年和阿拉伯青年间的对话问题成为了与会者们关注的重点，日阿青年们也就双方共同关心的问题进行了深入的交谈，并且呼吁增加彼此间的交流。

这几次会议涉及了如下内容：科技在社会发展中的作用、媒体的重要性、学术和外交机构在开创青年间交流新渠道的作用、文化在保护传统道德观和促进社会和谐中的作用、教育在社会可持续发展中的重要性、培养青年权衡传统与现代文明能力的必要性、青年在社会变革中的作用、日本 2011 年地震的经济风险评估、海啸和核扩散的危害、制止利用核反应堆发电等。会上还通过对失业率、贫困率和文盲率等数据的统计来分析青年参与社会变革的真正原因。与会者们还就内部冲突的特性、内战以及中东地区政党、阶层、派别、部落间的分歧各抒己见，同时还认为由地区间冲突转化成国际性争端必将导致新世界体系下的多极化。

双方青年代表出席了这些会议，并对以上问题发表了各自的看法。从他们的发言中可以看出他们深厚的文化修养和扎实的语言功底，而这些素养和能力有助于他们参与到尊重传统、宗教的民主对话之中。这些青年们关注那些尊重青年特性、知晓他们在民主变革中的积极作用以及为自己国家和全人类创造美好未来的事物。他们是未来的主人，他们有能力建立一个更富人文内涵的全球化体系。要知道，全球化在过去基本上是由美国主导的，美国已导致了众多地区间的战争，并且这些战争已经开始危害到众多阿拉伯国家的和平发展和经济社会的独立。

日阿间的文化对话陆续开始于 1978 年，直至 21 世纪初才逐渐系统化。在此期间日阿学者举办了 20 多场论坛，就深化双边的经济、政治、文化合作展开对话。有不少阿拉伯学者以个人身份参加这些论坛，他们中有的是官方或文化、政治、经济机构的代表。

随着日本学者和文化宣传项目数量的增加，日本的阿拉伯研究所的规模也在逐渐扩大，其研究成果包括：《日本与阿拉伯国家关系研究》《伊斯兰教中的城市》《中东研究》等书籍。在此背景下，“文明间的对话”系列论坛等日阿学者间进行的多项学术会议就巴勒斯坦问题、中东和平问题及双方关心的政治、经济、文化、社会问题展开了讨论。遗憾的是，这些会议的资料仅在小范围内传播，有的也没有被译成阿拉伯语。

在这些会议当中规模最高的当属由日本最高科技委员会在安曼

举办的“阿拉伯思想论坛”，该论坛每年出版的论文集涵盖了日阿学者的最新研究成果。随后日阿双方相继召开了关于文化、历史、文学、艺术领域的研讨会。直至21世纪前十年，双方在文化领域的对话才开始成为日阿政府和民间文化机构关注的重点。

七、日本中东研究的文化项目与期刊

日本政府和大型公司在与中东国家的合作过程中获益良多，为此它们在1984年至1993年出资数百万美元用以支持日本学者从事各类文化研究项目。日本学者从事的文化项目主要包括：

《伊斯兰教育现代化》，由东京大学板垣雄三教授主持，并于20世纪70年代结项。

《伊斯兰教中的城市化》，由东京大学板垣雄三教授和后藤晃教授于1986年至1989年共同主持，该项目结项后用英日双语出版了5部文集。这两位教授在文章中客观地审视了阿拉伯国家和伊斯兰教的历史，试图通过他们的努力消除西方学者对阿拉伯伊斯兰文化的误解。

《伊斯兰区域研究》，由东京大学马穆鲁克[①]研究专家佐藤次高教授主持，该项目第一阶段的研究开始于1997年，历时5年，结项后出版了5部英文文集。2006年，该项目的第二阶段启动。佐藤次高教授于2012年辞世。

《日本与亚洲》，由一桥大学加藤博教授主持，该项目开始于2007年，历时5年。在该项目结项后，加藤博教授又开始主持《日本与地中海国家》的研究工作。

这些项目在对阿拉伯国家的研究方面取得了巨大的成就，它们对阿拉伯伊斯兰文化的历史做了深刻、细致的研究，这也反映了日本学者对阿拉伯国家的重视。

同时，日本中东研究学会的会刊在加强日阿双方的文化交往方面也起到了积极的作用。它用阿拉伯语和多国语言刊登了双方学者

① 马穆鲁克（المملوكية）：中世纪的埃及军事政治集团。——译者注。

就中东国家特别是阿拉伯国家各种问题的研究成果。

八、日本中东研究学会

成立日本中东研究学会的想法可追溯至1984年，当时一批重视日本与中东地区关系发展的日本学者们聚集在一起，他们建议成立日本中东研究学会，推选板垣雄三教授担任主席，并计划每年出版一部论文集。

该协会的第一部论文集于1986年3月出版，随后每年定期出版。该论文集内容丰富，印刷精致，并使用了多种语言，它为增进日本学者同中东、南亚、东亚学者间的交流起到了促进作用。

日本中东研究学会（The Japan Association for Middle East Studies，JAMES）在其《创刊声明》中谈到了如下几点：

中东地区具有重要的战略地位，它是文明的聚集地，是三大天启宗教的摇篮。但是，现如今中东地区却被冲突、动乱、革命和战争包围，并遭受着巴以问题和伊斯兰觉醒运动的困扰。

此外，日本中东研究学会重视之前的研究成果，对日本远东研究学会、日本伊斯兰学会、日本国际关系研究学会、日本非洲研究学会、日本地中海研究院所做出的努力表示赞赏，并愿同上述学会开展合作，共同促进中东问题研究的发展。

《创刊声明》中还说，增加某领域研究机构的数量是一件可取的事情，希望中东研究学会的成立能够拓宽对话圈，加强各个学术研究领域的交流，防止专业的单一化。

日本中东研究学会聚集了众多从事中东问题研究的学者，他们大多来自日本各高校和科研机构，板垣雄三教授在学会创立初期担任会长和主编一职。

该学会的会刊是日本学者与阿拉伯学者文化交流的平台，同时也是该学会同国内外科研机构合作的成果。会刊的内容涉及中东国家的方方面面，如历史、地理、文化、哲学、科学、政治、文学、艺术、民俗、书评、会议摘要等。同时，它也架起了日阿学者间文化交流的桥梁，拓宽了两国学者间的合作领域。

这本用日语、阿拉伯语、法语、俄语、土耳其语、英语等语种撰写的会刊内容丰富客观，研究视角新颖多元，学者们可以自由地用自己的母语表达观点。为此，它成为了中东研究的重要参考资料。

该会刊与日本学者间的合作促进了日本文化机构对中东地区的关注，这就使得日本的中东文化机构同欧洲、美国、阿拉伯伊斯兰文化机构连成了一个整体，它们共同促进日本的中东研究工作，因此，日本中东研究学会成为世界最大的中东问题研究机构之一。

日本中东研究学会的会刊提倡用积极的态度对待其他文化，这不仅说明了文化因素在日本复兴和妥善处理其他民族文化关系中所起到的重要作用，还展现了日本文化在改革与发展方面所取得的成就。

中东地区因其丰富的自然资源成为一块具有战略意义的要地，但是自 20 世纪下半叶起，连续不断的战争又使得这片土地长久以来都备受关注。该地区的战事对整个世界的和平与安全构成了威胁，因而成为人们一直以来关注的焦点。此外，它还是世界能源争夺的中心，对世界经济和资本流通产生着重大的影响。该地区持续的动乱也造成了世界石油和天然气价格的波动，因此世界各大型石油和军火公司在此地的竞争异常激烈。

起初，日本学者对于中东地区的研究主要是依附于西方，而现在他们则开始重新审视西方“东方学”的观点。日本中东研究学会的会刊用日语发表了许多爱德华·赛义德关于东方学的著作，这在日本学者中引发了强烈的反响，他们对于阿拉伯文化的认知与了解在逐渐加深，对西方的东方学进行批判，珍视同阿拉伯学者的合作，并尊重双方的文化、宗教和社会。

奴田原睦明是日本学者中用阿语进行创作的领军人物，他的阿语著作《阿拉伯人：日本人的视角》一书于 2003 年出版，该书一经出版便在日本和阿拉伯国家产生了强烈的反响，被视为日本文学研究中的经典著作。

该书的作者奴田原睦明学习和教授阿拉伯语已有 40 余年，并曾长期居住在埃及农村，熟知当地的生活和民俗传统。他的文化观受到了阿卜杜·拉哈曼·沙尔高维《大地》和贾玛勒·哈姆丹《埃及特性》的影响。此外，他还通读了优素福·伊德里斯、萨那尔拉·易卜拉欣、叶海亚·塔海尔·阿卜杜拉、侯赛因·法兹、叶海亚·哈基等人的作品，因此，他与许多的阿拉伯作家、艺术家和学者结下了深厚的友谊。后来，他的研究方向转为对阿拉伯荒漠的研究，走访了哈达拉毛等阿拉伯国家荒漠地区，在那里他发现了日本人所不曾知晓的别样文化。他与叙利亚的贝都因人和埃及的农民为友，同时他还阅读大量描述贝都因人的文献并将阿卜杜·赛拉姆·阿吉利和阿卜杜·拉赫曼等人的作品译成日语，在他的研究中也发现了利比亚作家易卜拉欣·库尼对柏柏尔部落的误读。

奴田原睦明刻苦钻研，将自己的研究成果呈现给了日本读者。他从城市和农村搬至荒漠纯粹是出于个人意愿。他曾说："荒漠能用时间维度上的亘远和空间维度上的辽阔来消磨一个人的身体和意识，它是一个孤独的地方，但是这种孤独与日本人理解的侘傺截然不同，我们需要精神的力量来与荒漠中的孤独抗衡。荒漠是一个有信仰的地方，如果一个人找不到信仰，他可以试着来荒漠寻找一番。即便是荒漠，真主也并非将其创造为空无一物的，而是为人类安排了物质给养。因此，当贝都因人得到水、火以及食物时，他们所感激的并非这些事物自身，而是感谢真主，因为他们认为这一切都是属于真主的，是真主给予他们的。"

奴田原睦明是这样描述他的经历的："我根据我的意愿记录下了我的所见所闻，我去了我想去的地方，我拜访了我想拜访的人家，这本书是我对阿拉伯国家的个人见解。我在书中真实地记录了我的所见所闻，谨以此书献给我的阿拉伯朋友们。阅读阿拉伯现代文学作品对于我而言是一种乐趣，这种乐趣是我个人的一种感受，但是很少有日本人会有这种感受。在享受完阅读的乐趣后便是翻译的乐趣了，我根据个人喜好选择了一些作品进行翻译。"

奴田原睦明自 1979 年以来先后翻译了《大地》《最便宜的夜晚》《禁地》《黑人警官》《味》《血肉之屋》《荣誉之事》《白面包》等作品。他十分喜欢翻译优素福·伊德里斯和易卜拉欣·库尼的作品，因为优素福的作品用精湛的文学笔法记录了埃及民众的传统习俗，而易卜拉欣的作品则彰显了阿拉伯荒漠居民和贝都因人所特有的精神与习俗。奴田原睦明还向学生们讲授阿卜杜·拉提夫·莱阿比的《狱中书信》，并翻译了叙利亚作家哈尼·拉黑布反映文化压抑的作品——《瘟疫》。

奴田原睦明在书中介绍了许多阿拉伯作家，这些作家有稳定的立场和原则，为此他在翻译时也格外谨慎，唯恐僭越和冒犯。如果在翻译时遇到了他自己未曾去过的地方，他便仔细阅读，用心推测原著者的所思所想。

奴田原睦明在《阿拉伯人：日本人的视角》一书中大胆地谈论了自我文化与他者文化、危机压迫与责任感缺失以及巴勒斯坦作家格桑·卡法尼在向日本民众介绍巴勒斯坦现状中的作用等，这些观点得到了读者们的好评。他在书中指出了阿拉伯现代化中存在的问题，他认为阿拉伯国家的政客们如果能够将现代化这种潜在的能量转化为长期的计划并付诸行动，那么离成功就不远了。这与阿拉伯历史学家沙利勒·伊赛维《为什么是日本》一文中的观点不谋而合。

奴田原睦明选择用阿拉伯语创作多出于个人情感，他说："我之所以用阿拉伯语创作，是因为我想表达我对阿拉伯文化的热爱，我将我的毕生都献给了它，这是我表达对它的情感的最好的方式。我总是在想为什么我要把用阿拉伯语创作当成自己的一项任务，我知道这将花费我不少的精力。但是我告诉我自己，正如我自己多用日语而非英语跟日本读者交流一样，在与阿拉伯读者的交流中，我为什么不直接用阿拉伯语呢？我的这本书是以我个人为出发点的，是从一个在阿拉伯国家生活的外国人的视角切入的，我读过阿拉伯的文学作品，我观察过百姓的日常生活，我只想为建设阿拉伯国家美好的明天献出自己的一份力。如果要用一个词来描述文学创作的话，那我想说自由是创作之门，是交流之门，是高尚生活之门。我还认为压制是顽疾，如果不摆脱它的话，那么我们的生活将困苦不已。"

奴田原睦明被认为是日本阿拉伯研究成熟阶段的代表，在他之后有越来越多日本学者开始关注阿拉伯历史、语言、文化、文学，研究也从量的积累转为了质的飞跃。他自己培养了数百名阿拉伯语学生，这些学生在学习阿拉伯语和阿拉伯伊斯兰文化外还学习心理学、哲学、社会学等课程，现在他已有了一套完整的教学体系。除了学习之外，学生们还可以获得奖学金，这对阿拉伯语学习十分有利，不少银行、公司和企业也争相招聘阿拉伯语毕业生。

奴田原睦明在书的结尾处写了一个重要的事实：近一个世纪以来，日本人对阿拉伯人不甚了解，阿拉伯人对日本也了解不多。随着双方在各个不同领域的交流，彼此间的了解也逐渐增多。“我们不禁要问：我们如何进行文化交流？如何获取阿拉伯文化的精髓？如何能够以一种完满的方式向世人展示阿拉伯文化？我们中有很多人熟悉西方文化并将其融入自己的日常生活之中，为什么直到现在还没有人将阿拉伯伊斯兰文化融入自己的生活中呢？这就是因为两种文化的交流出现了障碍。有不少日本学者只是翻译，他们所做的，只是对他人话语进行机械的解读，而很少提出新理论和新观点。总而言之，没有从阿拉伯文化的内部切入，对其进行探究，日本新一代的学者们也不能只局限于翻译。我们要逾越两种文化间的鸿沟，否则我们就只能停留在表面，无法深入交流。阿拉伯人直到今天还不了解日本文化的精髓，也不重视日本文化，因此，我认为我们对阿拉伯伊斯兰文化应给予足够的重视，至少我自己就是这么做的。”

九、阿拉伯文化在日本发展的评述

现代日本的阿拉伯研究始于“二战”结束，目前的阿拉伯研究往往与伊斯兰研究和中东研究联系在一起。其中的原因有很多，因为阿拉伯历史与中东历史相联系，阿拉伯文化又与伊斯兰文化和中东文化相联系。在现代通信革命之前，地理上的距离阻碍了人们的交流，也阻碍了日阿间的经贸发展，双方的经贸关系直到石油的发现才得以发展。

日本帝国曾在两次世界大战时推崇伊斯兰教，这是为其军事计划和在亚洲国家的领土扩张服务的。为了共同抵抗欧美对亚洲南部和东部国家的殖民，日本帝国组建了多个伊斯兰研究中心，号召日本与阿拉伯国家展开合作，但是这些中心在日本“二战”战败后都被取缔了。

2009 年长泽荣治在埃及出版了他的英文著作《日本人眼中的当代埃及》，笔者从这本书中收益颇多。该书描述细致，对中东问题有其自己的看法，没有依附于西方的观点。

长泽荣治是日本当代杰出的学者，他 1976 年毕业于东京大学经济系，主要从事埃及当代社会发展方面的研究。他早年在日本经济体研究所工作，随后进入东京大学东方研究院，曾负责日本科学发展协会的工作，并出任日本驻埃及研究所所长。长泽荣治精通日语、阿拉伯语和英语，对阿拉伯社会也十分了解。他后来主要从事埃及近现代重大历史事件的研究，并试图从这些事件中探究国民性与人性。他的研究总是关注那些有革命倾向和向往自由主义的工人、农民和知识分子，以及那些捍卫埃及民族属性并保护传统文化的先驱们。他用日语和英语出版了多部专著，这些专著主要围绕如下四个领域展开：埃及近现代经济和社会历史，当代中东问题研究，当代阿拉伯思想、阿拉伯文化精髓和阿拉伯民间古迹研究，现代阿拉伯东部国家经济史与政治思想史研究。他的许多文章也已被翻译成了英语。

《日本人眼中的当代埃及》一书受到了日本文化界的欢迎，书中阐明了日本对待阿拉伯问题特别是埃及问题的看法，并肯定了埃及社会的发展在阿拉伯国家中起到的示范性作用。该书内容翔实，分析客观细致。作者通过研究埃及左派思想家艾哈迈迪·萨迪格·哈姆丹的自传，分析了少数派在埃及和阿拉伯重大问题中的立场。作者还谈到了以下内容：埃及 1919 革命的原则和华夫脱党的立场、埃及国有化存在的问题、纳赛尔时期的经济改革、公有制的概念、国家资产阶级、软实力的发展、工人起义、对外开放政策及其对埃及经济和社会的影响、外部危机时期埃及发展的前景、当前埃及人民运动的特性等。该书对了解埃及和阿拉伯东部国家的政治、经济、社会和文化大有裨益。此外，书中还介绍了两部介绍阿拉伯文化和历史的书籍，一本是板垣雄三的《当代中东》，该书分析了当代阿拉伯的政治思想；另一本是加藤博的《埃及社会中的私营业主》，该书通过一手资料分析了当代埃及房产和农村税收制度的发展。

作者还对之前的一些概念进行了重新定义，如亚细亚生产方式、埃及农业资本、埃及民族国家、埃及国民经济、埃及资产阶级国家、埃及对外开放政策、埃及现代化、日本与埃及复兴对比、软实力、中东和埃及抗议活动的组织结构、社会变革中的生产力、传统习俗、阿拉伯国家现代化的软弱性、没有社会根基的现代化、社会发展停滞的力量和独裁压制等。

《日本人眼中的当代埃及》一书具有重要意义，因为它是从日本学者的角度对阿拉伯文化进行解读，未依附于西方的观点。它对埃及建国的问题及其保留奥斯曼和欧洲统治时期印记的原因进行了探讨，强调了现代阿拉伯国家过分镇压人民抵抗运动。作者深入分析了埃及资产阶级的本质，认为他们通过抬高房价来谋取暴利，并使用军队和国家机构来镇压人民运动。作者列举了许多阿拉伯资产阶级在巩固现代化生产方面的失败例子，认为他们并未对发展生产力和生产关系做出贡献，没有重视文化精髓，也没有为传播科学技术制订长期的计划。因此，阿拉伯资产阶级注定会遭到失败。

另外，日本学者出版了很多介绍阿拉伯文化的读物，他们在全球史观的框架下分析了阿拉伯历史，就阿拉伯国家的党派、居住、石油、环境、科技、遗迹保护、对外交往等问题进行了深入的分析。

西方学者对阿拉伯国家的研究已有数百年历史了，而日本则是从 20 世纪末才开始的。但是经过日本学者们的不懈努力，如今日本的阿拉伯研究已经涵盖了多个领域。

新一代的日本学者们已经开始将研究深入到对具体某一国家的研究，例如埃及的政党、独立后的阿尔及利亚经济、南苏丹问题、法国殖民时期的摩洛哥历史、当代也门史、奥斯曼时期的阿勒颇、阿拉伯东部国家的音乐流派等。

与欧美西方国家相比，阿拉伯文化在日本的传播范围还十分有限。日本学者仅仅知道阿拉伯文化中的那些精华部分，而日本民众们则对阿拉伯人和阿拉伯文化知之甚少，例如阿拉伯的重要历史事件、阿拉伯文化的组成与存在的问题以及美妙的阿拉伯文化艺术等，这种现象是由于主客观因素共同造成的。

起初，日本学者在没有其他方式真实地了解阿拉伯文化的情况下，只好一味地重复西方阿拉伯学者的观点。但是，随后他们发现，不少的西方学者并没有尊重历史事实，没有真实地基于阿拉伯的实际状况介绍阿拉伯文化。

巴勒斯坦问题就是很好的一个例子。日本媒体在报道巴勒斯坦问题时往往转引欧美媒体的报道，但是不少了解阿拉伯局势的日本学者为从根本上改变这一局面付出了努力。由于他们的努力，日本民众对阿拉伯国家的印象也随之改变，同时越来越多的日本学者和媒体人士意识到有不少的西方媒体和知识分子歪曲了阿拉伯国家的事实，忽视阿拉伯文化，甚至认为阿拉伯文化仅仅只是从希腊文化、法国文化、中国文化、印度文化等其他文化中“舶来”的。

板垣雄三教授在透过西方媒体澄清巴勒斯坦问题和阿拉伯文化方面发挥了重要作用，他鼓励日本青年学者看到巴勒斯坦问题和阿拉伯文化的真相。在他的影响下，这些青年学者已经开始谨慎细致地审视西方学者的观点。

如今，日本知识分子们对待民族问题，特别是阿拉伯民族问题的看法发生了根本性的改变，这得益于从事阿拉伯文化研究的日本学者们的努力。日本民族在明治天皇统治时期国泰民安，日本民众曾宣扬“亚洲一统”，号召与其他亚洲国家合作共同抵抗西方殖民侵略，这使得日本成为一个民族特点鲜明突出的现代化国家。但是“亚洲一统”或者是与其他亚洲国家合作的言论逐渐演变成控制其邻国的帝国主义思想，这也损害了它与亚洲国家的关系。因此，在“二战”之后，日本知识分子们害怕再次出现民族沙文主义冲突，乃至出现用这种冲突控制日本政权的局面。鉴于此，不少学者系统比较了20世纪中叶阿拉伯民族主义与明治时期至“二战”时期的日本沙文主义，并撰写了多篇论文。

在与其他亚洲国家共同抗击西方殖民统治之后，日本民众开始关注巴勒斯坦问题。随着日本经济的发展以及同西方国家的结盟，日本逐渐成为世界第三大经济体，这也使得它遭受了一些国家的冷落。只有少部分的先觉者认为应该加强同反殖民、反压迫国家的人民之间的合作，而其他人则在追求个人利益。尽管日本同阿拉伯国家在经济利益方面有着紧密联系，但是双边政治、经济、社会的关系直至20世纪末才逐步建立。

自21世纪初，日阿学者每年召开多场文化会议，双方就共同关心的文化问题展开对话。出席这些会议的阿拉伯学者有安瓦尔·阿卜杜勒·马利克、哈桑·韩非、萨迪格·杰赖、艾勒迈哈迪·穆贾尔、阿卜杜勒·杰利勒·泰米、鲁武夫·阿巴斯·哈米德等。众多阿拉伯马克思主义者、民族主义者、自由主义者、伊斯兰主义者受邀赴日参加会议，这些会议对加强日阿学者间的思想交流起到了重要作用。日本的阿拉伯文化研究也逐渐重视现代自由主义和伊斯兰主义思想，研究的思想也日趋多样化。

随着日本官方对阿拉伯国家重视程度的加深，日本民众对阿拉伯问题的了解也逐渐加深，由之前的宏观层面，深入到了对具体每个国家的细微认知。对阿拉伯国家的研究也涉及游牧民族、经济史、环境问题、教育、艺术、文学、政治制度、地理、古迹、文化意识等方面。同时，日本学者还发表了多篇实证研究的文章，这些文章大多是作者在农村、社会团体、部落、社区等地进行实地调研之后写成的。

由于种种原因我们并未提及每一位从事中东问题研究的日本学者，其中最主要的原因是他们的研究成果并未翻译成阿拉伯语，其中不少成果都是用英语写作或是译成英语发表的。

我们不得不承认日本对阿拉伯国家的实证研究有助于阿拉伯文化在日本的传播，但是日本文化在阿拉伯国家的传播还十分有限。鉴于此，现在双方每年共同举办多场论坛，旨在加强自身文化在对方国家的传播。

结 论

自明治维新时代起，日本民众便开始保护传统文化，全面开展教育和文化改革活动，并将它视为社会可持续发展和全面变革的和平方式。健全的现代化首先是文化和教育发展的成果，其次是一个稳定发展的过程，它包括市政建设、经济、管理、政治等方面。

理性文化的原则，使得日本在“二战”后飞速发展，重新建立了一个赋予人民权力的现代化民主国家，尽管天皇依然存在，但他只是日本统一的象征。日本拥有一套符合其国民特性的教育制度，它重视物理、化学、天文、制药、医学等方面人才的培养，在这种制度下培养出来的毕业生在应用科学特别是数学方面成绩斐然。此外，日本还有许多科研机构，国企和私企都给予这些机构一定的物质支持，用于鼓励科研人员从事科学研究和技术创新。

日本传统文化不仅在激活国企和私企方面起到了基础性作用，还促进了文化、经济、社会、金融等领域的协调发展。同时，日本全国上下努力构建知识型社会，鼓励教育、科研、文化和技术领域的创新。由于知识型社会在日本的发展顺应了全球化的要求，因此在科技方面的投入也占了日本年度预算的重要一部分。此外，日本通过发展人力资源和公共外交激活了同各个国家的经济关系，这种发展模式也给其他国家树立了榜样。

日本学者觉得有必要从日本人的视角来看待阿拉伯人民和他们的文化，因此，他们坚持加强同阿拉伯知识分子的人文交流。日本经济同大多数亚洲国家一样都需要安全可靠的能源供应，为此，这些国家出台了一系列的务实政策用以保障能源供应、开放市场的商品价格和就业。

日本中东研究学会的论文集已经连续出版了 26 年，该论文集在阿拉伯国家的研究方面取得了巨大的成绩，其重要性也不言而喻，文集的作者对阿拉伯国家的历史和文化做出了深入的研究。

日本在构建知识型社会和亚洲强国的过程中，最值得借鉴的经验就是加大对教育、扫盲、失业、改善科研水平的投入。日本在短时间内实现了经济腾飞，中产阶级占总人口的 90%。日本在现代化方面注重传统与现代的统一，这种宝贵经验值得阿拉伯国家和其他亚洲国家借鉴。

日本的知识型社会开始以多种形式展现出来，并且表现形式还在逐年丰富，其中最重要的形式之一就是汲取先进的科学知识。遗憾的是，阿拉伯国家用于扫盲、传播新科技、建立科研机构、获取新技术的投入还不够，这样不利用构建知识型社会，也不利于应对全球化带来的挑战。

日本学者们主张亚洲各国的知识分子们敞开交流的大门，他们拒绝忽视阿拉伯人民，拒绝理会玷污他们文化的成见。通过积极有效的交流，日本占据了全球化的领先地位，拒绝接受西方强加于它的种种论断。文化全球化并不专属于西方或者西方文化，它是属于全世界各个文化的。日本文化努力同这些文化相结合，旨在共同建立一个在文化领域更人性、在经济领域更自由、在政治领域更多样的全球化。

一些欧美学者将阿拉伯人和穆斯林同恐怖主义联系到了一起，无疑，这种做法是缺乏理性的。日本学者则认为有必要重新定义恐怖主义的概念，主张让阿拉伯人和穆斯林自己决定他们的命运，不受到任何外部的干涉。

日本政府践行其宪法的和平精神，拒绝对他国人民动用武力，坚决杜绝使用核武器。由于日本是世界上唯一一个遭受过核袭击的国家，因此日本政府立法规定，杜绝在日本领土上生产、拥有和贮存核武器。这样做是为了保护日本及其周围的亚洲国家免于核武器带来的痛苦。

日本学者在世界文化研究领域处于领先水平，他们拒绝文化冲突的言论。在 21 世纪的前十年，日本和阿拉伯国家举办了多次研讨会，有来自埃及、阿曼、巴林、阿联酋、突尼斯等国的专家学者们出席，这些研讨会促进了双方的思想和文化交流。会议建议给予阿拉伯人民多一些人道主义关怀，以应对全球化中的不利因素。在人道主义的背景下，与会者们进行了有效的文化交流，这种交流能够杜绝用武力战胜理智，用战争取代和平的野蛮行为。

日本和阿拉伯各文化机构的有效对话意欲发展以下两方面：

第一，在发展日阿经济、金融、旅游、社会关系的同时，加强文化关系的发展。

第二，在阿拉伯国家和日本各大型城市宣传对方文化，从而加强双方在教学、科研和创新领域的合作。

日本重视加强同阿拉伯国家的文化关系，双方高校和科研机构的交流不断深入，因此，日本的中东研究在近些年取得了快速的发展。由于日本学术和文化领域的特殊性和对外交往管理机制的复杂性，这就需要选取最合适的办法让日本民众了解阿拉伯伊斯兰文化，并在全社会范围内宣传它。

日阿学者间的文化论坛逐年增加，例如《日本与阿拉伯国家的对话》《日本与伊斯兰世界的对话》等。这些论坛促进了双方媒体间的沟通，增进了双方学者间的积极合作。与会者们的发言也不仅仅局限于历史话题，还对经济、政治、文化领域的话题展开交流。

当今的日本社会被认为是世界上最安全、舒适、稳定、富裕的社会之一。日本政府施行了理智的政策，拒绝采取复仇计划，同时，日本政府还致力于给国民谋取经济和社会利益，弘扬团队价值观和爱国主义，恪守优良传统，鼓励文学、艺术、文化和科学事业的发展。因此，日本民众诚实守信、珍惜时间、爱岗敬业，生产出了一大批具有国家竞争力的产品。

日本政府将国民利益放在第一位，其次是大型金融企业，这些企业包括不少具有竞争力的银行。此外，日本注重扩大中产阶级的规模，自20世纪后半叶开始，中产阶级不仅在构建稳定社会方面发挥了重要作用，还在保持民主文化、促进全面发展、积极展开不同文化间的对话（特别是亚洲文化）、摒弃暴力和种族歧视等方面做出了巨大贡献。

日本最终还是放弃了导致军事冲突和帝国主义扩张的暴力文化，而是采取了号召民主和现代化的和平文化，这种文化与过去的那种好战文化截然不同。日本依靠它的软实力成功地解决了同亚洲邻国间的历史分歧，也是依靠着它的软实力，展开了同邻国间深入的交流。同时，日本的民主人士也担心军国主义思想东山再起，因为这无疑会阻碍日本同邻国间关系的发展。

和平的软实力战略帮助日本重新制订了理性的复兴计划，其中最重要的内容包括为社会服务取代为军事扩张服务，用和平方式解决历史问题。这一战略计划使得日本在经济、社会、政治、文化和传媒领域发生了根本性改变，也正是因为这些改变，使得日本成为全球化进程中有所作为的国家之一。

越来越多的阿拉伯读者渴望了解日本复兴，因为它的复兴是现代化的重要成功经验之一，给世界其他国家起到表率作用。不少阿拉伯文化和媒体机构也开始关注日本复兴，它们将这种复兴看作是对欧美文化挑战的回应。

每年有越来越多的日本学者开始从事阿拉伯文化的研究，也有近百名学者从事阿拉伯问题研究。他们大多来自日本各个高校，并且日方每年邀请数十名阿拉伯学者赴日举办学术讲座。日本学者开始用日语、英语、法语、阿拉伯语就阿拉伯问题展开写作，并且也拥有一批高水平的翻译队伍。尽管日本民众十分关注阿拉伯国家的一些经济、贸易和政治问题，但是他们获得这些信息的渠道主要还是来自西方媒体。为了改变这种局面，不少阿拉伯电视台开始向包括日本在内的其他国家进行直播，这样有助于促进日阿文化、传媒等领域间的直接交流。

日阿间文化合作的前景十分广阔，这是因为伴随着全球化带来的巨大改变，双方民众都渴望加深彼此间的文化交流。日阿间的经济关系十分稳定，但是同欧美间的文化关系相比，日阿双方在过去几十年的文化和科研关系还十分薄弱。

除了需要加强发展文化交流的决心之外，日阿间的文化交流还存在着明显的缺陷。由于双方经济和社会制度上存在差异，因此双方的文化交流很多时候还停留在字面上，没有真正地落到实处，继而阻碍了双方的文化和科研合作，抑制两国人民间的有效合作。阿拉伯国家幅员辽阔，拥有巨大的人力和经济资源，而日本领土狭小，自然资源相对不丰富，且时常遭受地震等自然灾害，因此，日本的复兴计划建立在人本主义的基础之上。日本文化注重人思想上的自由，要求人们具有科技方面的知识，并在经济、社会、政治和管理领域中推行新技术，这样才能在最大程度上开发自然资源并从中受益。因此，构建日本文化首先需要人们能有同其他文化积极交流的意识，其次需要应对全球化文化带来的诸多不利因素。

在21世纪前十年的日阿对话论坛上，来自两国的知识分子和外交官们建议发展日阿间多领域的关系。这些论坛的举办大多得到了日本政府和企业的大力支持，却很少得到阿拉伯国家的支持。时断时续的对话，在建立互信和加强共同的文化协作方面所起到的作用是有限的，因此在阿拉伯各文化机构要主动增强双边持续性的对话，这是促进双方文化合作的唯一出路。

从21世纪初的《阿拉伯人类发展报告》中可以看出阿拉伯国家当前面临的不足和政治挑战，其中突出的问题就是从外国侵略和占领中解放出来并了解现阶段集体文化意识的重要性。认清现实是创造阿拉伯国家美好未来的正确出路，而这又需要雄厚的经济基础、有凝聚力的社会、自由的人性，这一切都是应对全球化挑战的必要条件。

阿拉伯国家构建能和他国进行积极对话的知识型社会需要以下几个方面的努力：尊重集体和个人的自由、实行民主政策、重视公民在人力资源可持续发展中的重要作用。

同样，阿拉伯国家的人文发展也需要注重以下三点：在公正的前提下长期尊重人权和人民自由、在平等前提下赋予阿拉伯妇女权利、积极获取知识并将其运用到各项社会活动中。现在已是阿拉伯国家汲取日本复兴的经验的时候了，是在保护传统的基础上进行现代化的时候了，也是打开国门吸收先进的科学技术的时候了。

最终，日阿间的文化关系会进入一个新阶段，阿拉伯国家竭力吸取日本复兴的经验，并将之运用至自身发展中。目前阿拉伯国家的青年起义和日阿间多领域关系的扩展为阿拉伯国家的振兴提供了有利的条件。每天数以千计的日本人和阿拉伯人通过公司、工厂、购物中心、自由行、文艺团体、职教中心、传媒机构等途径进行着日常交流，通过这些途径，双方也在更好地进行着文化交往。

同样，日阿新一代的学者也越来越清楚地认识到文化关系在加强双边经济和社会联系中的重要性，他们也致力于发展这种文化关系，从而为双方共同的利益服务。在过去的五年内，在阿拉伯国家兴起了多个支持同日本发展政治、经济、文化、科研和科技联系的文化机构，它们主动承办了多场日阿间论坛，并对双方间的文化交流持乐观态度。这些文化机构所付出的努力值得我们赞扬，因为它们并没有被曾经的失败经历所吓倒。现在，有很多阿拉伯学者对日本和其他亚洲国家现代化的经验充满信心，因为这些经验确实能够帮助阿拉伯国家现实新的复兴。同时，阿拉伯学者们也认识到日本重视阿拉伯文化和阿拉伯历史的研究，致力于建立人性化的全球化，同时它还要求对联合国的机构进行调整使其能够通过外交手段解决国际热点问题。日本在支持文化事业、保护人类文化、保持环境整洁、消除核武器和大规模杀伤性武器方面做出了巨大的贡献。

我们有理由相信，日阿间的文化交流将在未来取得长足的发展。

第四章　21世纪前十年阿拉伯国家与日本的关系：现状与展望

引　言

中东地区拥有丰富的石油资源，足以借此影响世界经济。为了控制中东，美国在21世纪的前十年已经在中东地区的阿富汗和伊拉克发动了两场大规模战争。对日本而言，虽然要依赖中东的石油来保障能源安全、维护经济发展，但同时也需要美国的军事保护以防止朝鲜的核威胁。因此可以说，日本在中东的外交政策在很大程度上受到美国的影响和牵制。

政治的腐败、管理的无能、金融的动荡，导致阿拉伯国家民怨沸腾。各种民生计划、经济可持续发展规划接连失败，贫困率、失业率、文盲率、沙漠化程度持续攀升，政府与民众之间，以及各种族、部落、教派之间的流血冲突愈演愈烈，上述种种矛盾不断激化，最终导致2011年“阿拉伯之春”的爆发与蔓延。

鉴于日本在阿拉伯国家的经济利益面临较多风险，日本在面对不断变化的中东局势时，往往采取灵活的、实用主义的政策。日本为维护自身经济安全，其中东外交的核心是确保石油供应，保护石油领域的投资不受侵害，维护中东市场对日本商品和投资的开放性。这些目标能否实现与美国在中东的外交政策密切相关。

尽管如此，在21世纪的前十年，在日本外务省制定的各种外交文件中，我们可以看到日本的中东战略发生了重要变化，即日本越来越重视中东地区，并努力表现出一种与美国政策有所区别的立场。

当然，日本的“实用主义”外交若要有所成就，其重要基础之一是阿拉伯国家必须要有一个统一、有效的区域性政治体系，这个体系愿通过制定独立的战略来保障日本在阿拉伯国家的利益，加强他们之间的关系，同时又不使日本受到美国这个“世界警察”和“中东事务决策者”过多的批评。

日本主张以和平的方式解决中东地区的各种分歧，因为中东地区的和平与稳定无论是对日本的国家利益还是世界经济而言都十分重要，不断的流血冲突会威胁世界和平。因此，日本的中东政策以寻求和平解决地区矛盾为出发点，其根本目的是维护自身的国家利益，或者说经济利益。需要强调的是，日本与美国之间已经形成长期、稳定的盟友关系，所以日本的中东政策主要是一种观察、跟随的战略，日本不会采取冒险行为，因为那有可能威胁到日方在阿拉伯世界巨大的既得利益。

面对美国要求日本修改和平宪法第九条的压力，日本表现出较大的忧虑和谨慎。当然，在这一问题上，日本已经部分向前迈出了实质性步伐，例如，尽管日本方面拒绝参加美国主导的伊拉克军事行动，但日本还是向伊拉克派遣了陆上自卫队，执行人道主义援助，开创了“二战”后向海外派兵的先例。

相比以往，日本在其新的中东战略中注入了一些新要素，这些要素反映了当前日本的总体外交立场和诉求，日本希望能够通过更加活跃的中东外交维护其国家利益。一份深入研究日本外交的研究报告指出，自“二战”结束以来，受和平宪法的限制以及“入常”愿望的影响，日本一直采取远离国际军事纷争、主张以和平方式解决国际问题的政策。日本致力于通过参与联合国的各项活动来提升自身的国际合法性，同时，日本也积极要求改革联合国的框架、机构和工作方式。

2010 年 12 月 9 日，第二届“日本—阿拉伯论坛”于突尼斯召开，来自阿拉伯国家和日本的多位政要与会。会议召开前夕，时任日本外相前原诚司接受了《中东报》记者的专访，他谈论了日本与阿拉伯国家关系的历史与未来，并着重突出了双方在能源领域的合作关系，将能源称为双方贸易关系中最重要的纽带。

鉴于日阿之间的现实利益，日本外相强调了日本希望在日阿经贸与外交关系方面取得积极进展的决心，这其中包括日本愿为改善阿拉伯国家的基础设施提供高新技术方面的支持。日本还表示愿意在自然资源开发上向阿拉伯国家提供技术支持，帮助阿拉伯国家更好地利用太阳能、水能等资源。

一、日本对阿以冲突的立场

“知识”网曾经刊登文章《日本在巴勒斯坦问题上的立场》，该文提到，在 1948 年爆发的阿以冲突问题上，由于日本正处于美国的占领和管制之下，且游离于联合国框架之外，因此日本对阿以冲突没有发表任何立场。

作为美国坚定的盟友，以色列很快搭建起与日本沟通的桥梁，双方在 1952 年 5 月正式建立外交关系。在与日本接触的过程中，以色列所打的牌主要是进步和民主。日本的自由民主党与以色列有紧密的联系，该党承担了向日本国内介绍以色列及其发展成就的任务。在 1956 年爆发的第二次中东战争中，日本与部分其他国家一道，要求埃及遵守有关苏伊士运河航行问题的国际公约。此外，日本并未公开谴责英、法、以对埃及的悍然入侵，而只是发表了一份声明，对事态发展到武装冲突的地步表示遗憾。

1967 年，第三次中东战争爆发。时任日本首相佐藤荣作在 1967 年 6 月 9 日发表声明，称日本将完全保持中立。此后，日本外相要求以色列将军队撤至战争爆发前的边界以内。在巴勒斯坦解放组织的领导下，巴勒斯坦人民的反抗一浪高过一浪，在此背景下，日本舆论更加重视巴勒斯坦问题，日本的左翼政党开始支持巴勒斯坦革命。到了 1973 年，也就是日本经济在第四次中东战争期间受到石油危机重大打击之后，日本对巴勒斯坦问题的立场开始发生变化，日本认识到石油作为一种新的武器在国际政治中发挥着重要的作用。但是，尽管面临着遭受阿拉伯国家石油禁运的可能，日本并没有按阿拉伯国家的愿望与以色列断交。

日本试图与阿拉伯国家和以色列同时保持友好关系。于是，日本一方面要求阿拉伯国家承认以色列，另一方面与其他数十个国家一道要求以色列执行联合国安理会的有关决议，特别是要求以色列立即撤出阿拉伯被占领土的242号和338号决议。

日本呼吁以色列承认巴勒斯坦人民的合法权利，其中包括民族自决权。1978年，日本允许巴勒斯坦解放组织在东京开设享有外交待遇的办事处。同时，由于阿拉伯国家反对埃及与以色列签署的戴维营协议，日本为了保证来自阿拉伯国家的石油供应，因而宣布对埃以媾和持中立立场。1979年年初，日本开始与巴勒斯坦解放组织开展对话。日本政府发表声明，支持巴勒斯坦人民的合法权利，并且在1979年12月30日的“声援巴勒斯坦人民国际日”纪念活动上发表了较为积极的声明。随后，日本首相大平正芳在议会发言，认为巴勒斯坦解放组织是巴勒斯坦人民的唯一合法代表，巴勒斯坦人民的合法权利应当包括建立独立国家的权利，以色列应当遵守联合国宪章以及巴勒斯坦人民的权利，特别是民族自决权。

至今，日本在国际社会支持巴勒斯坦人民合法权利的政策一直没有改变。日本主张根据马德里和会以及路线图计划，以和平的方式解决危机。同时，日本不断批评针对巴勒斯坦或以色列的暴力行动，主张在巴勒斯坦的土地上建立两个相邻的独立国家，即以色列国和巴勒斯坦国。

日本支持所有的和平倡议，特别是2002年沙特在黎巴嫩首都贝鲁特举行的阿拉伯首脑峰会上提出的阿拉伯和平倡议。2002年3月25日，即贝鲁特峰会召开前三天，日本时任首相小泉纯一郎向阿盟致信，就中东和平进程发表了四点意见：

第一，日本政府和人民高度关注中东地区的未来，认为应尽快结束巴以之间持续不断的暴力冲突。

第二，当前是国际社会向冲突双方施加压力的合适时机，应促使双方停止任何形式的暴力，实现地区的和平与安全。

第三，日本欢迎沙特王储阿卜杜拉殿下的倡议，认为该倡议可以使解决中东地区危机的进程向前迈出实质性的步伐。

第四，日本期待全体阿拉伯国家在此次黎巴嫩峰会上，能够就支持地区和平进程向世界发出统一的声音和强有力的信号。

2003 年 2 月，日本外交部就中东和平进程发布了一份文件，文件提到了日本长期以来对中东和平进程的支持、小泉纯一郎首相致中东部分国家领导人的信件、日本领导人分别与阿拉伯领导人和以色列领导人之间的互访、日本中东问题特使的报告、日本与巴勒斯坦的双边关系、日本为和平解决中东问题而做出的努力等。

日本进驻伊拉克后，日本时任外相川口顺子在 2003 年 3 月 20 日发表声明。声明指出，日本对当前的中东局势表示担忧，日本感到身上肩负着重任，日本必须加倍努力来维护中东地区的和平与稳定。川口顺子特别强调中东的安全与日本的安全息息相关，她还提出了日本在这一阶段的三项主要任务：

第一，迅速采取行动缓解军事行动带来的人道主义危机，向难民、流离失所者以及所有有需要的人提供各种帮助。

第二，尽力避免伊拉克战争扩大，防止以色列和巴勒斯坦爆发冲突。

第三，应加强与世界上重要的文明发源地——阿拉伯地区的关系，并进一步深入了解阿拉伯地区。日本将举办更多的文明对话会，来加强日阿双方的文化交流。

2003 年 8 月 13 日，日本外务省发表了一份由日本中东问题特使有马达夫撰写的报告，该报告详细地论述了中东地区对日本的重要性、日本在中东和平进程中的作用、日本为推动和平进程而提出的倡议等。报告最后着重强调，日本愿为实现中东和平提供一切可能的帮助。

在 2003 年 8 月 27 日举行的一次记者见面会上，日本外相川口顺子强调了中东和平的重要意义，认为日本的中东政策以打击恐怖主义、防止核武器扩散为核心。日本要求联合国安理会对核武器扩散问题实施有效监管，使世界免受大规模杀伤性武器的威胁。

在这一阶段，日本外务省发表了一系列支持“路线图”计划的声明。在声明中，日本一方面谴责以色列对巴勒斯坦采取的军事行动，另一方面也谴责巴勒斯坦在以色列实施的自杀式袭击。此外，日本还对巴勒斯坦权力机构的内部改革表示关注。

对发生在巴勒斯坦这片土地上的各种冲突，日本所持的立场没有变化，即谴责一切形式的暴力活动，反对双方陷入报复与反报复的恶性循环，敦促巴以双方重回谈判桌，实施路线图计划，最终建立两个相邻的独立国家。

日本外务省发表了一系列声明，指出日本对中东政策中的几点关切：加强日本与阿拉伯伊斯兰国家的关系，关注地区安全与稳定问题，帮助伊拉克人民走出战争阴霾，重启双边高层互访，深化双边互信，保持双边政治、经济与学术交流畅通，双边一致认同 21 世纪联合国及其相关组织将在维护世界和平与稳定方面发挥核心作用，推动以扩大成员范围为重点的安理会改革。此外，日本还提出要加强国家间与外交机构间的双边关系，解决部分悬而未决的问题，通力合作以外交途径解决日本人质在伊拉克被俘问题。对此，日本始终谴责一切形式的暗杀和自杀式袭击行为。日本外相在巴勒斯坦前领导人阿卜杜勒·阿齐兹·兰提西遭遇暗杀后的第二天就发表了声明，对暗杀行动表示谴责。次日，日本常驻联合国代表大岛贤三在大会上再次对暗杀行为进行谴责，并强调解决巴勒斯坦问题必须通过路线图计划。

美国与以色列峰会于 2004 年 4 月 24 日召开。会议期间，日本外相就有关巴勒斯坦问题的态度与立场发表了五点重要声明：

第一，日本支持在路线图计划基础上解决巴以争端。

第二，以色列与巴勒斯坦国和平相处。

第三，敦促以色列撤离加沙地带的所有定居点，遵照国际法与巴勒斯坦人民建立紧密的合作关系。

第四，反对武力占有巴勒斯坦土地，被占领土地不具备任何合法权利。

第五，主张巴勒斯坦权力机构的内部改革，控制境内极端势力，与以色列展开富有成效的对话。

2004 年 5 月 17 日，日本外务省发表声明，谴责加沙地带不断恶化的军事与民生状况。在 20 日发表的另一份声明中，指责以色列杀害巴勒斯坦无辜平民。

日本外务省于 22 日发布的长篇报告中指出中东地区局势极度危险。推进实施中东和平路线图计划才是解决双方冲突的上策。此外，日本要求以色列军队从加沙地带所有定居点撤离，遵守以土地换和平的基本原则。日本拒绝承认区域内业已划定的边界出现任何变更，敦促以色列退至 1967 年前的边界。

长期以来，日本始终遵守联合国和安理会的各项决议，并将其视作促进实现中东地区安全与稳定，通过对话与协商以和平方式解决巴以冲突的唯一组织机构。2004 年 7 月 5 日，日本宣布巴以领导人将于 12 日至 14 日在日本东京进行第二次会面，以期完善双边始于 2003 年 5 月的对话机制。日本将一如既往地加强巴以互信，直至达成双边安全与稳定的美好愿景。

日本外务省主管于 2004 年 7 月 10 日发表的声明中宣布：在巴勒斯坦土地上修建隔离墙违反了国际法，应终止修建隔离墙的行为，这不仅对于调停巴以双方冲突毫无益处，反而加深了巴勒斯坦人民的苦难。日本主张，实施路线图计划才是解决双方冲突的合理途径。

就同一问题，日本常驻联合国代表大岛贤三在于 16 日发表的声明中表示：要求以色列执行海牙国际法庭的裁决，即拆除已修建的隔离墙，并向受害者支付赔偿。值得一提的是，以色列最高法院要求政府对所谓的“绿色区域”内隔离墙部分路段的路线进行修改。

日本政府希望以色列严格执行海牙国际法庭的裁决，这也代表着国际社会的广泛期许。同时，日本向以色列发出警告：拒绝执行裁决不仅会导致以色列在国际上孤立无援，还将加速地区局势进一步恶化。日本强调，以色列必须执行国际合法决议，回归路线图计划，承认“两个国家”的解决办法。

遵守国际合法决议、敦促以色列执行国际法庭就修建隔离墙问题做出的裁决，这些做法与主张都构成了日本面向中东地区的新型战略重点。尽管美日的中东战略分歧只是初露端倪，但随着阿拉伯人逐渐对地区重大问题的解决形成统一战略，美日之间的分歧也会愈加剧烈和清晰。日本明白，只有找到永久而公正的解决巴勒斯坦问题的方法，才能实现地区稳定与经济繁荣。

二、日本打击国际恐怖主义

据日本外务省提供的数据显示，日本是多个国际组织的成员，在建立世界反恐阵线、协助完成多项打击国际恐怖主义的计划、对公然支持国际恐怖主义的国家和组织进行制裁的过程中发挥了直接作用。

2001 年 9 月 20 日，时任日本首相小泉纯一郎致信埃及、伊朗、沙特和卡塔尔领导人，他在信中呼吁阿拉伯国家领导人对美国恐袭事件表示谴责，并鼓励他们参与国际反恐组织，因为这些暴力恐怖行径是针对伊斯兰教的犯罪。此外，日本表示愿意与其他国家一道阻止犯罪行为再次发生，对任何形式的恐怖主义表示强烈谴责。

日本常驻联合国代表佐藤幸雄在于 2001 年 10 月 2 日举行的第 56 次会议上阐明了有关国际反恐问题的态度及对策。首先，佐藤幸雄向在美国“9·11 事件”中的遇难者表达了深切哀悼；其次，他强调日本将坚定地对恐怖主义进行打击。因为这不仅是一次针对美国的恐怖主义，而是对世界自由与民主的价值观念的挑战，日本深感自己肩上的重担，必将竭尽全力，与国际社会一道，严厉打击恐怖主义；最后，他指出，联合国有义务召集所有成员国执行大会通过的有关打击恐怖主义的第 1368 号和 1373 号决议。

日本反对把恐怖主义与伊斯兰教或阿拉伯国家混为一谈。主张联合国大会建立合法框架以打击国际恐怖主义及公然支持恐怖主义的国家与组织。在反恐领域，日本签署了 12 项协议，主要内容是切断恐怖主义资金链，限制恐怖主义扩散，严惩恐怖主义分子。此外，日本还呼吁通过国际决议，由国际组织对核武器进行严格管控。日本常驻联合国代表表示，日本积极参与打击活跃在俄罗斯、印度、拉丁美洲及部分亚洲国家的恐怖主义的活动。希望与国际社会一道，消灭这股威胁人类共同未来的危险势力。

日本前首相桥本龙太郎在2001年10月9日举行的苏伊士运河纪念活动上表示，对袭击美国的恐怖分子绝不应姑息，他们不仅威胁世界安全与和平，藐视国际法，更使成千上万的无辜平民失去生命，违背了日本、埃及等国积极倡导的文明对话机制。鉴于此，积极参与同阿拉伯国家的文明对话，已成为日本国家形象构建的重要组成部分。桥本龙太郎进一步指出，恐怖主义从根本上有悖于伊斯兰教。埃及有能力在中东和平进程中发挥重要作用。日本期待这一目标尽快实现。

桥本龙太郎在出访埃及、阿联酋等国期间，多次强调，美国恐袭事件的受害者来自包括日本在内的68个国家，这使日本深感自己身上的反恐重担。对此，阿方领导人纷纷表示，巴勒斯坦人民的抗争活动不会走向恐怖主义，以色列应遵守国际决议，使地区早日回归和平。此外，日本表示要将伊斯兰教教义与恐怖主义行为加以区分，希望阿联酋与塔利班断交，深化阿拉伯国家之间的互信，加强对恐怖主义的打击力度。阿方领导人在随后的发言中指出，西方才是滋润恐怖主义的沃土，阿拉伯国家不仅早在“9·11事件”爆发前多年就已经开始对恐怖主义予以打击，部分国家更是为此付出了惨痛的代价。因此将恐怖主义与伊斯兰教混为一谈的说法让人遗憾，这是完全错误的说法，对实现中东地区和平毫无好处。日本对此表示赞同。

旨在切断恐怖主义活动资金的日本于2001年10月31日签署了相关协议，向切实打击恐怖主义迈出坚实一步。同年12月，日本代表在日欧首脑会议十周年纪念活动上，提交了包括谴责恐怖主义在内共七点内容的重要文件，随件附有开展进行集体反恐活动的步骤和补充。文件指出，必须严格监管金融市场活动，管理生产，减少世界经济危机，加强日本与欧盟和美国之间的联系，盘活经济、金融、文化合作，打赢全球反恐战役。时任日本首相小泉纯一郎发表声明，强调推进日美两国在政府与人民层面的团结合作，称两国应在同一战壕反对恐怖主义，致力于帮助阿富汗重回和平，帮助阿富汗人民重新过上正常生活。

2001年12月12日，日本外务省成立独立的反恐部门，负责与联合国及八国集团反恐机构的协调工作，协力整合信息，做好预防工作，监控移民活动，向外交领事司发布相关信息，保护海外民众安全，监控洗钱行为，切断恐怖主义及其资助国家或个人的资金来源。

外务省在随后公布的报告中，再次重申日本为加强世界团结、打击恐怖主义，在签证监管、恐怖主义资金冻结方面实施的部署。报告中还提到，原子能的使用和其他大规模杀伤性武器必须处于联合国的严密监管之下。日本主张开展国际合作，遏制这一引发人类灾难的危险。

日本外务副相在2003年2月8日举行的慕尼黑安全政策会议上提交了题为“国际恐怖主义引发的集体挑战”的报告，其主要内容包括日本对伊拉克拥有大规模杀伤性武器的立场以及日本对朝鲜核武器的立场。报告指出，必须加强大西洋两岸打击恐怖主义的合作，尤其是国际组织应肩负起打击国际恐怖主义并遏制大规模杀伤性武器扩散的责任。

2003年4月4日，时任日本常驻联合国代表的大岛贤三在安理会发表了关于“恐怖活动对世界和平与安全造成的危险”的讲话。他在讲话中再次提到日本打击恐怖主义的决心。并指出，恐怖主义不是文明冲突的结果，它为所有文化及文明国家所不容。宗派主义、动荡不安和道德腐败猖獗是滋生恐怖主义的根源。它对人类价值观以及国家内部稳定造成严重威胁。

日本外务省在2003年5月发表的工作报告中提到，将坚定不移地实施反恐政策，形成国际反恐战线，对移民活动、飞机动态、海关出口、洗钱等行为进行监管，严厉打击恐怖主义组织的资助源头。

由于日本战败后被解除武装，武力仅限用于自卫，可以说它是最为重视打击国际恐怖主义的国家之一。毋庸置疑的是，美国将为以暴制暴的反恐政策付出高昂的人力和财力代价。

与美国不同的是，在发展周期中，日本更多地关注战后重建与人文经济发展。这也预示着小布什政府以打击恐怖主义为名，实则借助军事力量在世界范围内强推霸权主义的必然失败。日本将在以外交手段解决纷争的过程中扮演越来越重要的角色。

三、2003—2005 年日本自卫队赴伊拉克战场

日本外务省公布的文件阐明了日美两国应对伊拉克危机的战略与立场分歧。鉴于中东地区对日本本国利益和世界经济都具有深刻影响，日本采取的是一项相对务实的政策，从全局出发，以维护经济利益为首要目的，反对诉诸武力以解决冲突。

考虑到核武器对日本造成的威胁，日本支持美国对伊拉克境内的核武器进行清除，并间接给朝鲜敲响警钟。美国对此表示乐观，并把它看作加强双边友好关系迈出的坚实步伐。

尽管美日战略同盟关系昭然若揭，但日本媒体对伊拉克问题的态度却大相径庭。“二战”中，美国先后在日本广岛和长崎投放原子弹，使日本人民遭受重创。因此日本民众坚决反对任何可能诱发使用大规模杀伤性核武器、生化武器和细菌武器的战争，遵守和平宪法，拒绝参与联合国授权外的军事行动。

在日本媒体刊登的大量文章和报告中，集中表达了日本民众对美国发动伊拉克战争的不满。截至 2003 年 4 月 30 日发布的调查数据显示，78% 的日本民众对入侵伊拉克持反对立场。

对此，小泉政府再三强调为清除伊拉克境内大规模杀伤性武器，不惜借助美国的军事力量。他在 2003 年 3 月 17 日发表的声明中指出应从以下两个方面集中把握日本对伊拉克问题的立场：

第一，国际社会应对持有大规模杀伤性武器的国家予以打击，不排除动用军事力量。

第二，美日同盟关系不等于日本认同美国发动伊拉克战争，日本的出发点是保护日本安全及经济利益。

然而，日本政府似乎并不准备听取国内外的反战声音。尽管日本民主力量不断进行示威游行，要求美国从日本撤出驻军。但日本政府对此不予理会，依然允许美国在本土驻扎军队，理由是近期朝

鲜不断叫嚣发射弹道导弹，日本政府有必要维护国内安全局势。

小泉政府与日本舆论立场相左的主要原因是日本向来借助与美同盟的政策，保护日本自身利益，对朝鲜起到震慑作用。但面对国际社会日益升高的反战呼声，日本外务省表示贸然发动伊拉克战争不仅削弱了安理会的作用，还体现出朝鲜等个别国家无视国际合法决议的行为。伊拉克境内的大规模杀伤性武器不能脱离联合国国际原子能组织监管。

尽管日本民众支持和平，反对战争，主张以外交手段解决国际纷争，但日本政府从本国经济利益最大化出发，在看待伊拉克问题时势必要偏向美国的立场，民众的反对也只能停留在示威游行阶段。小布什总统反复强调，武力实现伊拉克政权更迭并清除大规模杀伤性武器后，伊拉克的未来发展将参照“二战”后的德国和日本，形势一片大好。对此，日本政府表示赞同。

日本政府的另一考量是希望借助美国力量一并清除朝鲜的大规模杀伤性武器。最终，在美国的不断施压下，日本政府公然无视民众舆论，宣布支持美国向伊拉克发动战争，派遣自卫队赴伊拉克。日本大众舆论纷纷表示这一错误决定将损害日本在中东乃至阿拉伯国家中的最高利益。

显然，日本外务省进退维谷。一方面要代表政府对入侵伊拉克表示支持，另一方面又要尊重大众舆论走向。特别是当数名日本外交官陆续在伊拉克遇害、多名记者遭遇绑架、日本自卫队驻扎区遭遇炮弹袭击等突发事件后，日本民众的担忧情绪有增无减。

对此，日本民主力量坚决反对日本再度武装走军国之路。东京街头爆发了多起起义，谴责美国发动伊拉克战争，拒绝日本直接参战或提供资金和物资支持。

详细解读日本政府对伊拉克问题的立场之后我们不难发现，伊拉克问题已转变成影响日本内政的因素之一。当对是否出兵伊拉克，取悦美国人的问题举棋不定的时候，日本政府保守表示仅以提供物资的形式支持盟友参战，自己则避免与伊拉克抵抗军爆发直接冲突。

日本在2003年10月于马德里举办的伊拉克重建国际援助大会

上承诺，首先向伊拉克捐助 50 亿美元，并提供价值 3 亿美元的物资，之后不断向伊拉克人民提供人道主义支持和经济援助。随后美国国会进一步要求各国向伊拉克提供贷款，日本借机把 50 亿美元的经济援助摇身一变成为贷款。即其中包含价值 15 亿美元的物资和技术支持以及 35 亿美元的长期贷款，用于支持伊拉克战后重建项目。

伊拉克战争余波未平，日本国会竞选一波又起。此时，日本政界对美跟随政策也乘机应变。2003 年 11 月 2 日，日本民主党党首菅直人在竞选中宣布若取得竞选成功，将要求美国从冲绳岛撤军。他本人还在竞选巡游期间来到冲绳县那霸市召开记者发布会，并明确表示：维护东南亚国家安全已无须驻扎冲绳的美国军事力量。

据国际媒体披露，伊拉克战争造成大量伊拉克平民伤亡，却助长美国企业从中赚取巨额利润，更有价值数百亿美元的伊拉克资产不翼而飞，大量石油被秘密出口。随着这些丑闻的曝光，很快针对伊拉克战争合理性的诸多怀疑甚嚣尘上。国际社会口诛笔伐的对象变成那些曾经鼓吹战争的国家，同盟国纷纷从伊拉克撤军。

2003 年 11 月 29 日，伊拉克抵抗力量向日本发出警告，两名日本外交官在伊拉克提克里特附近遇袭身亡。日本外务省当即委任高村正彦出使中东并发表重要报告。他在报告中分析了伊拉克的局势并指出日本自卫队在伊拉克绝不参与任何对伊拉克人民造成伤害的军事行动。高村正彦在出访了埃及、沙特、约旦、叙利亚、科威特等国后表示，多国领导人对日本自卫队所发挥的积极作用赞赏。

然而日本民众的反战呼声依然是有增无减，致使日本政府不得不推迟派遣剩余自卫队的时间至 2004 年 2 月。截至 2003 年 12 月 5 日，反对向伊拉克派兵的比重从 78% 上升至 92%，政府支持率下降至 7.8%。

2003 年 12 月 19 日，日本外相川口顺子在与阿拉伯使节会面时强调，日本注重同阿拉伯、伊斯兰国家加强文化对话。为保护人民利益，向伊拉克派驻自卫队的行为，获得了日本立法机构的批准且符合人道主义目的。她强调，日本参与了多项旨在帮助伊拉克实现战后经济重建与发展的项目。对此，阿拉伯使节对日本政府向巴勒斯坦人民提供的帮助表示感谢，欢迎双方知识分子开展文化对话，进一步加强相互了解。

然而从前线传来的噩耗依旧不绝于耳。2004年2月13日，日本自卫队聚集区伊拉克南部城镇萨玛沃市遭遇火箭弹打击。随后，迫于国内反战情绪的压力，日本政府与媒体签署协议，禁止传播可能激怒自卫队家属或产生负面情绪的新闻。此外，日本政府还求助心理学家，整顿自卫队士气，训练自卫队临危不乱，保持自卫队凝聚力，并教授自卫队与伊拉克人友好相处，向他们提供卫生、社会和技术服务。

日本政府向伊拉克共输送了近1000名自卫队队员，配备运输飞机和装甲车，其中陆上自卫队近550人，集中在萨玛沃城。在联合国的领导下日本虽有参战经历，但伊拉克战场依然充满未知：不仅发生多起车辆爆炸事件，自卫队队员随时面临牺牲的危险，众多伊拉克政治和宗教人士遇难，甚至联合国在当地的分支机构以及部分使馆也未能幸免。美国驻伊高级指挥官兼国防部副部长保罗·沃尔福威茨、总统特使保罗·布雷默、军事指挥官都奇迹般地幸免于火箭弹袭击。

此时，日本媒体开始大幅报道维和部队在伊拉克战场上发挥的人道主义作用。值得注意的是，这是日本首次在海外热门地区执行任务。

《日本时报》英文版在2004年2月11日发表了一篇题为“派遣自卫队开启日本历史新时代”的文章。对此，日本回应道，派自卫队进驻伊拉克并非出于军事目的，两国人民之间也不存在任何敌意。日本不仅曾向伊拉克提供大量的资金和技术支持，还放弃了价值数百亿的债务。日本各界力量都支持参与伊拉克的战后重建工作。50亿美元的援助金额使日本在所有援助国家中名列前茅，且带动越来越多的国家准备放弃对伊拉克的大部分债务。

事实上，以上种种只能说明日本搭上伊拉克重建的顺风车，帮助日本经济走出危机。日本公司就曾利用阿富汗重建工程大赚一笔。2004年，日本援助伊拉克15亿美元，分五年累计发放贷款50亿美元。美国更是承认日本为世界反恐的重要力量，助其在世界新秩序中发挥更大的作用。而日本则希望利用美国，切断朝鲜核武器，解除对自身及在东南亚地区核心利益的威胁。

尽管日本外务省发布的报告中还提到了日本自卫队与伊拉克人民的合作，但不论是伊拉克抵抗力量还是日本舆论都认为日本响应美国进驻伊拉克是不友善的行为，这不仅违反了联合国决议，对和平解决伊拉克问题毫无益处，且有损日本在阿拉伯国家的最高利益，危及海外日本民众的安危。同时，作为美国同盟国的日本也因此成为部分伊拉克和伊斯兰组织打击的目标。对此，日本外交官、金融家、实业家的海外活动都显得尤为谨慎。日本政府警告本国公民谨慎前往伊拉克及地区内其他国家。

日本外相在 2004 年 6 月 9 日发表的声明中表示，支持安理会第 1546 号决议，即在伊拉克建立临时政府，逐步结束外部占领，将完整主权归还伊拉克人民。同时，日本敦促美国回归联合国决议，以和平方式解决伊拉克问题。日本对联合国为此付出的努力表示赞扬，并表达了愿意增加对伊拉克政府和人民援助的决心。

2004 年 6 月 10 日，时任日本首相小泉纯一郎召开新闻发布会，表示将通过以下方法解决伊拉克问题：支持伊拉克临时政府，向伊拉克提供人道主义、经济、技术与服务支持，呼吁债权国减免伊拉克部分债务，帮助伊拉克重新崛起并发展耗资巨大的基础设施建设工程。

2004 年 6 月 29 日，小泉政府向伊拉克临时政府发去贺书。对权力重回伊拉克人民手中表示赞赏，同时重申日本派遣自卫队是基于人道主义目的。日本将帮助伊拉克完成战后重建工作，持续提供医疗和人道主义服务。

此时，伊拉克问题已经成为影响日本内政的重要因素。2004 年 7 月 11 日举行的日本众议院选举引起日本和阿拉伯新闻媒体的广泛关注。最终，执政党自民党获 49 个议席，反对党民主党斩获 51 个议席，国民新党获 11 个议席，共产党获 4 个议席，社会民主党获 2 个议席，独立党派人士获 4 个议席。在这次议会选举中，执政党以

2 席之差败北，而民主党则大幅增加了 12 个席位。对此，部分观察员预测，反对党大有斩获，席位由 38 席提升至 51 席，小泉政府遭遇滑铁卢。

这也再次证明，伊拉克问题已经成为影响日本议会选举走向的因素。此前反对党党报呼吁自卫队最迟于 2004 年 12 月 14 日回国，《日本时报》也发表文章呼吁“回国是唯一出路”。

尽管日本街头民众普遍对布什连任美国总统表示失望，但当时的日本首相小泉纯一郎却对自己“忠实”朋友在大选中连任甚感欣慰。他以绝不向恐怖主义分子低头为借口，断然拒绝要求日本从伊拉克撤回自卫队的主张。日本舆论认为，首相扮演着布什总统坚定而永久的伙伴角色，日本派出自卫队也是迫于美国的压力。日本民众担心战争可能继续蔓延，波及叙利亚、黎巴嫩、伊朗、苏丹等国，到时中东地区将永无宁日。

惨遭战争摧毁的伊拉克已是满目疮痍。日本时任外相町村信孝表示，伊拉克能否如期举行大选，对伊拉克人民来说至关重要。因此日本政府为保证选举成功而慷慨资助。截至 2004 年年初，重建花销已达 1250 亿美元，2005 年更是大幅增加。许多日本媒体不禁打出了伊拉克民主“黎巴嫩化”的标语。《日本时报》在 2005 年 5 月 18 日发表社论“黎巴嫩化的伊拉克”，其中提出伊拉克正面临与黎巴嫩类似的症状，主要体现在流血冲突不断、种族与宗派仇恨升级、教派与部落的离心力大于内聚力。日本媒体还对黎巴嫩危机的各个阶段进行了详细解读。

必须指出的是，日本支持叙利亚于 2004 年年底从黎巴嫩撤军的计划。2005 年 2 月 14 日黎巴嫩前总理哈里里遭遇暗杀，黎巴嫩反对党发起声势浩大的游行抗议，迫使叙利亚不得不从黎巴嫩撤军。哈里里总理的遇害使日本大为震惊，更有日媒不惜成立专门的工作小组，前往前线报道这一震惊世界的事件。日本媒体大肆报道了黎巴嫩境内安全机构的失职、黎前总统埃米尔·拉胡德上台的不正当性。同时，还用英文就黎巴嫩境内犯罪行为发表了社论、评论、采访、专家评析等。其中，最广为人知的当属《日本时报》在 2005 年 2 月

22日发表的第一篇社论《等待着黎巴嫩的是更多的灾难》。随后该报又在3月12日发表了第二篇社论《雪松之战？》。对此，日本外务省发表声明称，希望以叙利亚撤军为切入点，归还黎巴嫩在中东地区的合法地位。

不止于此，日媒还聘请分析专家追踪事态发展，预测未来走向。日本民众更是通过网络了解发展动态，对暗杀事件表现出了前所未有的关注，同时也对黎巴嫩的未来深表担忧。日本媒体对哈里里总理的生平进行了专题报道，形容他为日本的伟大朋友，着重突出了他在战后重建、人类可持续发展、鼓励现代科学和进口技术等方面做出的贡献。

从日本媒体对哈里里总理遇害事件的密集报道可以看出，中东事务的确在日本媒体版图上占有一席之地。尽管叙利亚政府对暗杀事件避口不谈，但日本媒体还是将矛头对准了他们。因为叙利亚情报部门控制黎巴嫩长达30年之久，共有14000名叙利亚士兵负责保护黎巴嫩的安全。日本媒体还公布了一份详细的表单，上面注明了近几年计划行刺的黎巴嫩领导人的姓名和作案时间。此外，还有部分媒体将枪口对准了以色列的情报部门，以色列曾主张与黎巴嫩媾和，所以有媒体认为他们才是利用暗杀事件把叙利亚逐出黎巴嫩的幕后黑手。此外，由穆罕默德·阿拔斯领导的巴勒斯坦新政府并不反对巴勒斯坦人在黎巴嫩安家立业，但哈里里总理对此提出不同意见，他认为这样会冲击黎巴嫩的社会和国家结构。

日本媒体对哈里里总理遇害事件的分析主要集中在以下几点：

策划暗杀的幕后黑手旨在扰乱黎巴嫩的安全和稳定，削弱其在中东地区的影响。

在《2005独立起义》发表之后，一些分析家将“黎巴嫩的雪松革命”和“乌克兰的橙色革命”进行比较。后者通过议会选举和平地推翻了旧政权。但《日本时报》给“雪松革命”打上了一个大大的问号，担心黎巴嫩人是否有能力最终将叙利亚驱逐出境，并在联合国及其观察国的主持下，举行公开透明的民主选举。

日本媒体还为布什总统拟好了一份说辞：民主将在黎巴嫩取得

胜利，就像伊拉克那样。因为“美国总统说什么都是对的”，伊拉克民主进程对阿富汗、埃及、沙特、黎巴嫩、巴勒斯坦的影响就佐证了这一点。

在叙利亚被强制要求撤离黎巴嫩，部分黎巴嫩反对派领导人对伊拉克“民主化”选举取得的成果表示赞扬时，日本就黎巴嫩事件对叙利亚产生的直接影响进行了预测，它指出在美国的压力下，叙利亚可能步上黎巴嫩的后尘。

日本分析专家指出，黎巴嫩问题要比某些西方领导人的设想复杂得多。黎巴嫩境内还存在着一股亲叙利亚政权的力量，特别是真主党和希望运动。他们拥有大量武器和长期与以色列对抗的实战经验。其中，真主党及其盟友于 2005 年 3 月 8 日在贝鲁特发动了百万群众大游行，感谢叙利亚对黎巴嫩的帮助。随后，就爆发了反对叙利亚抵抗军的游行，要求清除黎巴嫩的叙利亚军队，约有 150 万人参加了这次游行。

日本媒体指出，黎巴嫩人民坚持实现没有外部干扰的国家自治，叙利亚扶持下的黎巴嫩政权已无力招架 2005 年独立起义。

鉴于中东地区是日本主要的石油进口地，日本媒体对地区动态给予了持续关注，并始终对美国企图在阿拉伯国家推行美式民主的做法持怀疑态度。事实上，该地区的民主进程，特别是黎巴嫩和巴勒斯坦的民主进程波谲云诡，希望通过民主途径求得变化的青年力量面临着镇压与恐怖主义的威胁。但毫无疑问的是，阿拉伯民众的民主意识已经萌芽。不论是美国还是欧洲都不能阻碍阿拉伯人民的运动，更不能强迫他们服务于大中东计划。可以说，中东的民主化运动始于黎巴嫩，经过巴勒斯坦、埃及的发展，于 2011 年蔓延至其他阿拉伯国家，所到之处都反映了人民对和平民主，而不是西方式民主的渴望。

美国借民主之名发动伊拉克战争，实则造成伊拉克时局动荡，最终导致其全面崩盘。对此伊拉克各方力量要提防所谓延长美军占领年限，通过实现民主，最终实现安全与稳定的谎言。

日本有文章较为真实地还原了“黎巴嫩化”现象。文章指出，

“黎巴嫩化”存在的明显缺陷是不能广泛代表大多数群体的意见，让人感觉明显的不公正。只有通过锐意改革、英明领导、有效推进国家决策和资金利用，才能让安全与稳定重回黎巴嫩。除民族内因外，美国入侵伊拉克，以及为保护以色列的利益而推行的大中东计划战略也对危机爆发起着推波助澜的作用。

日本分析人士指出，2003 年美国的军事干预加快了萨达姆·侯赛因政权的倒台，战火直到 2005 年才渐渐平息。这场战争对包括日本在内的多国利益造成了威胁。因此，必须对伊拉克予以军事支持，因为当时伊拉克军队已是无力回天，难以维护国家安全，为此国际盟友的军事存在就成为必要了。布什总统担心见到一个“黎巴嫩式的伊拉克”，因为它意味着美国民主改造中东的计划失败了，下一步就是导致美国的大中东计划流产。日本民众尤为担心的是，伊拉克新政权能否起草一份民主宪法，修补人口结构，保持领土完整。部分日媒甚至发问：统一的伊拉克的内涵是什么？伊拉克北部一直叫嚣独立的库尔德地区是否会继续留在伊拉克版图内，还是将随着地区与国际压力的增大，最终爆发流血冲突？同时，日本媒体还对伊拉克第一大产油区的情况予以了格外关注。这再一次使日本政府进退维谷，既担心盟军撤出伊拉克后场面失控，又承受着来自国内的反战舆论压力。

日本媒体在分析伊拉克危机的实质和未来走向后强调：希望以库尔德人利益至上为原则，维护库尔德地区稳定，妥善解决库尔基尔的归属问题。日分析人士赞赏部分库尔德领导人的政治头脑，指出他们秉持“拿取原则”，即当身处不利的地区环境时，特别是当周边国家并不欢迎一个新兴的库尔德国家诞生时，不过高地估计自身实力，暂缓建国计划，转而建立一套真正的民主体制，实现阿拉伯人与库尔德人的平等，保证所有教派都享有平等的权利与义务。同时，民主声音不断要求美军在限定期限内撤离伊拉克，尊重伊拉克社会构成的均衡，建立一个有能力应对地区与国际挑战的民主国家。

日本分析人士认为，伊拉克在现阶段面临的首要任务有：保护领土与人民主权、维护国家统一、实现内部安全和稳定、建立新政权、成立具有和平意识的国家军队、拒绝任何军事力量进入伊拉克或驻扎军事基地。此外，伊拉克政权应重新起草一部伊拉克宪法，修复与区域邻国的关系，树立伊拉克自由、独立的国家形象。显然，教派林立、政权分割的伊拉克更像一个导火索，引发了更多的流血冲突事件。

最终，日本政府于2005年5月5日宣布从伊拉克撤出自卫队，在此之前，日本媒体进行了多次调查，数据显示日本民众不仅担心子女在伊拉克的安危，而且害怕美国政策会连带对日本利益造成损失，当大部分美国盟友都陆续撤离伊拉克之后，日本政府也不得不在2005年年底宣布撤出自卫队，其主要原因如下。

包括萨马沃城在内的多个伊拉克城镇安全局势动荡，伊拉克军队已经进入这些地带，日本政府需要借助他们稳定局势。

伊拉克遵循黎巴嫩道路，以教派和种族为分配依据完成了多项政治部署。由此却也导致伊拉克社会结构中出现裂痕，对于国家概念的理解也出现明显分歧，使得伊拉克安全隐患增多，不确定性也随之增加。

民主党以一票之差在2005年5月的众议院中期选举中战胜执政党自民党，执政党内部分歧加剧，首相仕途未卜。

2005年5月7日，伦敦遭遇恐怖主义袭击，日本担心自己将是恐怖主义的下一个目标。多家报纸也进行了骇人听闻的报道，例如，“伦敦恐怖主义：我们气愤又同情”“日本应加强自身防御以应对恐怖主义”。

四、2009—2012年日本民主变化之春

除社会党曾在1993年至1996年期间短暂执政外，日本政坛自1955年起就由自民党一党执政，而改组于1998年的民主党十多年来也只是游离于边缘地带。

由于日本前首相小泉纯一郎执政时推行的政策侵犯了贫困人群和中产阶级的利益，五年任期满后小泉辞去党首和政府职务。到

2009 年民主党接棒执政日本的时候，日本政坛错综变化，人事变动频繁，平均每届政府的执政期不足一年。

执政党自民党在 2009 年 9 月 30 日举行的众议院选举中遭遇滑铁卢，在野党民主党则大获全胜，斩获了议会 480 个议席中的 308 席，远远超出自民党获得的 119 席。根据日本政治传统，获胜党党首鸠山由纪夫有望出任日本新首相，鸠山由纪夫出身政治世家，他的祖父鸠山一郎也曾担任日本首相一职。但受金融丑闻、管理腐败、党内斗争所累，鸠山政权难逃瓦解危机，依然是一届短命政府。

民主党执政不足一年，形象一落千丈。到 2010 年 5 月的选举时，自民党又重新夺回了众议院中的稳定多数席位。被称为日本政界“最后的武士”的小泽一郎在 2006 年担任民主党领导人，后因财政丑闻辞去民主党领导人一职。他的继任者鸠山由纪夫由于未能带领民主党在众议院选举中取得胜利，在任职不足九个月后也同样递交了辞呈。此后，民主党影响力一落千丈，日本首相更是两年内六次易主。最近一次的首相更换是野田佳彦接替菅直人于 2011 年 9 月当选党首和政府领袖。后者任职时间是 2010 年 6 月至 2011 年 8 月。

菅直人就职期间，日本天灾人祸不断，因政府领导不力遭到在野党严厉声讨。大地震、强海啸、核辐射三大灾难严重威胁日本，福岛核辐射泄漏事件中的遇难和失踪人口更是超过 23000 人，另有超过 10 万人流离失所，导致直接经济损失达 3000 亿美元。

由于菅直人派系绝不允许“小泽势力”卷土重来，因此菅直人政权向自民党发出联合组阁的邀请，以期挽救日本的统治危机。菅直人表示，希望日本在经历了政治体制与经济地位动摇的双重打击之后可以回归稳定。然而党内斗争错综复杂，自民党树大根深，菅直人政府即使有带领日本走出危机的意愿也只能是空有无能为力的无奈。他一方面要平息党内斗争、道德与金融丑闻，另一方面还要承受美国空军基地长期驻扎冲绳引发民怨四起的压力。同时，日元汇率更是创 15 年来最高水平，美元兑日元汇率跌破 80∶1。

在日本，大企业一般都实行终身雇佣制，且更偏爱经验丰富的从业人员，因此，企业难以消化就业市场上数量激增的年轻求职者，这给日本的青年群体造成严重危机。此外，日本人缺乏背井离乡外出打工的意识，而越来越高的医疗、教育与养老成本，使日本中产阶级缩水严重，年轻人承受的压力越来越重。这也势必引发新旧两种思潮的碰撞，一方观念持有者是深谙传统与礼数的老一辈日本人，另一方则是年轻人，他们主张探索合理方法，在学业、工作、结婚生子中做出平衡，对抗日本社会中不合理的部分。

尽管日本执政党被质疑没有实现选前承诺，挫败了日本民众的信心，但这也为催生以改变日本政治体制为目标的年轻政治力量创造了良好的环境。在宏观层面上，年轻人摇身一变，成为推进政治改革、社会改造与经济发展的中坚力量。日本长期倚靠的传统政策已无暇应对老龄化、社会福利、医疗等问题。2009 年日本民主党高喊着社会公正、机会均等、改革政治、打击腐败的口号接管了日本政权，然而民主党只“画饼”不“做饼”，日本社会面临的问题反而愈加恶化和严重。其中最突出的表现为年轻人就业机会不增反降，其中又以女性的就业形势最为严峻。适婚青年普遍晚婚，离婚率逐年增加。这说明日本社会矛盾进一步深化，新老两代之间的对话迫在眉睫。日本分析人士指出，年轻人领导的大规模抗议活动将为日本迎来下一个春天。

造成日本旗鼓不整最主要的因素是执政党内部派系斗争升级，长此以往，自民党有望重新登台执政。

日本同样面临严重的经济危机，主要表现在：日本债务已超过 GDP 的 200%，日元汇率大幅飙升，商品竞争力下降，经济排位落后于美国、中国，排名第三。这些负面数据揭示了日本尖锐的社会问题与经济危机，只有团结在高效有力的政治领导之下，找到适用的对策，凭借全面而具有前瞻性的眼光，才能妥善解决这些危机。因此，执政党首先要实现内部团结，找出解决经济与社会问题的应对之策，缓解巨额债务和经济下行压力。其次应妥善解决与中国在争议群岛主权问题上的纷争，应对日本经济增长缓慢的问题，重视人口老龄化问题，改善人民生活环境，增加年轻人就业机会，增强社会凝聚力，最终使民众对日本未来充满希望。

执政党失去众参议院中的多数席位后难以在议会内部通过宪法改革，这是日本政府面临的另一巨大考验，而重新增加税收的政策必然导致执政党在初定于2012年年末或2013年春举行的议会选举中成绩不佳。不止如此，日本所有政党或团体都试图通过公开结盟保护自己的利益，这也将导致日本在下一阶段面临着敌友势力的重新洗牌。

其实，1993年自民党一党执政的“1955年体制”被打破，这次选举对获胜的社会党的打击也是致命的。社会党随即面临一系列内部危机，与今天民主党的情况相似，随后社会党与自民党联手组成新的联合政府。1996年，最终自民党再次执政，并持续至2009年，社会党却没落成了一个小党。因此，时至今日民主党领导人担心重蹈社会党的覆辙。

日本的政党危机还在继续，对内民主党内部斗争不断，对外与自民党的竞争日渐焦灼，特别是自民党在6月参议院中期选举中取得胜利后，正摩拳擦掌准备重新执政。日本首相的频繁更替也佐证了内部存在的深刻危机。

民主党新代表野田佳彦在2011年9月任职后举办的第一场记者发布会上阐明了自己的执政理念。他强调，首先要增加党内凝聚力，形成统一立场，推进改革计划。其次应团结在野党。为解决日本现阶段面临的巨大挑战与危机。他将带领政府完成以下几项计划：

第一，颁布国家紧急计划。既要避免核泄漏的危险，也要保证重建工作的开展。

第二，解决日本面临的严重的经济危机。长期以来，由于日元汇率飙升，通货紧缩阴云挥之不去，使日本工业和技术产品出口大受影响。

第三，建立日本各政治力量间的友好关系。执政党与在野党通力合作、相互信任、摒弃政治间隙、不利用政治分歧挑起冲突，共同服务于日本的最高利益。

然而主动示好的政策并没有获得理想的回应。不仅党内派系各怀鬼胎，在野党自民党更是竭尽全力对野田佳彦政府围追堵截。

2011年3月接连发生的大地震、核泄漏事件都对野田佳彦构成多重挑战。那些羁绊日本前首相菅直人的难题像滚雪球一样越滚越大。

2012年10月1日，日本首相野田佳彦将改革的触角伸向了他2011年9月成立的政府。在保留八人原有职位的基础上，又新增了十名大臣。政府亟待解决的问题有：出台替代能源政策、获取长期融资解决人道主义问题、妥善安排受核辐射影响的民众的生活、解决养老问题、缓解债务增加。对此，政府及时推行了很多新政策，其中包括鼓励日元升值、改善日本对外贸易、向受牵连的出口从业人员提供支持。事实上，与汇率水平较低又享有劳动力红利的国家相比，日本产品的生产成本要高得多。

等待野田佳彦政府的是诸多亟待解决的政治、经济与社会问题，能否重建灾区，走出核危机都关乎着野田政府在今后还可以走多远。出于安全和民意考虑，日本全部54座商用核反应堆停用，在通过安全评估前，禁止核反应堆再次投入使用。为此，日本电力公司解除部分合同，保证日本全国供电，并尽快走出福岛核泄漏的阴影。在野党也向日本政府施加了不小的压力。日本执政党在众议院占有多数席位，而在野党在参议院拥有更多的发言权，因此两院之间分歧颇深。由于阶段性的联合参选策略，大量的反对势力任职于野田佳彦的政府。因此，日本社会存在很多质疑的声音，担心野田政府难以兑现此前的承诺。果不其然，民主党在2012年1月16日举行的议会选举中就上演了戏剧性的一幕。

五、陷入泥潭的日本与2011年突如其来的“阿拉伯之春”

当奥斯曼帝国遇见从西方舶来的自由与民主思想，前者开始逐渐衰落，阿拉伯国家也由此拉开了现代化的序幕。现代化运动的早期尝试主要体现在为西方资本主义敞开大门，摆脱科学警察的限制，保护民族经济。然而，随着“西方化”逐渐成为“现代化”的代名词，阿拉伯并没有考察这些改革是否适用于阿拉伯经济与社会发展，由此反而造成阿拉伯社会危机丛生，深受其害。

从奥斯曼帝国统治时期到欧洲殖民统治时期，阿拉伯国家普遍留有专制高压统治的残余，由此造成的负面影响有破坏环境、浪费自然资源、对人口多元化国家管理不利、民族与教派冲突激增、忽视人类和经济可持续发展等。

阿拉伯国家实行高压统治的另一原因是为了压缩国内非阿拉伯人的生存空间，掩盖他们要求被平等对待的呼声，库尔德问题就是最好的例证。阿拉伯国家的政治体制尚未超越宗教、教派与部落继承的狂热。宗教口号甚至被用于现代化国家建设和民族象征中。

对此，独立的阿拉伯国家应凭借智慧与耐心，在实现现代化的同时保持自己的阿拉伯民族属性。“一战”后英法两国的政治与军事影响力在世界范围内无人能及。对阿拉伯半岛各国边界的划分就是由以英法为代表的欧洲列强一手操控的。这也使阿拉伯国家试图保护领土完整的尝试看起来更像是对欧洲殖民与托管保护时期不合理的管理方法的延续。可悲的是，阿拉伯国家并没有做出任何值得称道的努力冲破这种限制，在全球化时代建立符合自己地理区域划分的政治、经济与文化空间。

尽管阿拉伯国家仅凭自身之力难以实现从一个传统的农业社会到现代化的工业社会的转变，但这并不阻碍阿拉伯领导人重视现代化运动以及教育在现代化运动中发挥的作用。伴随着教育的推广，发源于欧洲的自由思想与阿拉伯社会盛行的宗教思潮开始碰撞出激烈的火花。

现代化运动还延伸至交通运输业，旨在通过现代公路网络将广阔的阿拉伯地区相互连接。此外，阿拉伯国家还努力提高手工业与工业的生产能力，向欧洲资本敞开大门。终于，不仅传统的农业生产形式发生改变，部分阿拉伯国家更是得益于石油领域的发展，取得了惊天动地的变化。石油产量的多寡，划分出了阿拉伯主要产油国，它们是科威特、阿联酋、卡塔尔、沙特等。这些富裕国家的现代化运动主要依靠石油收入，并不太关注基础生产部门，对产品加工、技术生产和人类可持续发展的投入也相对较小。人类可持续发展投入是指科学研究和人才培训，这被看作和平发展的重要资本。

由于效仿西方的现代化改革只是简单的“拿来主义”，缺乏自身对现代化概念的理解，因此随后阿拉伯国家无一例外爆发了尖锐的冲突。首先，阿拉伯社会的生产能力与生产关系极度落后，长期以来积累了高额债务，无力偿还利息。其次，大部分阿拉伯国家汇率持续下跌，贫困和中产阶级购买力疲软，大量企业因僵化守旧、生产力低下在市场经济中缺乏竞争力而倒闭，同时企业私有化过程阻碍不断。最为紧迫的问题还是教育缺失和公共服务水平低下，导致文盲率、失业率、贫困率高升不下。此外，阿拉伯国家的移民潮分流了大量资质优良的阿拉伯青年，他们不仅具有高学历，还拥有丰富的工作经验。

因此，2011 年爆发的“阿拉伯之春”革命说明大部分阿拉伯国家的运行依然依赖世界上几个现代化中心。同时，在当今极度复杂的地区和国际形势下，阿拉伯国家很难全身而退，保护领土完整。

2011 年“阿拉伯之春”始于突尼斯，发展于埃及、也门、利比亚，蔓延至巴林和叙利亚。至此，产生了两种完全相左的政治思潮，值得我们再三思考。

第一，原教旨主义思潮，认为阿拉伯国家的现代化建设必然走向失败，因为它偏离了伊斯兰教根基，所谓的现代化只是西化。由于大部分阿拉伯国家在独立之后都离不开军队支持，因此所谓的现代化也只是为专制统治服务。民主对于尚未实现人民自治的阿拉伯国家来说依然是一个遥远的概念，现代化也终将失败。此外阿拉伯社会普遍贫穷，在军队直接监管下，对人民实施镇压，所谓保护更是无从谈起。

第二，自由主义思潮，认为现代化建设是阿拉伯国家的必然选择，建立一个公正的国家有利于维护社会安全与稳定、促进社会发展。此外，必须牢牢把握住有益于政治、经济、社会与文化建设的积极因素，并善于运用这些因素。阿拉伯国家的现代化建设就是在各种有利的历史环境下进行的，例如，成功驱赶外国军队、顺利建成民族国家的支柱。因此，阿拉伯国家应进一步发展和调整这些有利因素，在世界新秩序和地区军事冲突不断的影响下，应对快速变化的地区和国际形势。

通过议会选举的途径，伊斯兰原教旨主义势力已渗透到了埃及政权。他们希望回归舒拉和祖先传统，建立一个伊斯兰政权。但自由与民族主义力量发出了强烈的抗议，他们认为坚持健全的民主才是建立一个公正的国家的根基。也只有这样，才能够实现人类与经济可持续发展，应对全球化的挑战。那些鼓吹重回伊斯兰哈里发黄金时期的人是在痴人说梦。

2011 年的“阿拉伯之春”验证了那些依靠军事集权体制，阻碍阿拉伯社会现代化进程的国家注定会失败。世袭与专政统治是难以长久的，也门、利比亚、叙利亚等一些长期陷于内战的国家就是最好的例证。

那么，日本是如何看待 2011 年爆发的“阿拉伯之春”的呢？

这一年日本共遭受了三重打击，深刻影响了日方看待“阿拉伯之春”的立场。日本外务省发布的多份文件显示，日本支持阿拉伯民众从主宰自己命运数十载的世袭政权中解放出来。但这种支持更多只是纸上谈兵。日本政府在叙利亚问题上立场坚决，谴责叙政府把国家拖入危险的内战，使地区和国际干预势力有机可乘。在叙利亚，每天都有数百人丧生，成千上万的叙利亚人流离失所，村庄、城市、古迹惨遭毁灭，政府军与获得外界资金与武器支持、手段残暴的武装反对派战事胶着。

2011 年日本主要面临三项内部危机：

第一，经济形势不乐观，增速缓慢。日本世界经济排名退居第三位，中国取代日本成为亚洲经济巨人，甚至向世界第一大经济体发起冲击。正如世界经济专家预言，21 世纪无疑将成为亚洲崛起的世纪。今天，已经有两个亚洲国家分别占据世界经济第二和第三的位置。此外，印度等国家地区作为世界经济格局中冉冉升起的力量也发挥着越来越大的作用。与此同时，欧洲国家遭遇诸多危机，大范围的破产陆续波及希腊、葡萄牙、西班牙等国。

第二，2011 年日本遭遇大地震、强海啸和核辐射。一方面使日本民众和其他有核国家感到恐慌，另一方面高达3000亿美元的直接经济损失和灾后重建费用更加重了日本经济的负担。2008年秋天爆发资本主义金融危机，由此引发的消极后果持续发酵至今。因此，面对愈发复杂的国际经济环境，很多人提出质疑，日本是否能够平稳度过失业率、贫困率攀升，工作机会匮乏，医疗与社会服务削减等方面的危机。值得注意的是，2011年日本大学生失业率达9%，创“一战”后历史最高。相比之下，欧洲国家的情况更为严峻，以西班牙为例，同年大学生失业率高达40%。

第三，日本政界受贪腐、分化所累，无力找到可行的方法，挽救不断恶化的经济与社会形势。这就要求政府内部通力合作、搁置党派争议，带领日本走出经济困境，采取科学有效的方法降低高失业率，缓解日本青年由于缺乏行之有效的改变而产生的悲观情绪。

尽管日本青年可以坦然面对自己的国家成为世界第三大经济体，尽管在地震灾害面前向全世界展现了他们的英勇无畏，但是他们已经开始对统治阶级的腐败失去耐心，这不仅导致日本的世界经济地位下滑，更有导致国家与社会退步的危险。

2012年2月4日，俄罗斯、中国否决了安理会叙利亚决议。两国承受了来自叙利亚反对派及其支持者的巨大压力，其中就包括来自日本的指责，日本认为中俄两国使用否决权阻碍了安理会决议的顺利通过，无法仿照利比亚的方法，制裁并推翻叙利亚政权。

而俄罗斯和中国的考量则是，担心利比亚的悲剧会重新在叙利亚、伊朗、朝鲜、古巴等国上演。两国谴责这一决议有反联合国准则，即每个国家都享有完整主权，尊重人民拥有不受外来干预，管理国家和命运自决的权利。此外，两国认为安理会应与国际社会一道，在和平解决叙利亚危机中发挥积极的具有建设性的作用，维护中东地区的和平、稳定与可持续发展。

中国和俄罗斯代表多次重申，使用否决权不代表支持叙利亚政府向平民过度使用暴力，而是给叙利亚一次自我修正的机会。这是帮助叙利亚政权，抓住这一历史机遇，平息叙利亚愈演愈烈的内部仇恨，因为它最终有可能发酵为一场牵扯万千无辜百姓的内战。此外，反对票暂时阻止了外部势力向叙政府施压，这些人蓄谋使用军事力量强行解决叙利亚危机。俄罗斯和中国反对安理会通过任何不利于叙利亚危机解决的国际决议，反对外部势力干预别国内政。俄罗斯和中国一致认为，联合国框架外的任何动作，都会为军事干预叙利亚埋下伏笔，引发冲突升级。

另一方面，日本等国对俄罗斯与中国使用否决权提出了强烈异议。目前日本的中东政策主要体现在以下三方面：

第一，呼吁国际社会持续向巴沙尔政权施压，让他下台。

第二，加大国际社会的打击力度，阻止伊朗拥有核武器或关闭霍尔木兹海峡。

第三，建立民主的新中东。

日本对叙利亚危机的主张与美国的中东政策不无关系，最为明显的是要求巴沙尔下台。

日本格外关注中东地区的教派斗争。阿盟提出解决叙利亚危机的倡议后，日本不断要求巴沙尔·阿萨德总统下台。同时，日本追随其他大国，向叙利亚政府施加了新一轮的制裁，其中包括冻结叙利亚总统在日本银行的存款，冻结叙利亚商业银行、叙利亚黎巴嫩商业银行、叙利亚石油公司、石油集团的资金。日本与部分反对派力量取得接触，希望整合反对派势力，敦促他们形成明确的立场，在巴沙尔政府下台后保证少数派的利益。此外，日本对安理会的决议表示支持，决议中说，希望国际社会达成统一的强有力的立场，落实阿盟绘制的路线图计划。日本对俄罗斯使用否决权表达了抗议，且不赞同中国驻中东代表提出的解决方案，中国希望实现政权的平稳过度，放弃使用阿盟发布的路线图计划。

同时，日本反对武装反对派的做法，希望以和平方式解决叙利亚问题。日本注意到，叙反对派并没有形成统一的解决方案，对于日本最关心的如何保证少数民族利益的问题也是模棱两可。日本尚未担心叙利亚危机会蔓延至国外或发展为区域战争，但在叙利亚战场风云变幻的局势下，格外关注黎巴嫩局势。

日本是一个深受核武器危害的国家。因此，日本支持所有旨在清除中东地区大规模杀伤性武器和叫停军备竞赛的倡议，特别是针对伊朗和以色列的。在发生由大地震引发的福岛反应堆核辐射泄漏事件之后，日本国内多座商业核反应堆停止运转，同时解除了多项建造核电站的合同。日本担心伊朗会在自己的核设施发展受阻后关闭霍尔木兹海峡。

日本举国上下反对核武器，拒绝伊朗加入核俱乐部，呼吁国际社会同仇敌忾，终止核计划，保证霍尔木兹海峡贸易畅通。因为日本超过 80% 的石油需求是通过霍尔木兹海峡进口到国内的，关闭霍尔木兹海峡将对日本利益产生巨大影响。日本支持阿拉伯世界改变现行的专政政权，建立民主政权，呼吁中东争议各方通过谈判，取得根本性进步，挽救中东于水火。同时，日本希望提升自己在阿拉伯市场中的地位，以保证石油供应。此外，日本希望巴勒斯坦和以色列重回谈判桌，找到永久的公正的方法解决中东危机。但必须指出的是，到目前为止日本所有的中东立场都与美国的外交步伐一致。

六、阿拉伯国家与日本的良好互动

无论是日本还是阿拉伯国家在现代化过程中首先选择的都是军事现代化。但日本、埃及、土耳其和突尼斯都经历了不同程度的失败。事实上，军事现代化服务对建设现代国家、保护领土完整必不可少，但对平息人民起义并没多大帮助。

日本与阿拉伯国家的现代化历程存在根本性差异。在军事现代化方面，日本曾经成功地组建了军队，建立了现代化国家，但却选择了君主立宪制的政治制度，给美国日后占领日本领土埋下隐患。反观阿拉伯国家并没有建立起一个足够强大的国家，面对那些企图控制阿拉伯领土和自然资源的国际势力也是充满无能为力的无奈。此外，对民众进行镇压的专制政权阻碍了阿拉伯国家的可持续发展，使这些国家无力招架外部侵略势力。阿拉伯国家集体陷入尴尬局面：一方面，对于尚处于发展缓慢阶段的落后国家而言，以生产力为代价的高昂的军事管理支出使阿拉伯国家望尘莫及。尽管解放战争已经结束，但仍有 40% 的预算用于不在作战状态的军队开销。然而阿拉伯民众并没有获得安全、稳定与发展。另一方面，阿拉伯社会受严峻的社会与经济危机所困，阿拉伯青年一代在全球化时代，远远落后于科技、经济与媒体交流的世界潮流。

20 世纪下半叶，日阿双方为进一步发展日本与阿拉伯关系所付出的努力卓有成效。双方成功地建立了一套合作机制，由日本出口现代技术，推动阿拉伯国家工业和制造业的发展，并利用现代化的交通运输网络连接起乡村与城市，使城市人口数量显著增加。此外，日阿双方突出教育领域的合作，双方通过成立论坛或具有民主特征的现代议会协会，加强合作。

在 21 世纪的前十年，特别是最后五年，日本与阿拉伯国家的经济往来取得了长足的发展，但依然需要克服一些问题。一方面阿拉伯社会面临着新旧两种结构扭曲的矛盾，另一方面，现代化的生产结构不得不依赖于日本先进的教育、加工与科技水平。这些都限制了双方进一步发展文化、科技、管理合作的空间。

阿拉伯政权热衷于军事服务现代化，这无疑为日后危机的爆发埋下了隐患。由于前期红利被吞噬殆尽、高压打击大行其道，自由民主思想被拒之门外，最终 2011 年四个阿拉伯政权相继倒台。鉴于此，只有做出彻底的改变，给民企提供更多的自由和空间，才能达成现代化的平稳过渡。毫无疑问的是，阿拉伯国家缺乏善于总结经验的领导人，这也助长了反民主的敌对势力，使阿拉伯政权陷于危机。阿拉伯的现代化尝试尚未从简单的全盘西化走向真正的现代化，更不用说实现从军事现代化、军事管理市民社会到推动社会现代化、发展生产力与生产关系、利用现代化服务人民的转变了。要实现这一转变，就需要在民主的基础上让人民当家作主，推广长期的经济和教育项目，实现生产部门、工作模式和居住模式创新升级。日本模式就是实现健全现代化的良好范本。

阿拉伯社会并没能充分利用与日本的经济往来，使日本的技术在自己的社会里生根发芽。进入 21 世纪，大部分阿拉伯国家依然处于落后的生产模式与生产关系中。资本主义的生产方式掺杂着部落、家族与宗教的生产关系，助长租金经济与投机倒把之风，生产则全部依靠以原油为代表的自然资源。

21世纪初，由联合国起草的阿拉伯发展报告指出，阿拉伯国家在生产等方面都处于落后水平。有数据显示，阿拉伯国家与发达国家的差距正在增大，尤其是对人力发展关注不足，科研投入不足国民收入的1%，而且这部分投入多用于行政管理，而非资助科研。

高科技与数字化方面的知识鸿沟进一步加大了阿拉伯国家与日本和其他发达国家的差距。据统计，阿拉伯国家的网站数量、网民数量和具有影响力的知识传播网站数量均处于偏下水平。截至2005年，拥有世界上5%的人口的阿拉伯国家，其网民数量仅占世界网民总数的0.5%。

科技进口和高成本的工业完成品进口耗费了阿拉伯国家大量财力，却始终没有让他们实现技术本土化和自有创新。反观一些亚洲国家，已经在同一时期完成了这些目标。以比尔·盖茨创建的微软公司为例，高新技术垄断每年为生产企业带来高达数十万亿美元的经济效益。许多企业冲破宗教、民族、性别与肤色的限制，为争夺世界各地人才大动干戈。

阿拉伯国家局限于技术进口，不注重技术本土化和自有创新的战略忽视了科技发展中的社会文化因素。科技发展应该依托于人类可持续发展、人力资源开发和阿拉伯科研中心的支持。由于阿拉伯国家缺乏统一管理，使该地区饱受信息混乱、互动受阻所累。最典型的例子是，各阿拉伯国家使用的通信制式不尽相同，不同国家之间只能通过国际网络进行沟通。此外阿拉伯金融体系也是相互独立的，与欧洲或美国的金融中心挂钩。

阿拉伯国家还面临着严重的人才流失现象。从事互联网工作、具有精湛信息技术专业能力的科技人员，多选择在欧洲或美国等发达国家定居。发达国家以低价购买他们的程序，用于自己庞大的信息网络中。而阿拉伯国家的发展项目始终控制在国外技术人员和专家的手中，这也导致阿拉伯地区和其他发达地区在知识、科技、交流、媒体革命等方面的差距越来越大。由于设施落后、管理不力，改革难以顺畅进行。

阿拉伯国家局限于技术进口，不注重技术本土化和自有创新，只关注短期红利，却对技术一无所知，更没有意识到自身与其他国家之间的差距。技术与现代科学和科学研究紧密相关，这就要求阿拉伯社会尊重科学知识，追赶学科进步潮流，激励科学家，实现跨越式发展。

在日本等国，私营企业在科研发展中扮演着重要角色。然而阿拉伯国家的私营企业在应对全球化挑战中所发挥的作用却是极为有限的。此外，发达国家的科研支出高达阿拉伯地区的数十倍。因此，阿拉伯国家急需从制度和法律层面保护知识产权，营造科研投资与技术发展的良好氛围，控制阿拉伯国家的人才流失现象。实现这些的关键是通过营造良好氛围主动吸引人才。

不论是阿拉伯国家的政治体系还是私营企业都应对20世纪科研进度、科学发展与知识更新的不尽如人意负有一定的责任。日本早在崛起之初就明白科技发展与科学研究的重要作用，它将帮助阿拉伯人扩充知识面，加强与土地、国家和民族事务的联系，同时使人们在解决经济与社会问题时选择多元。若要做到这些就要求阿拉伯国家出台的政策与项目既要有助于减缓贫困率和文盲率，也要贴近广大群众的日常生活。但是政权的腐败以及管理的不利占用了大量技术采购资金，阻碍了阿拉伯国家的可持续发展。

阿拉伯经济学家表示，只要政治意愿正确，资金利用合理，阿拉伯国家有能力在短期清除多项社会问题。这就要求激发社会各界的国家责任感，积极参与未来建设，应对全球化挑战和来自美国的威胁。过去十几年的经历已经证明，扭曲的发展只会束缚经济的腾飞，削弱阿拉伯人民的实力。诚然，改善教育体制的花费是巨大的，但长期的无知、文盲、贫困、落后、失业与沙漠化将从内部吞噬阿拉伯国家。

截至21世纪前十年的末期，阿拉伯国家还没有在如何学习发达国家建立可持续发展原则方面交出满意的答卷。阿拉伯国家的现状是科学普及水平持续走低、文盲率上升、创新能力落后，与日本在高等教育普及、科技与生产加工教育、科技运用方面差距明显，教育体制改革的希望依然渺茫。长此以往，阿拉伯国家的不作为会阻碍更多的社会贫困阶级接受教育。更为严重的是，在发展教育制度、更新教学设备、培养师资力量方面，阿拉伯国家也没有发挥自己的作用。日本长期的实践告诉我们，实现社会进步的首要任务是深化技术与职业教育，抓住时机开发青年资源、加强教学与工作实践的联系，推动各领域科研创新。

七、亚洲崛起时期的日本与阿拉伯国家

现代化使日本走向崛起，也帮助很多东南亚国家实现复兴。自20世纪80年代初起，日本逐渐开始“脱美入亚”，不断把资金从发达工业国家向亚洲市场转移。

当今，西方国家遭遇严重的经济危机，经济颓势不止，而亚洲经济却获得了前所未有的发展。各个亚洲国家以及阿拉伯国家都有机会摆脱西方经济与政治的影响，应对经济全球化。这要求我们既要平衡历史遗产与身份认同，也要借鉴欧盟国家的经验，坚定不移地迈向现代社会。

东南亚国家的现代化尝试向世人展示出这些国家很可能成为世界新的一极。他们代表亚洲特点，为实现经济和人类的可持续发展、以更加人性化的面目对待全球化做出了典范。可以说，日本等其他亚洲国家致力于把现代科学技术应用在生产中，建立健全的现代化制度，加大对外派遣教育、文化、艺术与管理团队的力度，严控西方价值观与传统习俗的输出，防止西化。因为这会动摇亚洲社会价值观、宗教与道德的根基，导致崇洋媚外，最终损害亚洲人民的利益。

不少亚洲国家的预算，有很大一部分用于科研，旨在帮助年轻人牢牢掌握生产，由他们中的佼佼者将先进的科学技术留在亚洲，并经过不断的发展最终转变为商品。在亚洲，有些学识渊博、经验丰富的领导人指出，他们将严肃处理政治贪腐丑闻，杜绝为狭隘的

个人利益谋好处。

日本的管理水平可谓是世界一流的。日本成功调动大量资金，刺激亚洲多个国家的经济发展，并且鼓励这些国家建成多个科研中心，大力发展工业、手工业和农业，生产适于出口的、在世界市场具有竞争力的商品。日本每年都会对创新型人才予以资助，鼓励社会创新、新技术开发和使用。现在亚洲国家普遍重视推进人才发展，对原材料的依赖逐渐减弱，善于将先进技术应用于包括高利润的现代产业在内的各生产部门。现代科学、生产技术、媒体通信都为提高亚洲国家实力，扩大亚洲国家经济在世界经济中所占比重，在亚洲国家建设知识型社会奠定了基石。亚洲国家还极大地受益于西方的科教体系，包括代表团、外国专家和翻译。此外，学术机构还教授包括阿拉伯语在内的世界主要流通语言，加强日本与亚洲文化精英之间的交流，促使西方科学在亚洲广泛传播。

在人类意识觉醒、自由与创新的基础上，亚洲逐渐建成了知识型社会，为实现复兴与进步奠定了坚定的基础。尽管日本在“二战”中遭受重创，但随后凭借“软实力”成功建立了知识型社会，实现了经济的腾飞，现代与传统的和谐互动。不论是日本还是亚洲其他国家建设知识型社会的经验都告诫我们：投资教育、发展科研、降低文盲和失业率、改善工作水平才是重中之重。而实现亚洲经济奇迹的秘诀是激发中产阶级的活力，这样才能克服尖锐的经济与社会危机。

在 21 世纪的前十年，为实现人类与经济的可持续发展，亚洲国家着手实施经济一体化政策。其中，东盟为建立保有亚洲自身特点、有能力应对全球化危机的新亚洲发挥了巨大作用。建立新亚洲意味着亚洲各个国家应掌握文化知识和多国语言，具备良好的管理经验，与世界科研中心保持密切联系。不仅如此，东盟还为精通现代科学并掌握先进技术的青年才俊提供丰富的就业机会。日本则投资鼓励年轻的劳动力加入基础生产行业，发展亚洲人民具有传统优势的手工业。

亚洲经济发展的首要任务是集中发展农业，减少农民流失。亚洲国家不仅基本实现粮食自给，保证粮食安全，并且逐步解决了国内贫穷和文盲问题，建立了面积广阔的工业用林。在实现农业的巨大飞跃后，亚洲国家重新调整发展重点，致力于提高技术和科技能力，推动乡村发展，消灭贫穷城市，保证国家内部经济平衡。

同时，亚洲的工业发展及其现代化也不落后。国家鼓励专项经济项目，推动重工业和能源重金属行业的发展。此外，国家也允许外国投资者以合资或独资的方式承接项目，并下放权力，允许自治区或地方政府自行安排与外资的项目合作，从而促进经济生产在多个亚洲国家以多种形式顺利开展，投资、生产与管理有序进行。

为了推进经济行业的发展，亚洲鼓励科研和技术发展，并将这一思想以政策的形式稳定而长久的保持下去。亚洲经济在运用现代科学与高新技术方面取得了快速而长足的发展，科研已成为亚洲经济发展的支柱。

现阶段，日本致力于推动亚洲经济体全面发展，实现经济与国防实力增长，保证自给自足，在全球化冲击下维护自身利益。日本坚持通过和平途径接触朝鲜核武器的威胁，在联合国框架内，积极参加维和任务。

短期内快速发展后形成的生产过剩可能会造成负面影响。这一问题要求我们正视亚洲人民日益增长的住房需求，保证年轻人的就业机会，平衡理论科学与应用科学，将新的科学发现应用于生产，并采取各种措施保护环境等。

鉴于亚洲购买力指数明显增长，亚洲国家必须快速采取措施保护消费者，调节价格，应对有害气体排放和温室效应问题。因为这些问题的解决关乎近 30 亿人的未来。此外，亚洲国家还应想方设法控制房价攀升，房价过高使本就收入有限的人民雪上加霜，可能引发巨大的社会危机。人们更希望政府能够对住房问题给予直接的支持，如设立租房或买房补贴。

亚洲国家实行稳健的货币政策，这对保护经济安全、防止操控储蓄、限制通货膨胀至关重要。实行稳健的货币政策是为了减轻金融和房地产投机对银行储蓄的影响，保持经济持续发展，使人类和经济以平稳上升的步伐持续发展。亚洲对股票市场实施根本性改革，保护金融市场更加稳定。在亚洲，特别是在中国，股票市场依然十分活跃。当大部分国家笼罩在经济发展下滑、通货膨胀程度加深的阴云中的时候，部分亚洲国家依然实现了经济发展的增长，减轻了世界经济发展的压力。他们通过优惠贷款缩小通货膨胀率，通过向发展中国家发放债券推进大型项目，并提供物美价廉的商品，帮助发展不利的国家免于经济崩盘。

亚洲国家从未停止以切实有效的方法应对全球化挑战、发展不景气与世界经济下行带来的弊端，减轻世界金融危机对人类未来的影响。同时，在美国经济萧条、资本主义国家普遍被恐慌笼罩的情况下，我们应寻找新的合作之道，以应对世界经济衰退。现阶段，亚洲国家致力于建立中小型企业，打击行业垄断，保护中小型业主免受外国资本干扰。此外，亚洲国家鼓励公司企业利用灵活开放的自由经济打进世界市场，大力创新，扩大生产链，销售亚洲商品，为广大亚洲人民带来丰厚的利润。

得益于灵活的经济政策，即使在世界经济整体衰弱的大背景下，部分亚洲国家依然实现了经济的增长。这些国家依靠自身力量应对资本主义市场的普遍危机，保持经济活力，实现了快速发展。这些国家的成功有效地证明了：新型的经济与金融体制使全球化朝着更为人性化的方向发展。

科学与知识革命助推亚洲一体化走向现实，而以人为本是科学与知识革命的根基。因为人类才是产生知识的源泉，而知识又推动经济与社会的发展，最终激励年轻人继续获取新的知识。也就是说，要想实现阿拉伯国家的崛起，既要开发阿拉伯国家内部的人力资源，推广现代科学和技术，又要充分利用外部资源。阿拉伯社会应进行根本性改变，开启阿拉伯一体化计划，改革阻碍知识社会诞生的腐败统治，使阿拉伯社会人力、经济走上可持续发展道路。

阿拉伯一体化的实现离不开创新型青年人才，他们为社会发展保驾护航，有利于解决失业、贫困、文盲等社会紧迫问题。如今，阿拉伯国家享有充分条件，在科学的基础上开启新的阿拉伯项目，提高人文素质。人力资源是落实改革计划、发展创新力的核心资本。阿拉伯国家有着丰富的自然资源，人力资源和充足的资本。在未来几年内，阿拉伯国家有能力带领地区一扫落后的阴霾，实现一体化，与其他民族积极互动。以上目标的实现，要求阿拉伯国家不局限于购买别人的技术，受全球化和世界新秩序的牵制，更要掌握现代科学与先进技术。事实上，许多亚洲国家的现代化进程都对阿拉伯国家具有参考价值。阿拉伯国家的发展计划牵扯着 3.5 亿阿拉伯人的未来。阿拉伯国家拥有高水平的人力资源，大量的资金储备以及丰富的自然资源储备。难能可贵的是，阿拉伯国家的人民热切盼望着在民主与自由基础上实现一体化。

现代科学技术为提升亚洲国家软实力打下了坚实基础。扩大科研范围，提高生产质量使这些国家在 21 世纪实现了经济的腾飞。掌握一技之长的劳动力脱颖而出，他们将技术应用到生产中，不仅有利于自己的职业发展，而且帮助实现社会富足。显而易见的是，选择资本主义还是社会主义发展道路并不是决定全球化利弊的根本因素。美国道路证明资本主义在全球化过程中也会碰壁，苏联经验则是社会主义阵营溃败的代表。因此全球化时代正发生着理论与实践的巨大改变。世界范围内的有识之士都在使全球化朝着更为人性化的方向发展，依托英明的领导与廉洁的管理建立繁荣富足可持续发展的社会。2008 年秋金融危机迅速从美国延伸至其他西方资本主义国家，而亚洲国家则表现得更加团结，国家间沟通更加频繁，以期实现更为人性化的全球化。最新成果是，包括巴西、俄罗斯、印度、中国、南非在内的金砖国家组织成立。这一组织覆盖了全球近半数的人口与生产。

有关建立统一亚洲的理论与其现实意义依然引人关注。2012 年 6 月 7 日至 8 日，由土耳其战略研究中心主办的题为“统一的亚洲？政策、安全、经济与文化基础”会议在伊斯坦布尔举行。

会议上，亚洲国家毫无疑问地成为关注的焦点，不仅因为亚洲有 30 亿人口，更是因为它对世界经济起着举足轻重的作用。会议从头到尾都体现着亚洲属性，从人员出席到问题提出再到方案执行和主题讨论都由亚洲国家一手操办。可以说西方知识分子已难以对亚洲敏感重要议题指指点点。建立统一的亚洲成为全面开启亚洲时代的切入点。反观全面陷入危机的西方国家，部分欧洲国家刚刚宣布了经济破产，部分国家则退出了统一的欧洲金融圈和货币系统。

此次会议围绕多项内容展开，主要有亚洲政治经济融合、安全合作、文化融合运动、思想碰撞和激活非政府组织。在大会上，许多人围绕亚洲话题发表了自己的看法和见解。一些学者热衷于在西方话语下谈论亚洲统一问题，还有一些人注意到要将亚洲问题与文化全球化的时代背景结合。西方通过语言、文化、高等教育、现代科学、军事实力、银行资本、商业公司和媒体话语给几乎所有亚洲国家都在不同程度上打上了自己的烙印。亚洲国家数量多、差异大。有些是人口与面积大国，有些则是小国。有些国家已经实现了民族复兴，通过参与现代科学和先进技术的研发，迈入现代化阶段，有些国家则尚处于极度落后阶段，遭受着严峻的内部问题和教派部落纷争的困扰。甚至有些亚洲国家尚处于长期内战中，饱受外国武装干预，难以实现内部统一、建立民族国家与法治社会、使每个公民拥有平等的权利与义务的目标。

在我们谈论亚洲纪元之前，首先要回答一个核心问题，即“统一的亚洲”是否包含所有亚洲国家？对于这一问题，我们必须谨慎对待，而不能只是随意评论两句或打着建设“为了亚洲人民的亚洲”的口号慷慨陈词。在全球化时代，许多问题已经超越了地理边界。以“金砖五国”为例，它就是一个集合了五大洲国家的新的经济共同体。

当前亚洲正面临着许多问题，有一些是从西方殖民时期遗留下来的，还有一些则是自身原因造成的。在亚洲，尚未建成以公民原则、透明原则、问责原则、机会均等原则为基础的现代社会。以阿拉伯国家为例，部分地处西亚的阿拉伯国家并没有实现社会富裕以及经济和人类的可持续发展。事实上，历史问题悬而未决，尖锐的现实问题更是雪上加霜。这些问题主要涉及政治、经济、人口、宗教、社会、文化、性别、语言等方面，此外还有日益严重的环境问题、沙漠化、水资源短缺、文盲率、失业率、贫穷率、犯罪率上升、滥用毒品等。

因此，亚洲一体化的设想难以涵盖地球半数人口生活的所有地区。一方面，是因为很多国家正经历着持续不断的内部冲突，且有可能恶化为内战，另一方面，则是因为许多国家与邻国存在历史遗留问题。这也使得亚洲社会的相互融合，特别是对阿拉伯伊斯兰国家而言，在现阶段成为水中月、镜中花。在这里，民族、种族与宗教原因造成政治与文化严重分裂。而频繁的武装政变则导致军事独裁横行霸道，引发包庇贪污腐败、毒品买卖、杀害政治对手等行为。

在亚洲社会中，自我与他者的关系问题也是一个值得关注的问题。是积极互动，还是尔虞我诈？如果实现了亚洲一体化，那么将由谁来主导？与中国、印度这些国家相比，中小国家又将何去何从？毕竟中印两国的人口总数占亚洲人口的三分之二。日本、韩国等西方国家的亲密盟友又将在亚洲扮演何种角色？以上国家或地区分别与西方国家签订了军事、经济与文化协议，美国的军事保护为他们保驾护航。而阿拉伯伊斯兰国家的地位又如何？半个世纪以来，阿拉伯一体化依然是一场梦。

尽管现阶段想要融合亚洲国家困难重重，但合作空间依然广阔。这就要求我们全面推进经济、金融，发展等各领域的地区和双边合作，维持国家之间的贸易平衡。发达国家应尽力帮助贫困国家，改善贫困国家现状，使这些国家尽快融入亚洲大家庭。此外，还应跨越意识形态的差异，不再过分要求宗教、种族与民族的统一，而要强化国家内部的统一，采取实用主义。虽然建立统一的亚洲依然任重而道远，但千里之行始于加强国家与人民之间的共同发展。

对于阿拉伯国家而言，近十年来建立统一的亚洲的想法甚嚣尘上。约旦、阿布扎比、科威特、阿曼都先后召开了题为“阿拉伯和统一的亚洲”“阿拉伯与中国关系研究”“阿拉伯向东看”的学术会议。这至少证明，阿拉伯国家希望借鉴日本和中国等其他国家经验。为了实现更广泛的双边合作，阿拉伯实业家、专家、知识分子致力于加强阿拉伯与日本、中国等国的关系。毋庸置疑，积极的互动会实现经济、文化、管理、学术、旅游等领域的互利共赢。积极的互动将帮助阿拉伯国家开发人力资源，发展金融资源。积极的互动将促进阿拉伯资本在日投资，并利用日本的资源，发展阿拉伯国家的工业基础，扩大贸易，发展可再生能源和清洁能源，通过建立自由贸易区使双边交往更上一层楼。

八、21世纪日本与阿拉伯国家的合作展望

日本对阿拉伯国家的关注依然停留在石油安全、产品出口和将部分剩余资本注入阿拉伯市场的层面。因此，在过去的五年中，阿拉伯国家都表达了希望与日本展开涉及政治、文化、学术、艺术、青年与妇女等方面的战略合作的意愿。在21世纪的前十年，阿拉伯向日本出口的石油和天然气比重大幅增加，特别是阿联酋、沙特、科威特、阿曼、卡塔尔、伊拉克等海湾国家。双方都受益于不断发展的经济关系，因此，阿拉伯国家希望进一步升级这种关系至战略关系水平，创造更多的共同利益，将日本争取到支持阿拉伯问题的公正一方。

阿拉伯国家并不好完全把握日本的政策，因为日方并不偏袒阿以冲突中的任何一方。日本对巴勒斯坦人民的支持仅局限于根据联合国决议，对难民提供人道主义帮助。这种帮助并不意味着日本的天平倾向于阿拉伯一方。

日本支持巴勒斯坦人民的合法权益，并资助巴勒斯坦解放组织。日本奉行实用主义政策，大力倡导使用先进科学技术，减缓日本工业对阿拉伯石油的依赖，降低能源消费，丰富进口渠道。因此，日本对阿拉伯国家的政策不再是保证能源进口，而是致力于停止地区战争，为东亚和西亚正在面临的问题寻找和平的解决方式。日本从不隐藏自己对中东地区的战略考量，几十年来这里都是世界上石油储备最丰富的地区。因此，我们有理由相信，未来日本与阿拉伯国家的关系将从石油贸易关系发展为全面的战略关系。

在阿拉伯与日本之间开展文化对话已经成为双方文化企业的首

要任务。在 21 世纪的前十年，日阿双方每年定期举办文化类对话，在第二个十年的初始表现较为活跃，之后稍有停滞。日阿文化企业都十分真诚地希望可以重启对话。越来越多的阿拉伯研究人员关注与日本发展文化关系。与此同时，日本的阿拉伯学家在阿拉伯研究方面也取得了巨大的进步。

值得注意的是，大部分阿拉伯研究人员依然倾向于效仿西方的现代化历程，此举收获甚微，更多是将西化等同于现代化。在经历一个半世纪的自我发展之后，日本崛起了。日本的崛起不是偶然，但鲜有阿拉伯学者专门对此展开研究，对中国、印度的经验也鲜有人涉猎。众所周知，在美国和欧洲有成百上千的研究人员精通中文、日文和其他亚洲语言，借此深入研究亚洲的现代化历程。在欧洲，每年都会出版数量可观的专业书籍，介绍亚洲人民的历史、文化、经济和遗产。但这方面的阿拉伯语书籍实在少得可怜。伴随着亚洲全面崛起，阿拉伯人再也不能忽视亚洲的现代化运动，不论是政治、经济还是文化方面。

今天的日本也面临着保守派和改革派之间的激烈分歧。改革派希望全面推进日本企业发展，以适应全球化和世界新秩序。改革派曾主张整合多家银行、贸易机构、工厂、传媒机构和文化艺术机构，帮助这些企业平稳度过全球化的弊端，防止日本经济下滑，不得不接受国际金融和传媒机构的怜悯。日本害怕与美国在国际舞台上直接对抗，也担心自己在阿拉伯地区的利益受损。日本将持续支持巴勒斯坦解放组织，谴责以色列对巴勒斯坦人的占领行径和暴力政策，指责叙利亚政府向叙反对派发动暴力流血战争。

与此同时，日本还主动亲近阿拉伯国家，鼓励阿拉伯人形成有影响力的区域政策，迫使以色列重回谈判桌，长久而公正地解决阿以冲突。为保护日本自身在中东地区的巨大利益，日本欢迎阿拉伯国家提出的旨在永久解决冲突的倡议。从长远角度来看，日本认为，阿以冲突的解决将为提升阿拉伯与日本关系、开展更多的积极合作带来更加广阔的前景。

从阿拉伯人的立场来说，将双边关系提升至战略水平，需要阿拉伯人建立一个动态的社会，应对全球化的挑战。

日本与阿拉伯国家共同关系的发展，得益于诸多积极因素，同时双方也都有着强烈的意愿希望在原有基础上建立一种更为持久的关系。日本人民对于中东地区正在发生的一切感到关切，特别是日本自卫队以参与重建为由进入伊拉克，这对日本来说是一个不小的考验。

2009年成立了阿拉伯—日本内阁论坛，用于在双方议会政治合作的框架下，讨论政治、经济与社会相关事务。论坛是一个良好的契机，揭示了地区现状以及正在面临的尖锐问题，其中包括：以色列占领阿拉伯领土的问题，以色列不断攻击巴勒斯坦人民的问题，以色列核武器给阿拉伯地区的安全和稳定埋下隐患问题，还有伊拉克人民的艰难处境，必须让独立、主权重返伊拉克的问题。论坛还阐明了指导未来工作的重要建议，以期进一步激活双边的政治、经济与社会关系。论坛设有下属协会，由双边代表组成，会定期举办会议，加强双边关系。上述努力都是为了争取日本站在阿拉伯问题的公正一方，并学习日本在各个领域的丰富经验。

九、“阿拉伯之春”爆发后的的阿拉伯与日本关系

在“阿拉伯之春”爆发后，日阿双方不仅双边经济发展空间巨大，文化与文明的互动也愈加频繁，这有利于在全面的战略性视野下，发展阿拉伯国家和日本之间业已存在的关系。此外，在这一时期日本重视阿拉伯地区及其发展，我们要充分利用这一有利时期，为国家和人民谋福祉，实现人类与经济的可持续发展。

“阿拉伯之春”革命在短时间内颠覆了四个政权，成为外界舆论关注的焦点。革命旨在打倒集权体制、建立民主政权、声援巴勒斯坦、停止耶路撒冷犹太化及建立更多的定居点、拒绝外部军事力量干预阿拉伯国家。

由于管理的无能与金融的腐败，阿拉伯国家遭受了一系列经济与社会问题，大多数阿拉伯民众，特别是青年阶层难逃社会冲突加

剧、民生恶化的窘境。他们意识到只有不断的斗争，才能实现对阿拉伯国家根本性的改变。但要想取得任何真正意义上的成功，我们必须双管齐下，不仅将斗争的矛头指向专政的阿拉伯政权，还要对准以色列。事实上，以色列利用阿拉伯革命对巴勒斯坦的大部分领土发动侵略，还试图在美国和欧洲的无限制支持下，建立中东新政权，以保证以色列安全，控制阿拉伯资源。

“阿拉伯之春”爆发后不久，美国便以革命代理人的身份自居，并声称这是一次史无前例的革命。随后，美国迅速军事介入利比亚，在推翻卡扎菲政权的过程中发挥了重要作用。此后，美国又联合其他阿拉伯国家和地区势力，试图复制在利比亚的经历，推翻叙利亚政权。在叙利亚人民受困于政府军和武装反对派的封锁时，美国转而向阿盟施压，对叙利亚实施经济制裁。此时部分叙利亚反对派要求将叙利亚问题移交至安理会，通过外部干预保护叙利亚人民。这一提议在叙利亚引起了大范围的恐慌，人们担心美国与欧洲军事力量的直接介入将使叙利亚步上利比亚的后尘，以色列却进一步加强了在中东地区的势力。

在突尼斯与埃及的议会大选中，伊斯兰思潮重新抬头。这样的结果似乎并不出乎政治分析人士的意料。在过去的几年里，伊斯兰运动从未停止，他们深入到群众中间，动员群众支持自己的政治主张。不论是医生、工程师、律师还是士兵都对贫穷阶级表示支持。哈马斯运动的支持者则致力于加强在加沙地区应对以色列的镇压，他们攻陷占领区监狱，捍卫巴勒斯坦领土和人民统一，维护巴勒斯坦人民武装反抗的合法权益，以期建立独立的巴勒斯坦国，帮助所有流离失所者重返家园。

“阿拉伯之春”已经过去了两年有余，在此期间，新闻媒体上出现很多批评的声音，质疑青年是否有能力坚持到底。他们认为，如果没有军方的支持，仅凭革命者的一己之力难以推翻多个政权。军方一直被视作政权得以建立的基本保障。

革命在两股势力的较量中展开。一方是代表保守势力的萨拉菲主义和原教旨主义势力，他们自诩为阿拉伯国家政权的合法继承者。

另一方是自由势力，他们拥护民主、世俗化与民族国家，警惕原教旨主义浪潮、国际化风险和外部军事干预。

但是，偏向反对派的阿拉伯知识分子多与法国人、美国人和土耳其人有着密切的联系。他们对以色列日益增长的威胁完全视而不见，提议通过和平谈判的方式，收回 1967 年后被占领区域。此外，伊斯兰势力至今还没有拿出一个清晰有效的立场应对以色列的挑衅。

当突尼斯和埃及的议会选举均由伊斯兰势力取胜后，对于伊斯兰运动而言，“解放巴勒斯坦”或“用包括武装反抗在内的一切国际认可的方式应对以色列的侵略”就不再是自身行动指南。他们对如何反抗以色列和解放巴勒斯坦出现了方法论上的质疑，遂放弃武装反抗，重启与以色列的谈判大门，以取悦美国人。

“阿拉伯之春”虽取得了不小的成功，但依然面临着许多问题。主要原因是革命力量内部纵横交错，方法不同，目的各异。有些人与外部势力交往密切，这些外部势力坐收渔利，见不得抗议活动平稳进行。此外，叙利亚反对派倚仗外部力量支持，企图以暴力流血的手段推翻原有政权已经是公开的秘密了。

就在革命领导者兴致高涨，呼吁必须在阿拉伯国家实现彻底而全面的改革的时候，在突尼斯与埃及掌权的伊斯兰势力却大大地挫败了民众的愿望。那些欢迎外部势力干预的反对派势力也激起了人们的嘲讽和厌恶。阿拉伯文化精英深陷伊斯兰主义和自由主义的激烈争论中，有些人公开表示与大国的交易，企图在阿拉伯国家引发更多的流血冲突事件。

此时，四分五裂的阿盟分身乏术，而国际力量和安理会的天平也倾向于镇压革命。因此，百万阿拉伯青年走上解放广场，疾声呼吁要建立民主的阿拉伯政权，解放巴勒斯坦，切断一切外部势力的干预。

日本方面，自 2009 年民主党执政以来，与自民党明争暗斗，冲突不断。后者于 2012 年再次执政。

民主党致力于推动日本企业的发展，融入世界新秩序。近期，日本准备合并部分银行、贸易企业、工厂、传媒机构和文化艺术机构，以克服全球化带来的弊端。特别是在 2008 年金融危机席卷世界的背景下，保持日本经济与社会的坚挺。

此外，由于担心自己在中东的利益受损，日本要求与阿拉伯国家保持亲近，并督促阿拉伯国家以和平方式实现民主转变，建立有力的地区势力，迫使以色列重回谈判桌，为持续近百年的阿以冲突寻求永久性的和平解决方法。同时，日本对阿拉伯和平倡议表示欢迎，向贫困的阿拉伯国家提供大量支持，希望发展更具积极合作意义的双边关系。日本的积极立场也吸引了沙特、科威特、阿联酋、卡塔尔、阿尔及利亚、伊拉克、阿曼等国领导人的关注，纷纷表示愿意与日本建立全面的战略关系。

应该说，起初革命获得了日本、中国等亚洲国家的积极回应。2012 年年初，日本报纸在其英文版刊登了多篇阿拉伯与日本学者的文章，赞扬“阿拉伯之春”革命。并指出日本青年对于革命达成的重大改变表示赞叹。同时，日本媒体还提出了自己的思考：第一，日本国内如何看待这次革命？第二，革命对于日本青年是否有借鉴意义？日本年轻人在保护国家、规避危机的时候总是保持沉默，日本也并没有遭遇太多重大危机。但是，仅 2011 年日本就被牵扯进三件大事：一是“阿拉伯之春”革命，二是福岛地震，三是日本经济总量下滑至世界第三位。此外，日本面临的考验还有：金融腐败、领导不力、经济下滑、震后重建的经济成本增加、来自亚洲国家的挑战、石油和天然气附加产品价格大幅增长以及朝鲜火箭发射试验的威胁。因此，日本不得不重新考虑自己的商用核计划，采取保护措施以应对朝鲜发射远程弹道火箭的威胁。有报告指出，日本已开始涉足武器市场，贩卖军事物流设备。

上述因素引起日本国内的广泛担忧，年轻人也普遍持悲观态度，担心未来几十年，如果日本政界依然不能有所作为，拿出切实的工作计划，提供更多的就业机会，那么日本将在世界舞台上发挥怎样的作用。

以下数据更能直观地解释日本青年普遍悲观的原因：2011 年 19~24 岁青年的失业率达到 9%，日本青年对于企业不愿向年轻员工提供机会的做法颇有微词。很多日本青年都要承受失业与找工作的压力。此外，日本人普遍不接受为了工作背井离乡，而现行的录用和退休系统无疑又对年轻人具有一定的吸引力，在医疗花销、教育成本、养老费用都普遍提升而社会服务却每况愈下的情况下，现行政策至少可以保证他们过上安稳的生活。然而，这也可能引发更多的经济与社会危机，造成中产阶级缩水。

近几年，随着失业率增加与就业机会的减少，青年人担负的生活压力有增无减。教育、工作与婚姻各方面的压力压得他们难以喘息，怨声四起。70%的年轻人就在大阪的城市选举中，把票投给了主张革新的候选人。年轻人的政治立场鲜明，即参与选举，拒绝政客。他们并不看好日本能够改变现行的传统的政治结构，修正为分享权力而肆意联盟的政治手段。这些都在现阶段极大的威胁了日本的最高利益。

和平解决战略是在分析现阶段日本立场时不可忽略的因素，它体现在日本社会改变的诸多方面。例如，为青年提供更多的文化教育服务，资助青年研究，为青年提供薪资待遇优良的工作。这些都说明了和平解决战略深植在当代日本人的观念中。

日本反对流血暴力的解决方法，年轻人大多主张通过民主的方式实现改变，积极参与到内部冲突的解决中，在重大灾害面前维护祖国统一。这就是日本社会深信不疑的教条，相比于起义革命，日本年轻人更相信民主改革的力量。

日本青年正逐渐对无力履行诺言的政府失去信任。想要重获他们的信任，就要和年青一代展开严肃对话，因为青年力量才是政治改革与社会变革有力的推动者。民主党自2009年上台以来，在解决老龄化、社会保障、医疗、失业、青年和妇女问题方面鲜有建树。甚至在自己的执政周期中，进一步恶化了这些问题：青年和妇女就业机会减少、结婚低龄化、离婚率增高，新老两代对话险些被迫切断。部分政治力量还担心年轻人大规模的抗议活动会导致不同于阿拉伯道路的“日本之春”。之所以说它是有别于阿拉伯道路的，这是因为日本青年是在一个稳定的、中产阶级广泛、社会医疗服务全面、领导有力的社会中高喊民主改革的。日本的确需要对以牺牲年轻人利益为代价保护大型公司利益的政治体制加以改革。

世界银行和国际货币基金组织于 2012 年 10 月 11 日于东京举行发展委员会部长级会议。日本财政大臣在会后的记者发布会上宣布，日本将在三年内向世界银行下属的基金会提供 1200 万美元资金，用以帮助受“阿拉伯之春”影响的经济体。这是日本对中东和北非经济体援助计划的一部分。在突尼斯、埃及、利比亚爆发的青年革命相继推翻各自的独裁政府后，该基金会由世界银行在 2011 年成立。同时，摩洛哥、约旦、阿尔及利亚等国也开启了迫在眉睫的政治、经济与社会改革。

十、2011 年日本核悲剧及其与阿拉伯国家的合作

2011 年，“阿拉伯之春”席卷多个阿拉伯国家，日本则遭遇地震引发的核泄漏悲剧。地处环太平洋地震带的日本是一个地震多发的国家，地震频率高，等级高，破坏力大。2011 年 3 月 11 日日本东北部海域发生地震并引发海啸，造成重大人员伤亡和财产损失。尽管日本拥有先进的预测系统，却依然难以对抗自然的力量。地震造成了至少 23000 人丧生，千余人失踪，经济损失超过 3000 亿美元，同时还给成千上万的家庭带来心灵的创伤。

与 1945 年战败相似，地震成为日本现代历史的重要转折点。有政治分析家把这次灾难和美国“9・11 事件”相提并论。日本国内共建有 57 座商用核电站，地震造成福岛核电站发生核泄漏事故，加剧了这次灾难造成的损失，而福山地区承受了大部分毁灭性打击。

在日本近代史中，并不乏有关地震的记载。最为严重的当属 1923 年关东大地震，造成的经济损失巨大。正是在这次地震之后，大量日本人迁往拉丁美洲，现在业已入籍巴西的日本移民及其后代超过 150 万人。1945 年，日本遭遇两枚核弹攻击，造成近 30 万人死亡，经济损失巨大。1995 年，日本神户市发生大地震，造成 6000 人死亡，数千人受伤。

日本遭遇过两次核辐射危机。第一次是美国的报复行为，出于军事目的使用核武器，逼迫日本投降。第二次是日本不良利用核能所致，日本国内商用核反应堆数量较多，又地处环太平洋地震带，稍有疏忽便酿此大祸。全世界都笼罩在对核辐射的恐慌中。因此，联合国要求停止核武器竞赛，严格管控核反应堆的建立，明确核反应堆用途。许多国家表示将与日本同舟共济，共渡难关。阿联酋等国就向日本提供了大量的石油、燃气资源以及高达数百万美元的资金支持。

在地震发生后不久，沙特向日本捐助了价值2000万美元的石油和液化气资源，帮助日本民众渡过难关。

3月，卡塔尔向日本提供了400万吨的液化气，以保证日本日益增长的能源需求。

2012年3月24日，科威特埃米尔萨巴赫·艾哈迈德·贾比尔·萨巴赫访日期间，日本时任首相野田佳彦对科威特的慷慨捐助表示了由衷的感谢。科威特在震后向日本捐助了500万桶原油。埃米尔个人捐助了300万美元，用于重建福山的海洋科学研究所，此外还有200万美元帮助日本红十字救治福山的受灾人群。

2012年8月19日，日本—科威特友好协会会长，自民党副总裁高村正彦向科威特表示感谢。长期以来科威特都是日本石油能源第一供应国。灾后科威特更是向日本慷慨捐赠500万桶石油。日科友协会长表示将进一步扩展双边合作的新视野，加强两国在各方面，特别是非石油领域的共同合作。

核辐射泄漏事件引发了日本民众的严重恐慌，广岛和长崎发生的悲剧依然历历在目，还有人不禁联想起在苏联统治下乌克兰境内发生的切尔诺贝利核事故。日本核泄漏事件也给其他有核国家敲响了警钟。这些核反应堆遍及范围广泛，有些就建在阿拉伯国家，任何一个核反应堆发生意外都会引发巨大危险，伤及当地居民，难以控制。

事实上，大多数正在利用核能的国家，在应对核辐射泄漏方面远不及技术手段过硬的日本。关于核能利用的深层次研究大多属于军事机密，不可能予以公开或在研究人员中公开流传。人力资源是规避核辐射危险的基础性因素。却只有极少数的科学家和技术工作者把自己的一生都献给了核辐射研究，他们拥有牺牲小我为国家的高尚品德。同时，应对核辐射泄露还离不开高超的技术水平，既要保护科学家和技术人员的安全，又要将核反应移至安全地带。

日本核辐射泄漏事件给世界拉响了警报的同时，各国也纷纷向日本人民伸出援助之手，此次灾难之惨烈是任何一个国家都不可能单独应对的。日本民众难以走出内心的恐慌，广岛和长崎发生灾难的场景历历在目，造成的负面影响持续了几代人。至今，日本政府和民众每年都会举行仪式悼念在灾难中死伤的同胞。全世界也开始提高对核灾难的重视，它的不利影响已蔓延至经济与社会各个领域。

值得一提的是，美国出台了一项有关核武器监管的共29条内容的决议。安理会于2009年9月24日通过了第1887号决议，决议规定为保证世界人民的生存权，限制核武器的扩散，禁止利用放射性物质研制核武器。决议还指出要对核武器进行严格监控，对于违反条约的国家给予严厉制裁。这就要求我们不断采取新的方法，增加监管透明度，保证监管力度。

在这项决议中还提到了一个更高层次的目标，即建立一个无核化世界。但种种证据表明，有关遏制核武器扩散的多项国际协议并没有实际的约束能力。以色列再次拒绝国际原子能机构的核能力监督，却并没有受到任何制裁。也就是安理会决议并没有转化成实际行动，通力合作，执行禁止核扩散条约并对违反条约国家施加惩罚。与此同时，越来越多的国家希望建立商用核反应堆。然而不论是海湾地区还是其他有核国家似乎都不具备日常维护的能力，缺乏最基本的科学技术知识，当发生核反应堆工作异常时也只能是束手无策，更不用说保护当地居民遭遇负面影响了。

世界对核扩散可能带来的挑战给予极大的关注，特别是在目睹了日本地震后引发核反应堆爆炸带来的毁灭性灾难之后。此时，全世界都笼罩在核辐射的恐慌中，发达国家到底能在多大程度上控制核辐射向其他国家扩散尚无定论。在这方面，国际原子能机构并没有成功阻挡核能扩散或限制核武器的扩散，也没有出台必要的措施或通过谈判减少核武器直至清除大规模杀伤性武器，以保护世界和平。

迫于日本街头数次爆发游行起义，不满政府在地震多发区过度使用核能的压力，以及媒体铺天盖地的指责，2011 年 8 月 12 日，日本政府决定成立一个下属于环境部的新机构，用以监控核能的使用情况。该机构不受经济贸易和生产部的领导，具有独立活动的权利。在日本，经济贸易和生产部是负责福山地区核反应堆建设的直属部门。新机构在日本政府的支持下，广泛听取民意，帮助日本民众重拾信心，通过建立一套更完整的安全指标系统，预防核辐射。

新机构由政府咨询组织和外国专家组成。机构的首要目标是，重拾日本民众对核设施的信心，与具有较高专业知识的外国专家合作，保证核设施的安全运行。日本相关负责人表示，这一新机构吸收了 400 多名来自能源机构的负责人，机构内部管理得当，监管有力，他们将为建立安全的核电站保驾护航。

同时，日本政府还承受着来自不同政党和组织的指责。2011 年 8 月 6 号、9 号，日本负责人在广岛长崎核爆 96 周年的纪念活动上表示：广岛原子弹事件告诫世人，任何违反核不扩散协议的行为都将引发严重后果。我们必须通力合作，遵守核不扩散条约，对违反条约的国家予以惩罚。

凭借着民众坚强的品格和良好的承受能力，日本进入了后灾难时期。尽管从广岛到福山，日本遭遇了多次核打击，但日本民众与国家同呼吸共命运，众志成城应对危险的信念没有减弱。同时，日本国内开始向政府和工业部门施压，要求对彻底改变核政策，限制日本和全球范围内的核利用。

尽管日本科技发展迅猛，但日本民众依然对过度使用核反应堆可能引发的后果表示担心。目前国内外都没有能够预防核辐射泄漏的安全保障措施。联合国不愿也无法对核反应堆的建立进行严格的监控。

日本致力于妥善处理震后不良影响。国际舆论则普遍非常关注核能继续引发潜在灾难的危险，不论是商用还是军用。毫无疑问，当今世界处于紧密的联系中，地球是人类共同的家园。在我们遭遇的毁灭性灾难中，有一些可能是天灾，有一些可能是人祸。现在世界都陷入对核扩散和核辐射泄漏的恐慌中，因为它已经超出了任何国家的控制能力。因此，国际原子能机构必须严格限制核竞赛。日本前不久建立的新机构就是一次很好的尝试。我们要加强国际社会监管力度，调动专业人员，出台行动指南，维护世界和平，通过谈判清除核武器，实现对核能的安全利用。

不论是日本还是国际社会对这次灾难的应对都可圈可点，主要表现在以下几个方面。

第一，日本人民在危机中向世界展示了他们的团结。日本的历史是一部饱受自然灾害的历史，但同时也是一部书写日本人民勇敢应对、不离不弃，最终战胜灾害的历史。日本的优良传统和习惯正是在灾难的历练中体现的。日本人民也因此获得了全世界的青睐，尊重他们充满了人性光辉的行为。

第二，尽管受灾情况惨烈，但日本经济依然坚挺，日本的金融、经济与工业部门并没有受到大的波动。日元依然在世界货币流通中处于领先地位。

第三，日本政府成功地采取了快速应对措施，在灾难发生过程中和灾后保护民众安全，并引导地区和国际舆论对事件进行客观评述，及时对民众展开心理辅导。面对灾难，各阶层各领域团结一致。

第四，日本未来应就如何保护日本人民的安全进行科学仔细的规划。避免过度依赖能源生产，而忽视了日本特殊的地理位置因素。

第五，这次地震还引发了世界范围有关核能利用的思考。灾难可能会蔓延至所有利用核反应堆产能的国家。这要求我们一方面要关注自然变化，另一方面要开发干净可再生能源。同时，联合国应该在监管核反应堆的任务中扮演基础性角色，禁止核反应堆技术扩散，特别是防止军用核反应堆危害世界和平。

地震在不同程度上引发了日本经济的波动。2011 年受灾后重建的压力和汇率上升的影响，日本从世界第二大经济体滑落至第三，对日本科技产品的出口造成极大负担。这就要求政府和在野党在积极合作的基础上建立互信，搁置党派政治分歧，共同服务于日本最高利益。

地震已经过去了两年，灾区重建与应对核辐射泄漏的工作有条不紊地进行着，但日本依然面临一些尚未解决的政治、经济和社会问题。首先，重新启用核反应堆之前，必须获得原子力规制委员会安全审核通过。而在停止利用核反应堆发电之后，日本电力公司的境内供能压力越来越大。尽管如此，日本利用自身的科技优势使日本平稳过渡，经济重回正轨，并且实现了增加生产、人员安全和自然保护之间的精准平衡。

在经济方面，世界银行估算，灾后花费达2350亿美元，同时，日本政府估算灾难造成的损失达25万亿日元，约合3090亿美元，是目前世界上最大的经济损失。大地震引发的人员和经济损失对日本经济结构造成重大冲击，工厂、汽车、电器、机器人生产网络遭受重创。但有报告指出，为了修复受影响行业和基础设施重建，日本的银行活动反而更加活跃。这也帮助日本快速走出了经济紧缩的阴影。

由于日本不得不收回大量散落在外的资金用于重建受灾地区，多国经济也因此受到影响。日本在许多领域都处于领先地位。例如技术、具有高技术附加值的机器生产、机器人制造、油轮、核电站、炼油厂、天然气液化站等。经过半个世纪的发展，日本的制造业，资金和技术被看作世界经济的坚实基础，书写了浓墨重彩的一笔。

福山核危机使日本民众的意志更加坚强，日本政府的灾后应对措施也给灾区民众和背井离乡者吃下了定心丸。政府向学校的孩子发放衣服和礼物，使他们相信在不久的将来将重新过上正常的生活。地震发生后的几个星期，中国、日本、韩国总理分别对灾区进行了短暂的访问，与当地居民同吃。数月后，民间社会组织和经济企业要求日本政府提高对福山地区出产作物的检查标准，其中包括茶叶、蔬菜、水果及当地工业产品。

同时，核危机还引发日本境内大量民众走上街头，加入东京游行队伍，反对建立核反应堆，抗议福山地区过于密集的核反应堆建立。愤怒的游行示威席卷了多个城市，大家纷纷抗议核反应堆的建立，要求使用清洁无危险的代替能源。游行的人群还要求社会民间组织向受灾群众伸出援助之手，共渡难关。地震也给其他国家敲响了警钟，告诫人们，切勿试图操控自然，或幻想着将核能用于商业或军事目的，因为核辐射对健康的损害不可估量。

无论如何，我们都不能忽略日本民众在应对危机时表现出来的坚毅品格。在经历了可怕的广岛和长崎核爆后，日本在短时间内取得了巨大进步，占据世界经济第二位，并且成为世界上现代科学与先进技术领域成就最高的国家，帮助其他亚洲邻国实现复兴并为世界经济的发展做出贡献。日本向数百万的贫困人口伸出援手，在世界范围内推广现代科技。

尽管对于灾难的恐惧还未从日本人民的生活中消失殆尽，但是他们坚持镇守国家，用过人的勇气迎接命运。日本政府时刻做好应对可能发生的最严重的灾难的准备。有数据表明，日本股票并没有出现大幅度下跌或投资者撤资的现象。由于灾后重建对资金的需求不断增加，以每年投入 500 亿美元的水平持续数年，因此日本国债持有量大幅上升。

凭借顽强的意志，日本走出了广岛和长崎灾难的废墟。大概日本是世界上最善于化解自然灾害，并依靠顽强意志战胜灾害的民族。灾难使日本人民更加团结。在漫长的历史长河中，日本人就是以顽强的意志品质、极度团结和善于在极度艰苦的条件下保家卫国而闻名的。人与人之间充满人情味的良好关系极大地缓解了地震等自然灾害带来的伤害，并传播了战胜灾害的正能量。尽管无法改变日本地处环太平洋地震带的事实，但坚强的品格永远地伴随着他们。

灾后不久，日本政府和公私企业就向受灾群众施以援手。日本民众在地震后表现出来的团结震惊了世界，这有利于激励其他国家向日本学习。在这一过程中，我们学到的最重要的一课就是：第一，保持冷静，收起伤心，尊重他人。灾后的日本，人们排起长长的队伍领取水和其他必需品，却没有一个人大声喧哗或挖苦别人，购物有序，拒绝囤货，以保证每个人都可以取得应有的物资。第二，遵守秩序。商店里，大街上都没有哄抢扰民的现象。第三，奉献精神。在还有十多个人滞留在已经损害的核反应堆内部的时候，面对生命危险，他们保持冷静首先注入海水使反应堆冷却。第四，以人为本。为救助受灾民众，政府调低食品价格，自助取款机维持工作，老幼有序，各行其是，良知媒体纷纷进行朴素真实的抗灾报道。第五，自制能力。灾后选购商品的时候突发断电情况，大家将手里的物品放回货架，安静有序地离开商店。这些都证明了日本人的高素质高文化，值得我们赞扬和尊重。

结 语

凭借优越的地理位置和丰富的自然资源，中东地区实现了快速的发展。长久以来，这里就是兵家必争之地，自然也是近代史上的热点地区。如今，地区战争不仅对全世界安全与和平造成威胁，更长期占据着公众舆论关注的焦点。同时，这里也是国际商业大佬明争暗斗、相互争夺的地盘，特别是石油和军贸公司。日本的中东研究学中对以上特点都予以了格外的关注。

政治方面，日本在中东的外交政策在很大程度上受到美国的影响和牵制。这也是广为阿拉伯和伊斯兰国家诟病的一点。但遗憾的是，这些国家始终难以形成一个统一的立场，集体向日本和其他国家施压，促使他们支持阿拉伯人民的正义事业。尽管美国发动了侵略伊拉克的战争，使伊拉克人民经历了很多戏剧性的变化，但日本坚持在联合国框架内和平解决伊拉克问题和巴勒斯坦问题，维护伊拉克的领土完整和人民统一，团结本地区人民。

部分阿拉伯研究人员要求日本采取更为强硬的态度，以应对西方国家民主输出的行为。然而，阿拉伯伊斯兰政权显然还不具备行使民主的能力，也无力形成统一的阿拉伯伊斯兰立场，迫使日本等其他在中东地区获取巨额利益的国家重新审视他们的中东立场。如果阿拉伯国家能够统一战线，对抗美国在世界新秩序中表现出的集权主义趋势，将推动日本、中国、印度、俄罗斯、拉丁国家和非洲国家在共同的文化与道德观的基础上建立国际新秩序，使全球化朝着更为人性化的方向发展。日本积极倡导人性化的价值观，主张联合国及其相关组织在以和平途径解决国际问题时发挥主导作用，依据公正平等的原则解决国际问题，尊重人民和命运自决的权利。

近期，日本外务省发布文件显示，日本在中东的外交战略正在发生改变。日本提出的未来解决计划既具有连续性也有改变性。它强调，在持续了近半个世界的军事解决冲突宣告失败之后，日本将努力通过和平途径解决由来已久的争端，以保护本国的国家利益。

另有研究表明，日本依然离不开美国的军事庇护，以规避朝鲜核武器的威胁，以及来自中国的潜在的威胁。但日本与美国已经在立场上表现出部分分化。尽管双方不可能形成对立之势，但日本已不会在中东政策上完全以美国马首是瞻。有证据显示，日本面对阿拉伯问题，特别是巴勒斯坦问题和伊拉克问题的立场正变得越来越积极。

此外，现阶段日本不再满足于以阿拉伯石油换日本商品的功利性政策，而是希望在各领域加强与阿拉伯国家的文化关系。其中包括：教师互换、奖学金项目、支持阿拉伯的科研中心、发展文化艺术交往、加强文化对话、鼓励日本的先进技术惠及阿拉伯国家、帮助阿拉伯国家自行掌握先进技术等。日本迈过了近代史上最为艰难的一个时期，但其经济、金融与科技影响力要远远大于日方的政治和军事影响力，因此日本又被称为“经济上的巨人，政治上的矮子”。

日本的政治家一直致力于扭转这一局面，认为日本有权成为安理会常任理事国，同时日本也有足够的军事实力，在遵守和平宪法的基础上，进行自卫。这些因素集合在一起，在日本大的战略框架下，构成了理解日本与中东关系的现实背景，也是研究日本与阿拉伯伊斯兰国家未来和平关系及大中东政策的切入点。日本划定的未来在中东地区主要任务有：坚持清除大规模杀伤性武器，禁止在中东和东南亚地区发展和扩散核武器，不论是伊朗、以色列还是朝鲜持有的核武器都应该处于联合国的监管之下。

与美国的管理不同，日本更倾向于由联合国颁布具有国际合法性的和平解决办法。尽管当美国的行为缺失国际合法性时，日本政府也只能在一定程度上向美国压力屈服。在发动伊拉克战争问题上，日本多次强调自己并没有派遣军事力量进入伊拉克，因为日本和平宪法规定不允许日本向境外派遣军事力量，但日本国内的反对力量就曾态度强硬地表示，如果日本政府一意孤行，对民意置之不理，参与伊拉克战争，那么反对派将在大选中推翻现政府。

日本谴责中东地区持续的暴力流血事件，主张实施路线图计划，该计划旨在建立两个相邻的独立国家：巴勒斯坦国和以色列国。日本要求以色列执行国际决议，其中包括拆除隔离墙并向受害者提供赔偿。日本反对以色列在 1976 年后，通过武力占领强行改变中东的地理划分。日本在安理会投票中并没有偏袒美国或以色列的立场，而是站在了阿拉伯人民合法利益的一方。遗憾的是，由于日本既不能触怒美国，也不认可通过国家间制裁来解决悬而未决的争端。因此，日本并没有投票支持关于由联合国向以色列施加制裁的决议。日本坚持认为，中东危机的解决只能在联合国主持下，各国参与下，由争议各方展开负责任的对话，最终形成可行的决议，并在国际社会的监督下实施决议，而不能对决议置之不理。

当美国为寻求伊拉克问题的和平解决，不得不回归联合国的时候，日本是主张在伊拉克实现和平改变的最积极的国家之一。日本利用自身强大的经济实力，积极参与国际会议，帮助伊拉克走出困境。同时，日本并没有参与针对伊拉克平民的军事战斗。一直以来，日本希望联合国可以进行改革，使日本成为安理会非常任理事国。

日本外务省公布的文件显示，过去五年间，日本起草了一份针对阿拉伯国家的长期文化和技术合作计划。但许多日本代表都错误地评估了阿拉伯国家对日本的立场，他们认为阿拉伯国家要将日本赶出中东，或者阿拉伯国家只注意到日本对于美国中东政策的跟随。实际上，尽管阿拉伯国家与日本相隔甚远，石油因素依然存在，但日本的中东战略早已不受地理因素所限，日本也已经对能源问题应对自如了。

美国与日本的盟友关系初现于“冷战”时期，在 21 世纪初受到了冲击，因为美国逐渐表现出自己企图掌控世界的野心。近期，美国全球战略收缩的重点是中东和近东，但依然在中东地区保有航母和战舰。日本曾希望在和平解决朝鲜核武器危机后，脱离美国的保护伞，加强与周围亚洲国家关系。然而事情却在 2012 年出现转机，日本与韩国、中国因中国南海争议岛屿所属权问题剑拔弩张，美国人却在一旁煽风点火，企图让地区紧张关系升级。

因此，日本决心摆脱自己“经济上的巨人，政治上的矮子”的形象。首先日本重视自己政治决定的独立性，避免重新成为军国主义国家或具有军事倾向，就中东和平进程问题、朝鲜核武器危机形成自己相对独立的立场。日本的和平解决战略决定了日方将通过外交途径解决以上问题。其次，日本坚持执行国际决议，主张联合国发挥应有的作用。最后，日本认为暴力解决只会使业已存在的问题更加复杂。所有具有可行性的解决之道来源于谈判。日本支持国家的多项合法权益，其中包括人民的自由权、独立权、尊重所有国家享有主权完整的权利，绝不允许以武力侵占别国领土。可以说，日本的战略是一项遵守国际合法决议的和平战略。在联合国的难民救助框架下，日本还向遭受内战和地区战争的难民提供资金和技术支持。

阿拉伯国家缺乏与日本等亚洲国家开展有效的外交活动，反观日本与以色列的双边关系，则自“冷战”后期稳定提升。日本希望加强与所有阿拉伯国家的关系，始终坚持向巴勒斯坦解放组织和贫困的阿拉伯国家提供资金和技术支持，向诸多阿拉伯伊斯兰国家提供金融和发展保障。至此，一个引发了广泛讨论的问题是：日本是否有能力保持一个积极的中立的中东政策，而放弃对美国在外交政策上的跟随?

日本极力保护本国的地区利益，提出和平的解决方法以应对中东地区正在发生的冲突。日本对“阿拉伯之春”后地区出现的快速变化，联合国无力发挥有效作用的事实，以及如何维护饱受内部冲突困扰的中东地区的安全和稳定表示极度的关切。

日本不仅实现了现代科学技术的高速发展，日本民众还具有良好的文化教养。日本是少数几个文盲率为零的国家，且失业率，贫穷率、犯罪率、吸毒率和离婚率普遍很低。日本已经迈出了现代化的坚实步伐，一方面依靠深厚的文化遗产，另一方面则得益于鼓励国民向外学习现代科学和先进技术。在进入鼓励创新的全球化时代以来，日本人民深知如何维护自己的民族属性和原有文化，深切的意识到了文化的重要性。因此日本积极与世界各种不同文化进行互动。这也再次向我们证明：亚洲的文化价值观，特别是日本的文化价值观，一方面将深刻影响阿拉伯国家与日本关系，另一方面将推动建立 21 世纪全球化时代的文化价值。

日本清楚地意识到，在“冷战”过后，意识形态差异已经不再是阻碍两国合作的因素。对此，中国和其他亚洲国家在解读国际局势的变化时也表现得十分灵活，并希望以和平方式与日本商讨悬而未决的问题。同样，日本也真诚地希望跨越间隙，加强共同利益，建立统一的亚洲力量，参与世界新秩序的制定，摆脱美国的单极统治。日本作为地区活跃力量与所有国家建立了友好关系，日本有能力应对包括军事威胁在内的所有挑战，且不单纯依靠武力。一直以来，日本扮演着善于帮助他人的重要的经济金融力量角色，帮助这些国家以和平途径解决复杂的历史问题，从而实现人类和经济的可持续发展。同时，日本还善于通过贷款、金融援助，人才培养等方法化解争端。日本反对再次将国家拖入战争，致力于发展软实力，保护国内中产阶级稳定，谨慎观察强势区域团体的成立。

综上所述，日本比过去任何时候都需要与其他亚洲国家进行长期的互动，加强亚洲不同文化与文明间的积极对话，并在相互尊重的基础上适应世界新秩序，与新兴力量建立信任。在过去的五年中，阿拉伯国家迅速发展与日本、中国和其他亚洲国家在各领域的关系。大家一致认同遵守国际合法性原则，尊重人民有权拒绝外部军事干预，进行命运自决的权利。殖民时代已经一去不复返了。

阿拉伯与日本人民之间的文化关系继承是进一步拓宽未来双方关系广度与深度的重要基石。要想顺利应对犹太复国主义和旨在控制阿拉伯领土、人民和自然资源的大中东计划，就要求阿拉伯国家再接再厉，以人道主义为基础加深与日本和其他亚洲国家的关系。尽管日本已经从一个过度武装自己的军事大国，转变成世界第二大经济体，但日本传统的文化价值观始终一脉相承。

日本与阿拉伯国家都希望就双方共同关心的问题展开积极合作。双方致力于发展银行货币政策，避免通货膨胀带来的不利影响。为继续沿着固定积极的路线开展对话，双方应远离任何形式的煽动和干扰，保持思想纯洁，不做损人利己的事情，抵制以公谋私的行为或阶段性狭隘的政策。双方知识分子可以各抒己见，不要仅局限于某种宗教或文化定式中，要善于克服先定思想，避免对他者文化和价值观的刻板印象。因此，我们不应只是盯着西方实现了什么，或者将西方视为历史进程的唯一标杆。事实上，西方研究有时也面临着容易忽略全局，忽视他者的问题。尤其缺乏对日本、中国、印度和“亚洲四小龙”现代化历程的关注，而正是这些国家为我们提供了除“欧洲经验”之外的现代化范本，引导阿拉伯人如何在不受欧洲干预的情况下成功实现现代化。同时，这些国家努力使全球化朝着更为人性化的方向发展。近期，部分在欧洲、美国、亚洲发行的理论研究强调，21世纪无疑将成为亚洲让世界侧目的时期。亚洲的现代化模式将被更多地借鉴到其他国家的发展中。他们很好地实现了发展现代科学技术和保护精神财富与道德观念的平衡，成为其他国家和平觉醒的范本。需要注意的是，借鉴不等同于简单的照搬。

此外，我们还迫切需要在不同宗教信仰之间开展积极对话。亚洲的教徒数量达到世界人口的一半左右，却缺乏对不同宗教价值观，仪式传统的了解。这就要求我们在人数众多的一神教教徒和其他宗教信徒之间开展积极对话。

由古至今，阿拉伯国家与其他亚洲国家在经济、金融和文化方面的交往与对话越来越密切。众所周知，自古代莫卧儿王朝起，阿拉伯文化对中国文化、印度、波斯文化等所有不同文化持开放态度，并在不同时期的良好互动中都取得了累累硕果。如今，阿拉伯知识分子愿意加强和各族人民及其文化进行对话，以期学习不同民族的经验，尊重文化的独特性，为建立具有人类共同价值观的世界文化贡献自己的力量。阿拉伯国家尤为希望加强与亚洲文化的交往，因为亚洲价值观对于阿拉伯人来说并不陌生。许多阿拉伯文化名流具有和亚洲文化交往的丰富经验。获取这些丰富的经验一方面得益于语言和资源优势，另一方面则是通过参加文化研讨会。现阶段，日本与亚洲国家之间开展文化对话前景广阔，内容宽泛，涉及政治、经济、社会、文化与艺术等双方共同关心的话题，这也有利于进一步推动双方在各领域的关系。

阿拉伯国家与日本开展富有成效的合作是必要且重要的，有利于在亚洲不同文化间开展对话。事实上，这些文化与阿拉伯文化在道德价值体系和精神财富方面有许多共通之处。这就要求我们按部就班地提出长期的政治、经济、文化倡议，加深阿拉伯人民和亚洲人民之间的相互理解，互利共赢，维护世界和平。双方既可以直接互动，也可通过联合国或国际人权组织，国际原子能协会等国际组织抵制种族主义行为，保护环境，使中东地区成为永久和平的无大规模杀伤性武器的地区。同时，阿拉伯国家与日本富有成效的合作在抵制全球化的运动中发挥了积极作用。不仅如此，我们还应继续加强阿拉伯知识分子与亚洲及世界各地尊重自由与民主的知识分子进行合作，鼓励年青一代的研究人员熟悉亚洲人民的经历，掌握他们的母语，坚持与亚洲不同文明对话。阿拉伯人民正迫切地需要这样一场运动，传播科学知识，唤醒阿拉伯年轻人，重视与亚洲人民对话，借鉴他们在现代化和和平崛起过程中的突出经验。

综上所述，日本与阿拉伯国家交往初期的成果并不尽如人意，阿拉伯石油禁运政策更是对日本经济和政治都造成了严重影响。而日本政府与企业大多为了获取石油资源，发展本国经济，形式上表达愿意亲近阿拉伯国家。

然而，鉴于日本是美国的核心盟友，美国更是在日本本土及其海岸线建立了军事基地，阿拉伯国家并没有对研究日本或日本现代化运动予以充分的重视。因此，阿拉伯国家与日本在交往初期仅局限于贸易往来，不涉及发展政治和文化关系。但是，石油危机使日本开始愈发地重视中东地区，特别是阿拉伯产油国。在政府和企业的帮助下，文化中心、学院、大学的数量不断增加，这也就意味着有更多的机构在教授阿拉伯语、文学、历史、遗迹和文化。双方的文化交往进一步延伸至师生互换、举办研讨会等。

日本曾与亚洲各民族并肩作战，抵抗西方殖民。在这一背景下，日本表示支持巴勒斯坦问题，但随着日本逐步转型为经济强国，开始向西方阵营靠拢，对巴勒斯坦问题和阿拉伯解放运动的关注也逐渐降低。只有少数开明的日本人意识到支持阿拉伯人的反抗运动的必要性。此后，日本知识分子开始留意有关描写阿拉伯民族团结与统一的书籍，他们意识到这将影响日本在该地区日益增长的利益。然而，令他们感到失望的是，阿拉伯世界接连发生了纳赛尔去世、石油禁运、阿以冲突等事件，阿拉伯国家更是将财富耗散在与实现人类和经济可持续发展无关的事情上。2011年“阿拉伯之春”同样不尽如人意，伊斯兰原教旨主义势力在多个阿拉伯国家抬头回暖。在21世纪前十年，日本与阿拉伯国家的贸易额大幅增长，但文化往来极其有限。在政治方面，尽管双边每年都召开多场次对话会议，但日本的立场始终仅仅跟随着美国的中东政策。阿拉伯人也始终不能形成一个统一的立场，借此向日本施压，催促他支持阿拉伯人民的正义事业，特别是其中的巴勒斯坦问题。

在“阿拉伯之春”革命爆发之后，关于在阿拉伯国家建立一个真正的民主制度的呼声越来越高。如今，时机日渐成熟，我们要同仇敌忾，为阿拉伯事业而奋斗。这也有利于日本和其他亚洲国家在建立世界新秩序的过程中发挥更大作用。日本欢迎建立一个更为人性化的全球化制度，使联合国及其相关组织在和平解决中东问题时发挥首要作用。中东问题的解决必须依据公正与平等原则，尊重人民有决定自己命运的权利。我们有理由相信，日本与阿拉伯国家文化交往前景广阔。阿拉伯著名大思想家艾努尔·阿卜杜拉·麦立科在他的亚洲研究和日本研究成果中强调，急需进一步推动双方的文化交往。此外，日本还提出了组合安全理论，即与邻国合作，共同防御，拒绝武装。日本还是当今世界上重要的经济金融力量，致力于帮助亚洲邻国和其他国家通过和平的方式实现经济发展，进而解决历史遗留的复杂问题。饱受大地震与核泄漏事件影响的日本依然是一支不可忽视的经济力量，面向阿拉伯国家的捐助数额在世界上名列前茅。同时，日本还扮演着金融中介的角色。通过贷款、捐款等方式协助解决争议各方的矛盾。日本的民主力量迫切要求杜绝再次爆发国内军事冲突，稳定广大的中产阶级，保障国内稳定。日本社会也不愿再看到任何政治动荡与冲突。总之，日本鼓励深化民主改革，实现以和平为目的的全面现代化，积极参与世界新秩序的建立。因此，现在正是阿拉伯国家与日本建立长期战略关系的千载难逢的机会。而这一关系也将深刻影响着世界秩序，加速在 21 世纪下半叶进入预期的亚洲纪元。

图书在版编目（CIP）数据

日本与阿拉伯：历史与展望 /（黎巴嫩）马斯欧德·塔希尔著；刘欣路，刘辰，庞博译. —北京：北京师范大学出版社，2019.12
ISBN 978-7-303-23989-4

Ⅰ.①日… Ⅱ.①马… ②刘… Ⅲ.①国际关系史—研究—日本、阿拉伯半岛地区 Ⅳ.① D831.39 ② D837.19

中国版本图书馆 CIP 数据核字（2018）第 177991 号

营销中心电话 010-57654738 57654736
版权与国际合作部 http://www.bnup.com

RIBEN YU ALABO: LISHI YU ZHANWANG
出版发行：北京师范大学出版社 www.bnup.com
北京市西城区新街口外大街12-3号
邮政编码：100088
印　　刷：北京盛通印刷股份有限公司
经　　销：全国新华书店
开　　本：155 mm × 235 mm 1/16
印　　张：16
字　　数：227千字
版　　次：2018年11月第1版
印　　次：2019年12月第2次印刷
定　　价：108.00元

策划编辑：谢　曦　　责任编辑：李路洋
美术编辑：汝俊杰　　装帧设计：汝俊杰
责任校对：段立超　陈　民　　责任印制：李汝星